天下文化
BELIEVE IN READING

ALCHEMY

The Dark Art and Curious Science of
Creating Magic in Brands, Business, and Life

奧美傳奇廣告鬼才
破框思考術

跳脫「標準答案」思維，不打安全牌的心理奇襲策略

廣告業深耕 30 多年的人性觀察家
Rory Sutherland 羅里・薩特蘭

林俊宏 —— 譯

天下文化 遠見

原書名：人性鍊金術——奧美最有效的行銷策略

目 錄

各界讚譽

我認識幾百個研究行為經濟學的人，但要說我吃晚餐時最想跟誰聊天，一定就是羅里‧薩特蘭。……本書簡直是曠世巨作，可以應用在生活的各個層面和領域，而且，實在是有趣到爆。

——納西姆‧尼可拉斯‧塔雷伯（Nassim Nicholas Taleb）

《黑天鵝效應》作者

羅里是推廣「360 度品牌管理」（360-degree branding）的元老級人物，演講極具渲染力又充滿魅力，能巧妙的將構想賦予生命，讓人人都能輕易理解。他在這個領域的經歷無人能望其項背。

——蓋瑞‧李伊（Gary Leih）

奧美集團前總裁

品牌塑造的箇中翹楚。

——美國全國公共廣播電台「TED Radio Hour」廣播節目

字裡行間處處流露才氣與智慧。本書不容錯過。

──羅伯特・席爾迪尼（Robert B. Cialdini）

《影響力》作者

這本書買就對了。我超愛，書裡處處是高明的洞見。

──麥特・瑞德里（Matt Ridley）

暢銷科普作家

太妙，太妙，太妙：羅里・薩特蘭打破各種定見，淘氣、有趣、充滿智慧。

──朱斯・戈達德（Jules Goddard）

倫敦商學院教授

奧美的 11 項破框思考法則

1. 好點子的反面，可能還是個好點子。
2. 設計的時候，心裡想的不該是「一般人」。
3. 大家都很理性的時候，走理性路線不會有好處。
4. 注意力的本質，會影響到體驗的本質。
5. 所謂的一朵花，只不過是加了廣告預算的雜草。
6. 理性的問題，在於沒有魔法那種神奇的魅力。
7. 即使是猜想，只要可以觀察研究，就能算是科學。所謂的好運也是如此。
8. 如果別人不會這麼做，就值得試試那些違反直覺的事。
9. 只用理性來解決問題，就像打高爾夫的時候只用一種球桿。
10. 別怕做些似乎沒價值的事。
11. 如果真有合理的答案，別人早該找到了。

前言
打破框架，找出「不合理」思考背後的強力解答

打敗可口可樂

　　假設你坐在某大型全球性飲料企業的會議室，要負責生產一種新產品，挑戰可口可樂這種飲料在無酒精飲料類別全球第二的地位。[*]

　　你會怎麼說？有什麼反應？在我看來，除非吃錯藥，否則你大概會說：「我們生產的飲料，味道必須比可口可樂好、價格必須比可口可樂低，還要用超大的瓶子，讓消費者覺得物超所值。」另外，我也滿肯定沒人會說：「我們來賣一種超貴的飲料，裝進超小的罐子裡⋯⋯而且味道還要噁心一點。」但有家公司就這麼幹了，而且這個無酒精冷飲品牌還真的有實力和可口可樂一較長短：這個飲料就是「紅牛」（Red Bull）。

---

[*]　第一名就是水。

　　說紅牛喝起來「有點噁心」，可不是我個人的主觀看法，[*]而是廣大民眾的意見。紅牛源自泰國，傳言說，製造商在銷往外國之前曾找上某間研究機構，想了解國際消費者對紅牛的口味有何看法；這家機構是研究碳酸飲料口味的專家，而紅牛得到的消費者反應之差，在所有新飲料史上絕無僅有。

　　一般來說，消費者試喝新飲料時，就算不喜歡，大概會說：「不太合我的口味」「有點太甜了」「比較像是給小孩喝的」等。但紅牛得到的評語幾乎可以感受到試喝的人怒火中燒：「就算付錢給我，我也不想喝這種尿」已經還算客氣了。然而現在誰都得承認，紅牛成功得不得了：每年銷出 60 億罐，賺到的錢足以讓他們養得起一支一級方程式車隊。

拋開死腦筋

　　這本書有個簡單的前提：雖然現代世界常常不願意接受各種不合理的行為想法，但那些行為想法常常具有強大的力量。世界上確實有各種極具價值、根據科學和

---

[*] 我自己喝紅牛喝超凶。

邏輯開發的產品，但是，只要我們在尋找答案時敢於暫時放下那些制式、死腦筋的解決方案，就會發現還有幾百種乍看之下不合理的解答。但遺憾的是，由於推論邏輯在物理學裡實在太可靠，讓我們以為所有領域都適用推論邏輯，就算是在某些更複雜的人類領域裡也如此。時至今日，幾乎人類所有的決策模型都極度依賴把一切簡化的理性邏輯、而不去談什麼魔法，一切用試算表來判斷，不認為有任何奇蹟發生的可能。但如果這種方法其實不對，要怎麼辦？如果某些領域就是沒那麼一致、沒那麼肯定，但人類卻一心想強加像物理定律那樣絕對的法則，情況又會變得如何？

以工作和假期為例。目前，美國人每年平均只有兩週特休假，但是有大約 68% 的人願意付錢多換取兩週的假期，等於願意減薪 4% 來讓假期加倍。

那麼到底有沒有辦法在不增加任何成本的情況下，讓每個人都享有更多假期？如果我們發現，增加美國人的休閒時間將有利於國家經濟，能讓民眾花更多錢購買休閒用品，平常上班時的生產力更高，是不是可以把這樣的構想納入考慮？或許民眾有更多假期之後，就會願意晚點退休，不會存夠錢就立刻逃離職場，整天泡在佛羅里達州的高爾夫球場上？又或者，只要能讓人得到合

理的休息、再適時得到旅遊與休閒的啟發，大家的工作表現都能變得更好？此外，由於科技進步，現在有許多工作似乎在哪裡做都沒差，不管是在公司的辦公室、或是在度假勝地的海灘上，工作效率與成果都不會受到太大的影響。

　　這些結論聽起來簡直像在變魔法，但其實有大量證據支持這些論調：法國人幾乎把放假當成常態、上班則是例外，但他們在那些上班日的生產力高到嚇人；德國人每年平均的特休假長達六週，但德國經濟仍然成功蓬勃。然而，即使已經有這種如魔法般的成效，在這個世界上卻沒有什麼思考模型能讓美國人想一想、更別談讓他們試一試新的做法。在這個講道理、合邏輯、左腦主導的世界裡，大家理所當然認定生產力與工作時間成正比，也認為如果要把假期時間加倍，就該減去相對的4％工資。在技術官僚的心中，經濟就像是一台機器：閒置時間愈長、能創造的價值當然愈低。然而，經濟並不是機器，而是一套極為複雜的系統。機器不會有什麼魔法，但複雜的系統卻可能出現魔法。

> **工程學裡沒有神奇的魔法，但心理學卻有。**

我們一旦執著於天真的理性邏輯，就會創造出一個沒有魔法的世界，只有單純的經濟模型、商業個案研究，以及各種狹隘的科技思維，讓我們自信滿滿，誤以為這樣就掌握這個複雜的世界。這些模型確實通常很有用，但有時候卻並不精確、或者會造成誤導，甚至有時候可能讓一切變得非常危險。

神奇的蝴蝶效應

我們絕不該忘記，追求邏輯、追求確定性除了能帶來好處，同時也得付出相關的成本。總是執著於看似科學的做事方法，就可能讓我們不去考慮那些比較沒那麼合邏輯、像是魔法的選項，但這些選項可能十分便宜、迅速又有效。神話般的「蝴蝶效應」確實存在，只是我們找蝴蝶的時間並不夠。以下列出最近的一些蝴蝶效應，這些都來自我的個人經驗：

1. 有個網站，只是在結帳流程中加了一個選項，就讓年銷售額增加 3 億美元。
2. 有家航空公司，只是改變呈現航班的方法，就讓豪華艙等的銷售業績提升 800 萬英鎊。
3. 有家軟體公司，只是把客服中心的服務流程做了

一些看來沒什麼大不了的修改，就留住價值數百
萬英鎊的業務。

4. 有家出版商，只是把客服中心的應答手冊加了四
個看來沒什麼大不了的英文單詞，就讓銷售的轉
換率加倍。

5. 有家速食店的產品銷量提高了，因為他們把價
格……提高！

以上這些成功案例，在經濟學家看來全都不合邏
輯，但就是有用、就是有效。除了第一個案例，其他案
例都是由奧美廣告公司（Ogilvy）的一個部門經手；我
當初創立這個部門，正是想找出各種不符合直覺的問題
解決方案。我們發現，各種問題幾乎都會有大量看似不
合理的解決方案有待發現，但就是沒人在尋找。大家都
太沉迷於邏輯，沉迷到無法再注意其他地方。而且，我
們發現一件討厭的事：就算用我們的方法得到成功，下
次客戶也不一定會再找上門；不論是企業或是政府，都
覺得商業計畫就是得要表面看起來合乎邏輯才行，於是
很難編預算給我們這種魔法般的解決方案。

確實，如果想贏得辯論，邏輯通常是最佳的辦法；
但如果是想在生活中取勝，邏輯就不一定那麼有用。真

正的創業家之所以那麼有價值，正是因為他們不會畫地自限、只做眾人認為合理的事。像史蒂夫・賈伯斯（Steve Jobs）、詹姆士・戴森（James Dyson），伊隆・馬斯克（Elon Musk）和彼得・提爾（Peter Thiel）這樣的人，似乎都可以蓋上「傻蛋」的正字標記；亨利・福特（Henry Ford）也以討厭會計師著名，在他掌管期間，福特汽車公司（Ford Motor Company）從沒查過帳。

　　想要符合邏輯，就會付出一個隱性代價：毀掉所有魔法。而在現代社會，我們已經有太多經濟學家、技術專家、管理人員、分析師、試算表調整師和演算法設計師，愈來愈難施展魔法，而且只是想練習就更不可能。但我希望能在以下章節提醒讀者，生活中真的該給魔法留點位置：找出你心中的那位鍊金術士，這件事永不嫌遲。

引言

驅動人類行為的真正原因，在於「心理邏輯」

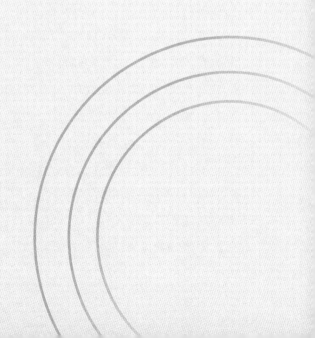

瘋狂的做法其實有道理

　　寫這本書的時候，我眼前有兩台螢幕，一台是我的稿子，另一台則顯示同事最近做的某項實驗，他們想知道怎樣能提升慈善募款的效果。

　　有一間慈善機構是奧美的客戶，他們每年會請志工將列印好的信件投進數百萬戶家門，並在幾週後再次造訪，取得民眾的善款。而這一年的信件是希望大家能救濟颶風風災，但信件的內容與形式略有不同：有十萬封信標示是由志工親手投遞；有十萬封信件鼓勵受信人填寫退稅表格，每捐一英鎊就能退稅 25 便士；有十萬封信件用了磅數比較高的信封紙；還有十萬封信件用的是直式信封（也就是開口在短邊、而不是長邊）。

　　如果你是經濟學家，看到我們的實驗結果可能會覺得所有人都瘋了。就邏輯而言，唯一會「合理」改變捐款行為的做法應該是提醒民眾每捐一英鎊就能退稅 25便士；至於其他什麼信封用紙、信封開口方向或志工親送，邏輯上並不會讓人更想捐款。

　　然而，實驗結果卻完全不同。與控制組對照之下，那種「合理」的信反而讓捐款減少超過 30％；其他三種做法卻讓捐款增加超過 10％。而且，磅數比較高的信封用紙更是讓高額捐款（100 英鎊以上）的數量大幅提升。

我希望讀者讀完這本書的時候，更能理解為何某些做法雖然聽來太瘋狂、卻也呈現出某種道理。

> **要說人類都用邏輯思考，就像說馬要加汽油才會跑。**

　　這些實驗的結果該怎麼解釋？這個嘛，或許把鈔票或支票放到信封裡時，開口在短邊會感覺比較自然；如果要把 100 英鎊的支票放進信封，厚的信封摸起來就是比薄信封更令人愉快；至於信件都是由志工親送，可能讓我們也想回報一下他們付出的心力。至於在信裡提到會有 25％的「好處」，有可能會讓人覺得原來自己不用捐那麼多？而且更奇怪的是，選擇完全不捐款的人也變多了；我得承認，我完全不知道為什麼。

　　重點是，對一個講邏輯的人來說，會覺得那三個變項根本沒有測試的意義，但真正有用的正是那三個變項。這個結果正好能點出這本書裡的重要啟示：如果世界都讓講理性邏輯的人來管，就只會看到那些講理性邏輯的事。但在現實生活中，大多數事情並不講理性邏輯，而是講「心理邏輯」（psycho-logical）。

人類行為背後的真正原因

　　人的各種行為，背後通常有兩種原因：一種是表面上的邏輯原因，另一種才是真正的原因。我在過去30年間做的就是廣告和行銷，我告訴別人說我做這行是為了想賺錢、想打造品牌、想解決業務問題；確實我也愛幹這些事，但我做這行真正的原因是：我就是愛管閒事。

　　現代消費主義是全球拿到最多研究經費的社會科學實驗，就像是可以看見人類種種怪異行徑的加拉巴哥群島（Galapagos Islands，譯注：以啟發達爾文演化論聞名）。更重要的是，在各種與企業和政府相關的領域裡，廣告業大概也是極少數能讓怪咖繼續生存的地方。老天保佑，廣告業大致上仍然能夠鼓勵、或至少能容忍那些比較獨樹一格的觀點意見。就算問了什麼蠢問題、提出什麼蠢建議，還是有可能升官加薪。這樣的自由，其實比我們以為的更有價值，因為如果想得到聰明的答案，常常需要問出愚蠢的問題。像是在大多數公司裡，如果你忽然問「人為什麼要刷牙？」，大概會被當成瘋子，搞不好其他人還覺得最好離你遠一點。畢竟，刷牙這件事就是有個正式、大家都認同合理的原因：要維護牙齒健康，減少蛀牙。夠了吧？沒什麼好再講的吧？但正如後面會解釋，我認為這些並不是真正的原因。否

則，為什麼有 95％ 的牙膏都是薄荷口味？

> 66 人類行為就是一個謎，而我們該學習破解這套密碼。 99

在我看來，人類行為有許多部分就像是填字遊戲。有些提示含有隱藏的線索，也就是說，雖然字面讀來是一個意義，但字面下還藏著一個更深層的答案。以下列的填字遊戲為例：

5 Across: Does perhaps rush around（4）

這句提示的中文字面意思是：

橫 5：「或許」是否會四處亂闖（4 個字母）

對於不熟悉隱藏的線索的人來說，得知答案是「deer」（鹿）以後，可能會覺得也太荒唐。明明字面提示跟動物一點關係也沒有啊？如果只是一般簡單的填字提示，可能會寫「森林裡的反芻動物（4 個字母）」。但是，對於愛好含有隱藏線索的填字遊戲的人來說，要解

開這個提示其實並不難，前提就是不能只看表面。

　　這則提示的「表面」字義，會讓人以為「does」和「rush」都是動詞，但其實這裡要當作名詞來讀。「does」在這裡是「doe」（母鹿）加 s 的複數形。*而「rush」有個字義是蘆葦（reed），所以原文的「rush around」等於「reed around」，也就是把 reed 這個字倒著拼，於是得到「deer」這個字。整句的意思也就變成「母鹿，或者說把 reed 這個字倒過來拼。」†讀者必須先知道不能光看提示的字面意義，才可能看得到這樣的詮釋方法。

　　人類的行為也常常就像這樣含有隱藏的線索：我們做事的時候，有個表面、理性、對外表明的理由，但也還有一個神祕、隱藏起來的目的。想解開含有隱藏線索的填字遊戲，就必須學習除了看到表面字義、也得跳脫常理思考，而這對於了解人類行為也是至關重要。

> ❝ 不想犯愚蠢的錯誤？學著想得蠢一點。❞

　　大多數人都希望工作的時候能表現得一副聰明的模

---

* 電影《真善美》就唱過「Doe, a deer, a female deer.」。
† 這裡需要那個「或許」，是因為畢竟有些鹿是公的。

樣，在過去大概 50 幾年來，這也就代表要看起來像個科學家。如果要解釋某件事發生的原因，大家都想提出聽來合理的答案，好讓人覺得自己很聰明、很理性或是很科學；然而這樣的答案卻不一定是真正的答案。問題在於，現實生活就是和傳統科學不同：拿來設計波音 787 的好用工具，一旦拿去設計客戶體驗或稅收方案卻可能效果很差。碳纖維或合金就是那麼柔韌、那麼容易預測，但人類不是這樣，我們也不該假裝人類是這樣。

　　經濟學之父亞當斯密（Adam Smith）在 18 世紀晚期就已經看出這個問題，‡ 但之後許多經濟學家卻一直對此視而不見。如果你總是一副胸有成竹的模樣，確實能讓自己看起來像個科學家。但像這樣的自信心會讓人看不清各種問題的本質，以為面對的都是簡單的物理問題、而不是心理問題。於是，這將形成一種誘惑：在不理性的世界裡，假裝各種事情比實際上「更理性」。

---

‡ 社會學之父伊本・赫勒敦（Ibn Khaldun）有可能早在 14 世紀就已經發現這件事。

了解「心理邏輯」

我希望這本書能夠刺激大家的想法，只不過我剛好要談一點點哲學，談談人是怎麼做出各種決定，而這些決定又怎樣與所謂的「理性」不同。講到人類如何做出決定，我認為這是一種「心理邏輯」，不同於虛假的「邏輯」和「理性」概念。這套邏輯可不是國高中的數學課或大學經濟學入門的那種邏輯，重點不在於「最優」而是「最實用」。

人類之所以能成為優秀的工程師或數學家，靠的是理性邏輯；但人之所以能成為最成功的猴類，並且繁衍興盛，靠的是心理邏輯。心理邏輯出自人類心智某套平行的作業系統，常常是在潛意識中運作，而且威力與普遍程度遠超過一般人想像。這股力量就像地力引力，一直要到有人為它命名，大家才忽然察覺有這件事。

我挑選「心理邏輯」（psycho-logic）一詞，是因為它中性、不帶判斷。這個選擇有其道理：每次我們提到非理性行為，常常會用「情緒化」之類的詞，彷彿它是理性邏輯的邪惡雙胞胎。「你太情緒化了」其實說的就是「你是個白痴」。如果你在公司的董事會上說自己出於「個人情緒」拒絕某項併購案，很有可能會被立刻掃地出門。然而，人會感受到情緒是有原因的，而且常常

都是些很好的原因，情緒能處理我們無法言表的事物。

經濟學辦不到的事

　　社會心理學家羅伯特・錫安（Robert Zion）曾說認知心理學就是「把所有的有趣變項都設為零的社會心理學」，意思是，其實人類是一種很重社交的物種（也就代表著，如果要研究人類的行為或選擇，卻用了刻意人為的實驗，而沒有真正的社交情境，這樣的實驗很可能沒有想像中那麼實用）。在現實世界中，社交情境絕對至關重要。舉例來說，正如人類學家皮耶・布赫迪厄（Pierre Bourdieu）的觀察，在多數人類社會中，都會覺得「送禮」是件好事，但只要情境稍有不同，就會讓人覺得送禮是個侮辱，而非好意。舉例來說，如果你把收到的禮物回禮給送你禮物的人，就實在非常無禮。同樣的，根據經濟理論，如果有人做了你希望他們做的事，你付點錢是完全合理的事，這叫做「提供誘因」；但如果是想和另一半上床，可別這樣做。*

　　我以「鍊金術」（alchemy）做為書名，就是因為這

---

*　出於學術動機，我曾經實驗過一次；大概三個月後，老婆就願意跟我上床了。所以，這種經濟學的做法看來倒也不能說絕對不行，只是速度慢得可以。

圖 1

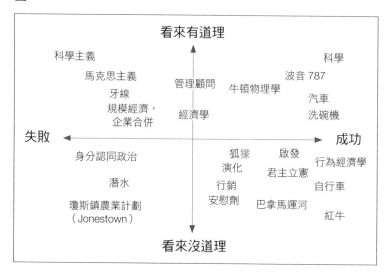

門科學討論的是那些經濟學家沒搞懂的事。想當個鍊金術士，訣竅不在於理解普遍的法則，而是要能看得出那許許多多法則不適用的情況。我們的重點不在於講出一套有限的邏輯，而是一種同樣重要的技能：要能知道該在什麼時候、如何放下邏輯。也正因如此，鍊金術的價值在今日更勝於以往。

不是所有看來有道理的事都會成功，也不是所有成功的事看來都有道理。在圖 1 的右上方，有許多在純科學領域既真實又重要的成功，靠的就是對人類的感知和

心理學有所改進而達到這些成就。但在其他象限，任何成功的解決方案，都得靠某些「奇怪」的人類感知與情緒。

　　像在這裡，列出自行車可能看起來很奇怪；然而，雖然大家都能輕鬆學會騎自行車的方法，但物理學家至今還是無法完全了解自行車究竟如何運作。這是真的。自行車能變成現在這個樣子，靠的是不斷從錯誤中學習，而不是刻意的精心設計。

哪些東西不怕洗碗機？

　　讓我分享一個生活小撇步（只是可能得花點錢）：如果希望廚房用具都能用洗碗機來洗，很簡單，只要所有東西都大方丟進去就行了！只要大約一年，所有怕洗碗機的東西都會遭到摧毀破壞、自然消失淘汰。大功告成，剩下的廚具都不怕洗碗機囉！就把這當成是廚房世界的物競天擇吧。

　　同樣的，如果你遇到任何問題，都用表面看來符合邏輯的方式來處理，那些能用邏輯解決的問題也會迅速消失，但也就會剩下某些不怕邏輯的問題：畢竟有些問題就是沒辦法用邏輯來處理。世界上大多數的政治、商業、外交政策問題（以及我強烈懷疑還有婚姻問題），

似乎都屬於這種類型。

　　中世紀有一票鍊金術士，卻沒有幾位科學家；現在風水輪流轉，到處都是善於運用各種推論邏輯的人，總是想把理論或模型套到某些事情上，說要達到最佳化。很多時候這是件好事。舉例來說，我可不想讓概念藝術家來負責航管。但不幸的是，現代人對邏輯太過痴迷，愈來愈看不到邏輯也有短處。

理性不見得有說服力

　　舉例來說，在英國公投決定脫歐、川普（Donald Trump）在美國總統大選勝出之後，常常有人怪罪是選民沒搞清楚狀況、太過情緒化、教育水準低落，但同樣我們也可以說，是英國留歐派與美國希拉蕊陣營的那些顧問搞不清楚狀況、太過理性化、讀書讀到象牙塔，才把一手好牌打成這樣。英國甚至還出現一種警告說法：「投票脫歐可能造成勞工成本上漲」，提出這種說法的還是個精明的企業家 *；他滿腦子想的就只是經濟效率模型，才會顯然沒意識到，「勞工成本上漲」聽在大多數選民耳裡就是「加薪」。

---

* 馬莎百貨（Marks & Spencer）前執行長史都華・羅斯（Stuart Rose）。

　　或許最令人意外的一點在於，要不要脫歐顯然是個政治議題，但留歐派的論點卻一直以經濟邏輯為主打，於是這些人看來就是一副貪婪嘴臉，而不是什麼有原則的人；而且偏偏是這群最用力支持留歐的社會階層因為全球化大撈一票。拜託，邱吉爾當年要說服英國人參與二戰的時候，用的口號可不是什麼「為了取回重要的出口市場」。

有更多資料，就能有更好的決策。你確定嗎？

　　在英國討論脫歐公投的同時，美國執掌希拉蕊（Hillary Clinton）陣營競選方針的是策略專家羅比・穆克（Robby Mook），他深深迷戀資料數據與數學模型，覺得其他方法都是邪門歪道。當時，柯林頓（Bill Clinton）也曾建議應該籠絡中西部的白人勞工選民，但穆克不以為然，他模仿《辛普森家庭》（*The Simpsons*）裡的爺爺說話，嘲笑這位前總統的想法[†]，他還曾經對另

[†] 不論你對柯林頓有什麼想法，勝選記錄在在顯示他就是個政治天才。

一項建議嗤之以鼻的說：「我手上的資料數據可不認同你的道聽塗說」。

不過到頭來，或許那些道聽塗說才是對的，畢竟資料顯然有誤。在整個競選期間，希拉蕊從未造訪威斯康辛州，一心以為那一州十拿九穩。團隊有些人建議選前最後幾天總該去一下，但資料數據卻要她去亞利桑那州。雖然我是個英國人，只去過亞利桑那州四、五次、威斯康辛州兩次，但就連我也會覺得「這個決定也太詭異了吧」。畢竟就我所見，絕無跡象顯示威斯康辛州不可能投票給川普，而且這一州在政治上一向不按牌理出牌。

過度依賴數據，也會讓人忽略模型沒納入的重要事實。舉例來說，在競選期間，川普所到之處總能讓整座體育館座無虛席，但希拉蕊造訪時卻是寥寥無幾，這顯然值得注意。我們不能忘記，所有的大數據都是來自「過去」，一旦出現新的競選風格、某項異常因素，或是發生意想不到的「黑天鵝」事件，就可能讓原本已經完美校準的模型陷入混亂。但是，無論在英國或美國，落敗的留歐派與希拉蕊陣營都從未想過失敗的原因在於過度依賴理性邏輯，而是一味責怪俄羅斯人、責怪臉書。或許俄羅斯人和臉書確實也該負起一點責任，但沒有人真的花足夠的時間去檢討是不是太過依賴數學模型，才

把原本的一手好牌打成這樣。

　　就理論而言，應該是愈理性愈好，但就實務看來，還是有些時候不能太過理性。只不過我們似乎就是不相信理性邏輯的解決方案可能會失敗。畢竟一切看來都很有道理啊，怎麼可能出錯呢？

別像經濟學家思考

　　想解決那些不能講邏輯的問題，就得先讓一些聰明、講邏輯的人承認講邏輯可能有錯。但往往這些人的想法最難改變，因為他們的身分地位都與他們講道理的能力息息相關。對於受過高等教育的人來說，邏輯已經不只是一種工具，而是身分認同的一部分。我有次告訴一位經濟學家，通常只要提高售價、就能增加產品銷量，對方的反應卻不是好奇，而是憤怒，好像我侮辱了他的狗或他最愛的足球隊。

　　讓我們假設一種情境：你必須支持紐約洋基隊或切爾西足球隊，否則就不可能找到高薪工作或踏入政壇。你一定會覺得這太荒謬，但我們卻有一群忠誠的「邏輯迷」，在世界各地操縱著權力的槓桿。曾獲頒諾貝爾獎的行為科學家理查・塞勒（Richard Thaler）表示：「一般來說，掌管美國政府的就是一群律師，偶爾會聽聽經濟學家的建

議。其他人想給律師助上一臂之力？想都不用想。」

　　時至今日，想找份工作似乎就得先證明自己是邏輯的鐵粉。我們在教育系統裡讚美這樣的人，我們讓這些人掌握權力，我們也聽從他們每天在報紙上發表的意見。不管是業務顧問、會計師、政策制定者或智庫專家，都是因為表現出令人佩服的論理能力而得到器重。

　　這本書並不是要攻擊各種正常使用邏輯或理性的行為，而是要譴責有些行徑已經對邏輯太過執迷，要求什麼事都得先講出一套道理，否則連試都不願意試、想都不願意想。就算各位讀者從這本書裡沒學到什麼東西，我還是希望大家偶爾天馬行空、多經歷一些失敗的經驗、思想不要那麼像個經濟學家。世界上有許多問題就是沒辦法講邏輯，絕不是那些想參加達沃斯世界經濟論壇（World Economic Forum）的人能夠解決的。＊還記得那些捐款信的故事嗎？

> **人類不可能演化成為理性的動物；因為理性會讓人變弱。**

＊　這是一個奇葩的國際政府公費旅遊行程，不知道怎麼回事，全世界最聰明的一群人都覺得，一月花個好幾天待在半山腰是個好主意。

希拉蕊辦不到、川普卻能做到的事

　　我接下來要說的話，大概會讓理性的人不太高興，而且我也不是很想這麼說。在我看來，雖然川普有很多問題，但他應該能解決理性的希拉蕊無力解決的許多問題。我並不喜歡這個人，但川普就是另一種類型的決策者。舉例來說，兩位候選人都希望製造業重返美國。希拉蕊的方案講理性邏輯，要與墨西哥和加拿大進行三方貿易談判；但川普就只說一句話：「我們要建一道牆，墨西哥要付錢。」

　　你會說：「拜託，他永遠不會建那道牆啦！」我也同意，我認為建那道牆的機會很小，想讓墨西哥當冤大頭更不可能。但問題就在這裡：川普想要實現他的貿易野心，並不用真的建起那道牆，只要讓人以為他會這麼做就行了。同樣的，他並不需要真的廢除《北美自由貿易協定》（North American Free Trade Agreement），只要提出這種可能性就行。瘋子之所以比正常人可怕，就是因為他們的威脅似乎更有說服力。

　　大概有 30 年的時間，經濟學上一般的觀點認為，美國汽車製造商並不會認為照顧本地勞工是愛國義務；如果有人在董事會上這樣說，大概會被認為怎麼有這麼老掉牙的想法。當時無論是民主黨或共和黨，都一心信

奉自由貿易，於是製造業者外移，無須擔心會不會因此失去政府的支持或遭受輿論撻伐。而川普要做的，就只是放話警告情況不同了，並不需要真的提高關稅（或是建起高牆），嚇嚇大家就已足夠。*

　　面對一場風暴，理性的領導者會說我們繞路吧，而不理性的領導者則會說我們要改變天氣。

　　談判的時候，稍微裝瘋賣傻是個不錯的策略：理性代表你的行為可能被摸透，而這樣就會落入下風。希拉蕊的思維就像個經濟學家，而川普則是運用賽局理論，他只要用一條推文，就能做到希拉蕊在國會打滾四年才做得到的事。這就是一種鍊金術；不管你再不喜歡，他的做法偏偏就是效果驚人。

　　有些科學家相信，自駕車必須先學會一點不理性，否則永遠無法真正上路。如果設計成只要有人出現在車子前面、車子就必須煞停，那麼行人過馬路就可以想過就過，根本不用斑馬線，於是這些自駕車就得一天到晚緊急煞車，搭起車來顯然不可能愉快。想避免這種情況，就得教這些自駕車學會「生氣」，偶爾也得故意來

---

* 相較之下，如果是希拉蕊提出這樣的威脅，大家都會知道她只是說說而已。但川普夠瘋狂，有可能會真的來這一套。

不及煞車、對著行人的小腿就這樣撞下去。

> **如果你的行為完全被摸透，就只能等著被人欺負。**

現實為何這麼沒邏輯？

　　人生就像是一場犯罪調查：事後來看，好像一切都是線性發展、合乎邏輯，但在發生的當下，卻是無比隨機、一團混亂、充滿多餘的程序。要是一本犯罪小說打算精準描述所有事件，肯定會無聊到死，因為有絕大多數發生的事並不會有任何後續發展。但事情本來就該是這樣。調查犯罪的時候，最不該犯的錯誤就是所有人都緊抓同一套理論，否則只要假設出了一個錯，所有人都會落進同樣的漏洞之中。這種現象還有個特別的名字，稱為「對特定假說的偏好」（privileging the hypothesis）。

　　最近的一個例子發生在義大利佩魯賈（Perugia），這場離奇的官司是關於亞曼達‧諾克絲（Amanda Knox）和拉斐爾‧索雷契托（Raffaele Sollecito）在義大利謀殺梅瑞迪絲‧柯琪（Meredith Kercher）。調查團隊從開始調查後一直認定，在柯琪遇害後，犯案人故布疑陣營

造有人闖入的跡象，好讓案件「看起來像是盜竊不成而失手殺人」。由於只有屋裡的嫌疑犯才需要營造有人闖入的跡象，調查人員只想得到唯一的可能：這是為了轉移屋內室友的注意力，掩飾是自己人下手的事實。但不幸的是，這項最初的懷疑並不正確。

人類是一套複雜系統

想到調查人員對這項假設如此認真，教人不禁有點同情。畢竟乍看之下，確實會覺得是有人故布疑陣，因為有些碎玻璃是落在窗外，而且窗邊也沒有腳印。然而，就因為調查人員一心認定是內鬼假裝成小偷殺人，之後發現的各種反證不是被放著不用、就是不透露給媒體，最後也就得出荒謬的結論。

確實，乍看之下很難相信會有小偷這樣闖進屋裡：怎麼會有人選擇一扇相對沒有掩蔽的窗子闖入室內呢？但其實一切的背後是有道理的，小偷打破窗戶的目的不是為了闖進屋裡，而是要在一個容易逃走的地方，試著發出很大的噪音，以確定附近沒有其他人。如果把窗戶都砸了也沒人管，就可以十分確定在五分鐘後並不會有人注意到你爬過了同一扇窗子；但是如果一砸窗子，附近就有燈亮起來、狗也開始叫，直接放棄就沒事了。

　　這個例子可以直指我們看待世界的核心思維。我們是不是只有一種觀點、每次做某件事都已經有想達到的目標，又或是能夠接受世界就是有點複雜、事情就是會有所出入？如果是某套經過設計製造的系統（像是一台機器），確實就是為了達成某個特定目的；但如果是一套經過演化而成、或是複雜的系統（像是人類的行為），事物就可以依據所處的情境不同而有許多用途。

　　就像人的嘴巴可以用來進食，但在鼻子堵住的時候也能用來呼吸。同樣的，「用最吵的方式闖進屋裡」乍看之下並不合理，但了解罪犯當時的情境後就能了解這個行動的用意。面對複雜、演化而成的系統，需要考慮下決定後的結果還會引起哪些第二層考量（second-order consideration），所以思維方式就必須不同於面對設計而成的系統。

　　而在我看來，馬克思主義的問題就是太合理了。

技術精英分子的危險

　　技術專家常常就是靠著反推事物的道理而坐上現在的位置；而合理的事後之明也是評論者的拿手好戲。但不幸的是，像這樣的人就很容易掉進一種陷阱：總想用

說明過去的工具來預測未來。就像前面說過的犯罪調查一樣，有些事情在事後看來清楚簡單、再合理不過，但在發生的當下通常都非常混亂。科學的進展也是如此。面對既有的發明，很容易就能把一切的發展講得像是個線性、有邏輯的過程，但這並不代表科學就該跟著單純、線性、有順序的規則來演進。

　　科學研究有兩種類型：一種是要找出「有什麼行得通」，一種是要解釋「為什麼行得通」。這兩件事完全不同，也沒有一定的先後次序。科學進步絕非一條單行道。舉例來說，阿斯匹靈是先用了幾十年，才終於有人找出為什麼這種藥可以止痛。像這種例子，就是靠著經驗而得出的發現，而且事後很久才能夠解釋這項發現。如果所謂的科學不允許像這樣「就是運氣好」的事，* 我們現在的科學成就肯定不會那麼亮眼；想像一下，難道我們會因為沒有事先預料到要發現盤尼西林，就決定不准使用盤尼西林嗎？然而，目前絕大多數的政府政策和商業決定都死守著一種「先講道理，再談發現」的方式，實在是非常浪費。我們可別忘了自行車的例子。

---

* 電木（bakelite）、盤尼西林、微波、X光、雷達、無線電，都是先有發現之後才了解原理的例子。

　　人類的演化也是如此。演化是個很雜亂的過程，目的是要找出在這個有些事情可預測、有些事情難以預測的世界上，到底怎樣才能存活下來。演化之所以成功，是因為每個基因都根據過去幸運或不幸的錯誤當中得到獎賞或學到教訓，但基因才不關心什麼原因道理。你不需要跟基因講什麼道理，對基因來說，有用的意思就是能夠生存、繁衍，沒用的意思就是衰減、死亡。基因不需要知道「為什麼會有用」，只要「真的有用」就行。

　　所以，在決定「有什麼」的時候，我們不該以可能的「為什麼」為前提；要做任何嘗試的時候，也不該局限於那些覺得事後很容易解釋為何會成功的事。就科學的歷史看來，其實會讓人開始質疑所謂「科學的問題解決辦法」到底是不是那麼有效。

有些事情只是與理性無關

　　我得承認：我之所以有資格寫這本書，完全是出於偶然。我的出身是古典學家、而非人類學家，但意外踏進廣告業待了 30 年，處理的多半是所謂的「直接反應」（direct response）廣告，也就是希望民眾一看到廣告就做出回應。這類廣告的背後有各種規模龐大、資金豐厚

的行為實驗，而這種廣告給我們一個教訓：光靠經濟學
和傳統理性所設計和推廣的人類行為模型，完全不足以
預測人類行為。

　　經濟學的代表成就為何？或許是李嘉圖（David
Ricardo）的「比較優勢理論」（Theory of Comparative
Advantage）？或是凱因斯（John Maynard Keynes）的《就業、
利息和貨幣的一般理論》（*The General Theory of Employment,
Interest and Money*）？廣告業最重要的發現又是什麼？有可
能是「出現可愛動物的廣告比沒出現的廣告更成功」。

　　這可不是在開玩笑。我最近才和客戶開過會，聽說
他們辦了一個抽獎活動，獎品是「一年水電瓦斯免費（價
值超過 1,000 英鎊）」，參加人數有 6 萬 7,000 人。接下來
他們又辦了另一次抽獎活動，獎品是可愛的企鵝夜燈（價
值 15 英鎊），參加人數足足超過 36 萬人。甚至有人抽到
退款 200 英鎊的大獎，但他拒絕這個獎項，說「我不要，
我想換企鵝夜燈。」雖然我知道事實確實如此，心中的
理性還是會有一番掙扎，實在很難在會議室裡站在一群
企業主管面前，建議廣告該用一堆兔子、或是狐猴家族
為主打，這一切聽起來實在太蠢了。但偏偏就不是這
樣。這是另一種情形，我稱為「與理性無關」（non-sense）。

　　「行為經濟學」其實是個奇怪的詞，華倫・巴菲特

（Warren Buffett）的商業夥伴查理・蒙格（Charlie Munger）就說過：「如果要說經濟學與行為無關，我還真不知道能跟什麼有關。」事實就是如此，真要照理說來，經濟學應該是心理學的一個分支。*說經濟學之父亞當斯密是位行為經濟學家也不為過：1776 年出版的《國富論》(*The Wealth of Nations*) 全書沒有半條方程式。雖然看來奇怪，但經濟學的研究長期以來一直與人在現實世界的行為脫節，一心想研究的是某個平行宇宙：在那個宇宙裡，人類的行為模式會乖乖按照經濟學家認定的去做。而正是為了糾正這種循環邏輯，才讓行為經濟學開始引領風騷，代表人物包括丹尼爾・康納曼（Daniel Kahneman）、阿莫斯・特沃斯基（Amos Tversky）、丹・艾瑞利（Dan Ariely）與理查・塞勒。在許多政商領域，比起人類理論上會怎麼做，如果能了解人類實際上會怎麼做，絕對更有價值。†

演化比大腦更聰明

　　我們可以說，行為經濟學就是要討論人類有些算是

---

* 奧地利經濟學派（Austrian School）就十分明智，相信這種想法。
† 我知道，這種大發現簡直該得諾貝爾獎，對吧？

愚蠢、有些則算是與理性無關的行為。有時候，人類之所以表現出愚蠢的行為，是因為當初演化時的狀態已經和目前所處的情境有所不同。＊但有許多被說是「不理性」的行為，其實並非真的那麼愚蠢，只是與理性無關。舉例來說，從演化心理學的角度來看，可愛動物的廣告效果好，根本是理所當然。廣告就是要引起注意，而人類的演化當然會讓我們注意到活生生的動物。演化心理學還可能告訴你，企鵝夜燈（給小孩的禮物）在情感上，可能比現金獎勵（給你的禮物）的吸引力更大。†

　　有些時候，我們之所以覺得某些人類的行為看來愚蠢，只是因為這些行為與理性無關，是我們用了錯誤的方式來判斷他人的動機、目標和意圖。有時候，人類行為之所以與理性無關，是因為自然的演化就是比人類大腦更聰明。演化就像是一位深具天分、但沒受過正式教育的工匠；智識上不足的地方，經驗足以彌補。

　　舉例來說，我們有很長一段時間覺得人類的闌尾沒

＊　像是現代人可能都太愛糖了：在人類遠祖的環境裡沒有精製糖類，當時升糖指數差不多的食物只有蜂蜜。

†　像是我朋友演化生物學家尼蔻拉・萊哈妮（Nichola Raihani），她小孩的自行車帽被偷了。她大發雷霆，生氣的程度連自己都嚇了一跳，比自己的自行車帽被偷更生氣。

什麼用處，對遠古的先祖可能有用，但現在似乎就是消化道裡多出來的一部分。確實，現在如果割掉闌尾，似乎也不會對人體有什麼立即的危害。但在 2007 年，北卡羅萊納州杜克大學的威廉・帕克（William Parker）、蘭迪・柏林格（Randy Bollinger）等人提出一種假設，認為闌尾其實是消化系統細菌的避風港，而這些細菌對於幫助消化、提供免疫能力都十分重要。所以，就像加州淘金熱時代的礦工，會在脖子上掛個小袋子隨身攜帶保護發酵用的酸麵種（sourdough starter），身體也有自己的小袋子，保護那些重要的東西。後來的研究顯示，割掉闌尾的人，罹患困難梭狀桿菌結腸炎（clostridium difficile colitis，一種結腸感染）的可能性是一般人的四倍。

　　有鑑於霍亂在不過幾個世代之前還是個重大死因，而且有些人認為霍亂即將捲土重來，或許不該再把闌尾當成某種棄之也不可惜的器官；這就像是西班牙王室，雖然大多時候似乎沒用又惹人厭煩，但偶爾還是能發揮重要的價值。‡

---

‡ 要不是有一位專斷而象徵性的國家元首發揮重要作用，在佛朗哥將軍之後，西班牙不可能這樣和平穩健的走向民主。

> **" 小心，別隨便說某些東西愚蠢。 "**

　　從闌尾的教訓上，我們該知道某些東西不見得要隨時都有價值，只要在特定時刻有用就行。人類的演化，用的並不是那種短視、只看當下實用的工具主義觀點。所以，如果我們想找出闌尾在「日常」有什麼功用，其實就是找錯了目標。「理論上有沒有道理」實在不比「實際上有沒有用」來的重要。

宗教與飛機上的點心

　　我就像許多英國國教徒（但我太太不一樣，她是一位牧師，而且是醫院院牧），並不確定上帝到底存不存在，但是我也不會像某些人一樣，將宗教斥為愚蠢。

　　傳承研究所（Heritage Institute）在 1996 年調查宗教在美國大眾生活當中的地位，研究發現：

1. 會上教堂的人結婚率較高、離婚或單身的可能性較低，而且婚姻中的滿意度也較高。
2. 想預測婚姻是否能夠穩定、幸福，最重要的預測指標就是教堂出席率。
3. 定期參與宗教活動，可以幫助窮人擺脫貧困。像

是定期參加教堂聚會，特別有助於年輕人擺脫市中心的貧困生活。

4. 定期參與宗教活動，大致上可讓個人避免各種社會問題，包括自殺、藥物濫用、未婚生子、犯罪、離婚。

5. 定期參與宗教活動，還有助於心理健康，像是減少憂鬱、提高自尊、提升家庭和婚姻幸福感。

6. 如果想彌補酗酒、吸毒和婚姻破裂造成的損害，宗教信仰與活動正是帶來力量與修補損害的重要因素。*

7. 定期參與宗教活動，也有助於個人身體健康：可以延長壽命、提高生病後復原的機會，並減少許多致命疾病的發生。

宗教感覺上與現代生活格格不入，是因為宗教似乎有各種妄想的成分，但要是有某種新藥的試驗能達到以上的功效與結果，我們大概會想趕快把這種藥加到自來水裡讓人人都喝到。我們絕不應該光是因為自己不知道

---

* 別忘了，匿名戒酒會（Alcoholics Anonymous）很顯然參考宗教活動的原則。

為什麼這會有用，就對這一切事實視而不見。[＊]

在商業、創意和藝術上，有太多成功案例看來都與理性無關。實際上，自由市場最大的優勢就在於能夠產出新創的事物，這些事物的瘋傳爆紅就是說不出什麼理性邏輯。與理性無關的事物，雖然違背傳統邏輯（或許也正因如此），但就是有用、就是有效。

幾乎所有好廣告都會有些與理性無關的成分。乍看之下，你有可能覺得怎麼蠢成這樣；如果是要面對一群心存懷疑的客戶，更是尷尬到極點。假設你是某家航空公司的董事，在董事會上剛花 3 個小時討論到底該買 13 架空中巴士、還是買 11 架波音 787，每架都要大概 1.5 億美元。而等到會議將近尾聲，輪到廣告公司上場提出廣告概念，你卻發現提案裡根本看不到飛機，而是建議強調飛機上會提供小黃瓜三明治和司康。這件事與理性差太遠了對吧？但大約有九成的旅客其實根本不知道自己搭的是哪種機型，也不在意噴射引擎的原理是什麼。對這些人來說，要判斷這家航空公司是否安全、旅途是

[＊]　道金斯（Richard Dawkins，著名無神論科學家），接招吧！

否滿意，很大的因素會在於機上點心的用心與品質。†

　　在屋子坐滿 MBA 的商業場合做這種簡報，實在教人有點尷尬；你會開始羨慕那些做資訊科技或避稅規劃的人，開會的時候可以拿出各種圖表或統計資料，講著符合理性邏輯的提案。然而，如果固執抓著理性邏輯不放，很有可能讓你付出昂貴的代價。假設你的公司產品銷售表現不佳，你覺得下列哪個提案比較容易在董事會上通過，作為解決方案？（1）「我們應該降價」；（2）「我們應該在廣告裡放幾隻鴨子當主角」。答案當然是第一個，但事實上，第二個選項卻能帶來更多獲利。

人類行為沒有法則

　　這本書除了想為那些看來沒什麼道理的事情說說話，也想趁機抨擊一下：有些事情雖然看來很有道理，但實在也無須過度迷戀。有些事情雖然很難講出道理，

---

† 琴酒品牌亨利爵士（Hendrick's）就有一次巧妙運用這種與理性無關的手法：建議消費者喝琴酒時不要配檸檬，要配小黃瓜。此舉立即引發熱議，我身為英國人，一開始沒看出這項方案有多天才：因為對美國人來說，小黃瓜三明治有著濃濃英國風，所以這樣一來，亨利爵士琴酒在美國的定位也就成了優雅的英式風格。當然，在英國人看來，小黃瓜實在說不上什麼英不英式，就是拿來夾在三明治的材料之一罷了。

卻也有它的價值或目的，一旦接受這一點，你就會得到另一個結論：有些事情可能完全符合道理，卻是錯的。

符合理性邏輯的點子如果行不通，常常是因為理性邏輯講的是普遍通用的法則，但人類不像是原子，行為不夠一致，也就沒有辦法找出通用的法則。例如，功利主義者常常就是想不透，為什麼人類在選擇要幫誰或找誰合作的時候，就是沒有一套一致的標準。假設今天你周轉有問題，想和某位有錢的朋友借 5,000 英鎊；他很有耐心的跟你說，他正打算把這筆錢捐給某個在非洲的村落，他們比你更需要這筆錢。你的朋友可以說是理性的典範，但你們的友情大概也會就此畫下句點。

我們必須要能接受人際關係有親疏遠近之別，否則人際關係絕不可能行得通。像功利主義這樣的普遍法則雖然合乎理性邏輯，但似乎無法符合人類的演化方式。所以大概也就不令人意外，功利主義之父邊沁（Jeremy Bentham）可說是史上最古怪、最反社會的人之一。*

---

* 常有人認為邊沁有自閉症。而我雖然不願意過度推論這項診斷，但或許邊沁確實因為太過依賴理性，而讓自己十分痛苦。他曾有一次拒絕認識幾位年輕的親戚，理由是：「如果我不喜歡他們，我們相處的經驗就不會愉快；如果我喜歡他們，他們要走的時候我又會難過。」完全合理，一點都沒錯，但也太奇葩了吧！至於康德，也是個怪人。

　　一心想追求理性，就會讓人希望在政治和經濟上也能有像物理那樣的定律，放諸四海皆準。那些想用理性來決策的高層人士，就會想要有普遍適用的法則，好在面對任何事情的時候，無須考量個別情境的特殊情形，就能自信滿滿的發表自己的意見。[†]不過，事實上，「情境」常常才是決定人類的思考、行為和行動的最重要因素：從一開始，這項簡單的事實就讓許多通用模型踢到鐵板。[‡]因為如果一心想要有通用的定律，那些天真的理性主義者就得假裝情境毫無影響。

好點子反過來，還是好點子

　　講到要提出關於人類行為的普遍法則，或許經濟理論就是其中最不自量力的嘗試，經濟學家甚至還提出「市場無所不在」（markets in everything）的說法。然

[†] 別忘了，一般大眾對複雜的問題可沒什麼發言的權力。說到移民問題，你什麼時候聽過移民官接受採訪？講到犯罪問題，什麼時候有街上的警察接受採訪？這些人對這些問題的了解，顯然比經濟學家或社會學家更多，但我們想求教的卻是那些懂模型、懂理論的人，而不是有實際經驗的人。

[‡] 舉例來說，德國有錢人會對德國的窮人伸出援手嗎？會。對敘利亞人呢？也會，只是不太情願。窮困的希臘人呢？沒這可能。

而，在某些情境當中，雖然標準經濟學根據理性邏輯有一套想法，人類的行為卻常常完全相反。以在倫敦的住房為例。照邏輯來說，隨著倫敦房價持續上漲，不用住在市區的人應該會把市區的房子脫手賣掉，賺到價差，搬到較遠的地方，市場壓力也就會減輕。但實際上，情況似乎剛好相反，他們還是住在價格飆漲的房子裡。這些人雖然心裡想搬到離倫敦 80 公里、甚至 320 公里遠的地方，卻不肯真正這麼做，因為他們擔心會錯過未來上漲的房價，也擔心如果以後想回來卻回不來。雖然這種想法完全有可能，而且似乎正是大多數的現實情況，經濟學卻多半將所有市場都視為相同。舉例來說，如果是原油市場，情況可能和經濟理論的預測一致：價格上漲，資產擁有者就會出售；但住房市場和原油市場就是大不相同。

再舉例來說，如果政府提高所得稅率，你會因為勞動所得減少而減少工作，還是會為了維持目前的可支配財富水準而更努力工作？這實在有點難講。理性邏輯總希望人能找到普遍的法則，但除了在科學領域，所謂的普遍法則其實並不如我們想像的多。在人類心理發揮作用的時候，就可能展現出完全矛盾的行為。舉例來說，如果想賣產品，有兩種完全矛盾、但又一樣有效的方

法：「很少人有這個產品，所以這一定很棒」跟「很多人都有這個產品，所以這一定很棒」。羅伯特·席爾迪尼（Robert Cialdini）在《影響力：讓人乖乖聽話的說服術》（*Influence: The Psychology of Persuasion*）就點出，想成功銷售、改變對方行為，原則就在於操縱各種矛盾。

在另一方面，奢侈品一旦太過普及，就等於落入地獄：拿名牌包的人，絕不會想和其他 500 萬人撞包。*但另一方面，也有許多食物受歡迎的原因似乎只是因為大家都在吃。像我一直不懂味噌湯在紅什麼。想像如果世界上沒有味噌湯，而我女兒給我端來一碗：「爸爸你看，我剛發明一種新的湯。」我會先把上面那些綠得奇怪、像葉子的東西挑掉，小嘗一口，然後難道我真的會大為驚豔，說：「我們得立刻打電話給亨氏（Heinz）參加湯品挑戰賽，這個湯絕對會賣。」我可不這麼想，更有可能的反應大概是：「嗯，你可別辭掉手上的工作啊。」然而，每週還是有幾百萬西方人在喝味噌湯†，就因為這在日本很流行。所以，在不同情境下，不論是

---

* 總之，在西方是這樣。但在亞洲情況似乎有所不同。
† 還包括我，怪了吧。

「很少人有」、或是「很多人有」，都可能是件好事。

心理學的答案不只一個

在物理學上，好點子的反面通常就是個爛點子。但在心理學上，好點子的反面，卻仍然可能是個非常好的點子，兩者都能成功。有一次，我要潤色一份兩頁的保險產品銷售函。當時銷售函歷經多年，一段一段添加內容，而且也確實每次都讓效果變得更好，銷售業績慢慢上升。像這樣的一封信，我該怎麼加以潤色？我建議整封信全部重寫，七、八行內結束。理由是什麼？當時那項產品經濟實惠又划算，而且販售這項產品的金融企業公司又和顧客已經打好關係，所以在我看來，既然這項產品如此簡單，應該可以迅速讓人充分理解。所以，信短一點，會讓人覺得確實連想都不用想。至於既有的版本已經長到與這個產品有點不搭，容易讓人懷疑*，覺得如果這項產品真那麼簡單又划算，為什麼賣方要如此大力推銷？於是，我們製作一封只有兩段的銷售函進行測試。幸運的是，我是對的。事實證明，有兩種方式銷售那項產品：一種是用很長的銷售函（因為內容很長，所

---

* 這用術語來說稱為「認知失調」（cognitive dissonance）。

以令人安心），另一種則是用很短的銷售函（因為內容
很短，仍然令人安心）。

　　近年來全球經濟不穩，最不受影響的兩類零售業者
就位於價格光譜的兩個極端。原因雖然部分在於財富不
平等的情形加劇，但如果再研究一下消費者的人口統計
數據，會發現事情並非如此簡單。舉例來說，幾乎所有
英國人不分貧富都是英國廉價賣場 TK Maxx 的客群。†
事實就是，人類雖然喜歡奢華的享受，但也很愛找便
宜。相較之下，中價位商品能帶來的情感撫慰就沒那麼
多。在中價位賣場買東西的時候，可沒辦法讓人多巴胺
大量爆發。

　　最近一次讓我想到這件事，是和太太買床單的時
候。我們在百貨公司裡逛了半小時，我跟她說我只有兩
種打算：「什麼都不買」或「要就買超貴的」。什麼都不
買會是件好事，我們就繼續睡現在的亞麻床單，錢則可
以花在其他地方。至於要買超貴的也行，因為這下我就
會開開心心開始研究不同的紗支數、熱阻值，還有那些
來自異鄉的鵝絨。但相較之下，如果買得不上不下，兩

---

† 就算是超級有錢人，也愛貪點便宜。實際上，購買超市自有品牌
　產品的往往是有錢人，而不是窮人。

種快樂都享受不到。

　　詹姆士・戴森可說是一位絕佳的工程師鍊金術士，他的吸塵器事業如此成功，原因也是出於類似的心理因素。在過去，似乎只有在舊吸塵器壞掉的時候，才會讓人一肚子火，想去買一台新的。戴森則讓買吸塵器這件事多了一點令人興奮的元素。在他發明戴森吸塵器之前，市面上並沒有這種「看起來好酷又真的好貴的吸塵器」，就像在星巴克出現之前，並不會有人想拜託咖啡店賣那些貴得要命的咖啡。

情境最重要

　　人類是種非常矛盾的生物。根據情境不同，可能會有完全不同的看法和判斷。舉例來說，有種辦法肯定會賠錢：去某個充滿異國風情的地方度假，愛上當地的特色酒品，然後決定將這種酒進口到本國。像我就曾聽說有人愛上加勒比海的香蕉利口酒，於是買了在英國的經銷權。他回到家，行李箱裡有一半都裝滿了那玩意，接著在廚房裡打開一瓶，等著迎接朋友滿口讚嘆、說他真是太聰明了。但接著，所有人（包括他在內）都覺得這種酒的味道有夠噁心、簡直讓人想吐；當初是因為在加

勒比海那種環境下，才會覺得真是好喝。*

　　我們對世界的感受，就是會受到情境的影響，所以如果想靠著理性，為人類行為找出什麼普遍法則，一心希望能夠不受情境影響，多半是緣木求魚。†就連政治，都得看情境。舉例來說，表面看來是右派的人，在參與地方活動時顯然就是屬於社會主義的行為。像是在倫敦波莫街（Pall Mall）上的俱樂部，常常就滿是有錢的右派人士，雖然大家使用俱樂部服務的方式截然不同，但付的會費都一視同仁。而正如作者兼哲學家納西姆・尼可拉斯・塔雷伯（Nassim Nicholas Taleb）所言，高盛集團（Goldman Sachs）內部也採行著令人意想不到的社會主義：各個合夥人會共同分配所得。但如果是摩根大通（JP Morgan），就沒這可能。在某種環境，大家樂於分享財富，但換了一種環境，就肯定沒這麼回事。

---

* 當然，保樂力加（Pernod）的酒只有在法國才如此好喝，而健力士（Guinness）啤酒也是在愛爾蘭更順口。倒不是因為愛爾蘭的健力士真的品質更佳，而是因為在愛爾蘭那個環境下更適合喝健力士。顯然，如果要喝粉紅酒的話，在海邊就是感覺好喝得多。

† 了解到人類是多麼愚蠢的想找出普遍法則之後，我再看人類學家奧利弗・克里（Oliver Scott Curry）的著作，以及塔雷伯的最新著作《不對稱陷阱》，就深受啟發。哲學家試著將抽離情境的道德義務強加於人，似乎完全與人類演化而成的本質相牴觸。

　　為什麼會這樣？塔雷伯在《不對稱陷阱》（*Skin in the Game*，2018 年出版）裡，提過一則我聽過關於個人政治最有趣的引文。有人說[*]，在不同的情境下，他會有不同的政治偏好：「在聯邦層級，我是自由主義者。在州層級，我是共和黨人。在城鎮層級，我是民主黨人。在家裡，我是社會主義者。和我的狗在一起的時候，我則是馬克思主義者：各盡所能、各取所需。」

小心執著於體制的領導者

　　我們想「理性」解決政治爭端的時候，常常假設這些人不論所處情境為何，都會以同樣的方式互動，但事實就不是這樣。至於經濟交流，也會深受環境影響，如果想把人類行為硬塞進某種單一尺寸的緊身衣，從一開始就走錯了方向，因為我們對於「確定性」太過熱愛。確定性只能存在於理論，而理論一心想要放諸四海皆準，就變得完全不考慮情境。

　　亞當斯密顯然在兩個世紀前就已經發現這種問題，警告大家要小心「執著於體制的領袖」（man of system），

---

[*] 這個人是傑夫・葛拉漢（Geoff Graham）或文斯・葛拉漢（Vince Graham）兄弟之一。

他說這種人：†

自以為很聰明；常常提出自己認定理想的政府
計畫，就覺得實在完美、深深為之迷戀，不能
忍受一點點的偏差。接著就要讓計畫完整實
現，鉅細靡遺，而完全不考慮整體利益、又或
是可能反對計畫的強烈偏見……這樣的領袖似
乎認為，自己可以在這個大社會裡輕鬆安排各
個不同成員，就像在棋盤上排列不同的棋子一
樣容易。在他看來，自己的手是唯一可以讓棋
盤上的棋子移動的力量；但在人類社會這個大
棋盤上面，每顆棋子都可以自己移動，而且有
可能與立法機關打算讓他們移動的方向完全不
同。如果這兩者能夠吻合，這盤人類社會棋局
就能運作得輕鬆和諧，也很可能帶來幸福與成
功。但如果原則互相衝突對立，整盤棋就會令人
非常難受，整個社會總是處於最高程度的混亂。

---

† 在《國富論》之前，亞當斯密在1759年就寫過一本《道德情操
論》（*The Theory of Moral Sentiments*），一般認為這本書談的是道
德哲學，但這本書也是行為科學、消費者心理學的絕佳入門。請
參見3.10。

　　諷刺的是，到了 21 世紀初期，這些「執著於體制的領袖」很有可能就是個經濟學家，但我們今日更需要的，是一群不過度屈服於思想體系的人。我寫這本書，除了希望能帶出更多這樣的人，也希望能讓這些人有更多行動和說話的自由。我希望這本書能讓各位讀者稍微擺脫現代理性主義的束縛，了解到雖然理性主義總希望找到不論任何情境都適用的普遍法則，但只要我們能放下這種迷戀，很多問題就能迎刃而解。擺脫這種束縛之後，就能自由自在的浮現如魔法般的點子，確實有些點子可能會很蠢，但也有些點子將會是無價之寶。

不夠理性，但是很省錢的好點子

　　遺憾的是，在你提出這些與理性無關的新點子之後，許多朋友、同事、理專或銀行經理大概都不會喜歡，就連那些其實十分寶貴的點子也不例外。而且，它們不討喜的原因並不是因為成本很高；實際上，這些點子絕大多數都非常便宜。這些人之所以討厭這些點子，原因在於這些點子無法符合他們狹隘、簡化的世界觀。*但這正是重點所在，這種狹隘的經濟世界觀已經主導決

---

* 而且這些人通常是男的，不是嗎？

策太久了。光是看看行為經濟學和一點點演化心理學給我們的教訓，很快就能發現這種理性邏輯的世界觀並非顛撲不破。與此同時，你的財務主管（雖然他本人可能很討人喜歡）卻很討厭各種與鍊金術相關的實驗，因為鍊金術的結果難料；他寧可得到一些相對小、但結果比較肯定的收益，而不願選擇那些平均較高、但難以預先衡量的收益。†

　　然而，人類這種熱愛確定性的天性，卻可能讓企業無法得到更有價值的發現。畢竟，許多重大商業創見一開始看來並不見得合理。我想說的是，只要想像一下，如果你看著一群狐疑的投資者，還要說出以下想法：

1.「消費者想要的，是一款超酷的吸塵器。」（戴森）
2.「……最棒的一點，是大家會免費幫你寫完這整個網站！」（維基百科）
3.「……我很有信心，下個世紀不敗的時尚將會是一種粗糙、不舒適的布料，這種布料令人不悅，因為它會褪色，還得花上很長時間才會乾。到目前為止，主要是貧困的勞工最愛這種布料。」

---

† 否則，管理顧問哪會這麼賺錢呢？

（牛仔褲）

4.「……消費者會被迫在只有三到四個品項間選擇。」（麥當勞）

5.「而且最讚的一點，在於這種飲料有著消費者說他們很討厭的味道。」（紅牛）

6.「……而且可以看到，明明是腦筋完全正常的人，卻會花上五美元，來買一杯在家裡只要幾便士就能做出來的飲料。」（星巴克）[*]

　　腦袋正常的投資人絕不會花一毛錢在這些計畫上。各種組織達到一定規模後，[†]必然會遇到一個傳統理性邏輯造成的問題：官僚人員或高層主管自然都會想避開風險。原因很簡單：你絕對不會因為堅持理性邏輯而被炒魷魚。只要能說出一套完善、無趣、沒想像力的道理，就算事情沒做好，也不太會遭到指責。比起「沒創意」，「沒邏輯」被開除的機會要高得多。

畫線比鋪馬路更複雜

　　而且最致命的問題在於，理性邏輯會讓你和競爭對手變得一模一樣。我在奧美成立一個部門，聘請的都是心理學出身的人，我想用新的觀點來研究行為改變的問題。我們的座右銘是：「測試反直覺的事，因為就是沒人這麼做過。」為什麼該做這樣的事？簡單來說，這個世界有兩套作業系統。其中一套規模小得多，是用理性邏輯在運作。像是要築橋造路的時候，蓋得好不好有很明確的定義，與個人感受無關。如果有 X 輛 Y 公斤的車，以 Z 公里的時速行駛，這座橋／這條路能不能安全承受這個重量？在這種時候，我們可以完全用客觀科學單位來定義道路或橋墩蓋得好不好，不受到人類主觀的任何影響。[‡]

　　要鋪馬路的時候或許是如此，但要畫標線的時候就沒那麼客觀了。這時的考量會更複雜，得思考人類會如何回應環境中各種資訊線索。舉例來說，想讓車輛減速，可以在接近十字路口的路上繪製間距逐漸縮小的平

[‡] 只不過，瑞士天才工程師羅伯特・馬亞爾（Robert Maillart）造橋的時候，確實是以自己的主觀判斷為基礎。馬亞爾的橋樑應該能列入世界上最美麗的百大橋樑之列。歡迎各位 Google 來判斷。真要說來，不該說馬亞爾是工程師，他是一位混凝土藝術家。

行線，讓駕駛以為自己減速還不夠多。

至於美國的圓環設計也頗為糟糕，原因就在於實作經驗不足。*有一次，英國團隊在佛羅里達州改變標線位置，就讓某個圓環的車禍事故減少 95％。而在一座荷蘭小鎮，交通專家則是把所有道路標示都移除，卻也能提升交通安全。†

所以，我們可以說有些問題是屬於理性邏輯的範疇，像是怎麼蓋出一座橋。但也有些問題屬於心理邏輯，像是要不要在路上畫線。想解決這兩種問題，應該要用不同的規則；就像我認為有些事情是愚蠢、有些事情只是與理性無關，我也認為有些問題屬於理性邏輯、有些屬於心理邏輯。理性邏輯和心理邏輯就像是不同的作業系統，需要不同的軟體，而我們這兩種系統都得了解。心理邏輯絕沒有錯，只不過關心的事情、作用的方式都與理性邏輯不同。然而因為理性邏輯如此不證自

---

* 英國人可是經驗豐富，除了法國之外，英國的圓環比其他任何國家都多。圓環其實正是英國的發明，但因為這已經是美國獨立戰爭之後150年左右的事，所以沒能讓美國也對這一套做法感興趣。至於其他英國屬地就比較幸運了，像是在肯亞，斯瓦希里語（Swahili）的圓環就叫「keepi lefti」，正是因為當地圓環的標示會提醒駕駛「靠左行駛」（Keep Left）。

† 別忘了，好點子的反面，有可能還是個好點子！

圖 2

清水市（Clearwater）最初的圓環設計，中間有一座巨大的裝飾用噴泉，但對交通安全毫無幫助。後來經過重新設計，車禍率就大大降低。

明，人類也就很容易想在所有社會與制度的情境都套用理性邏輯，就連那些其實不適用的情境也不例外。結果到頭來，就像是在作業系統上用了不相容的軟體，忽略了該採用心理邏輯的辦法。

人性的四個原則

　　有四個原因，讓人類演化至今似乎變得不照理性邏輯行事，它們的英文發音剛好都以 s 開頭，‡ 分別是：投放訊號原則（Signalling）、潛意識駭客原則（Subconscious

---

‡ 雖然有一個是以 P 開頭，但還是唸 S 的音。

hacking）、夠滿意原則（Satisficing），以及心理物理學原則（Psychophysics）。如果不了解這些概念，一直用理性生活的人就會覺得十分困惑，不知道其他人為何會有種種不合理的行為；了解這些原則後，某些乍看之下奇怪的行為就會有了解釋。

為什麼我們不該在意 GPS ？

　　無線電導航系統或是 GPS 可說是理性邏輯的一大傑作，但在心理邏輯上卻很蠢，因為你想要的東西和 GPS 設備想要的可不一定一樣。GPS 會用數學、邏輯來定義你該做什麼：盡快抵達目的地。當然，距離有多遠也可能是一大次要因素；如果 GPS 指的路只能省下 30 秒的時間、卻得多繞個快 40 公里，駕駛肯定不會開心（更得花上大把油錢），所以也有公式避免這種狀況。然而，除了預計的平均速度和距離之外，GPS 就沒再把其他因素列入考量了。

　　GPS 導航肯定是個神奇的設備，也是理性邏輯思維的一大勝利。靠著離地超過 1 萬英里的美國軍事衛星網路，就算衛星放出的訊號功率只比 100 瓦的燈泡高出那麼一點，卻能讓汽車或手機上的 GPS 設備進行三角定

位，誤差不超過 7 碼（約 6.4 公尺）；*也就是說，你的手機或 GPS 能夠參照過去與即時的交通資訊，以驚人的準確度計算出抵達任何地點的最快路線。

　　話是這樣講，但我還是常常不理 GPS 提的建議，特別是如果這條路我走過，又或是我有某些心理邏輯上的考量，與 GPS 的理性邏輯有所不同。原因就在於，雖然GPS 非常聰明，同時卻很獨斷、自以為是，†總是只根據很少的資料點做考量，而且對你的動機也只有很狹隘的了解，就自信滿滿的叫你走某條路。不管是對情境、或是你可能當下有什麼優先順序，GPS 都沒有感覺。GPS 設備這種東西，知道的事就知道得很清楚，但對不知道的事，可真是什麼都不知道。

GPS 的理性邏輯

　　此外，所有導航應用程式都預設使用者想盡快抵達目的地，但我又不是快遞，如果是在度假，或許寧願挑一條比較遠、但風景比較美的路。至於下班回家的時候，也可能想選一條雖然比較慢、但不用塞車的路（人

---

* GPS 系統調校十分精準，準到在衛星上的時鐘必須每天調得比地球時間慢38微秒，才能修正廣義與狹義相對論的影響。

† 如果是個比較政治不正確的年代，我們可能會說這「有點德國」。

和 GPS 設備不同的一點，在於寧願持續緩慢移動，也不想一路走走停停）。GPS 設備也不懂妥協的藝術，特別是在預估「平均預期行駛時間」與「因路況造成的行駛時間差異」的時候，更是不靈光。

像是我每次開車去機場，常常都不管 GPS 的建議。因為如果我要去搭飛機，重點不是這條路平均走起來最快，而是這條路「在情況最糟的時候，是最不糟的選項」。GPS 總要我走高速公路，但我多半會走省道，雖然要多花 15 分鐘，但我很樂意接受。因為同個時間出發，走省道晚個 15 分鐘我還是能搭上飛機；但相較之下，走高速公路會有一個機率不高但影響重大的風險：如果高速公路塞了一個半小時，可就搭不上飛機了。*

GPS 只知道它知道的事，一旦離開它的參考範圍，就看不到其他選項。舉例來說，GPS 完全不知道有大眾運輸這回事，所以會建議我在早上八點開車進倫敦市中

---

* 高速公路是個表面看來最佳、但很難變通的選項：如果省道塞車，很容易就能換走別條路，但在高速公路上你就只能塞了。GPS 完全不懂這個道理，但人類卻很清楚。塔雷伯的《反脆弱》（*Antifragile*）則是討論第二層考量的進階班。舉例來說，如果有人每分鐘丟一顆小石頭到你頭上，連丟兩小時，總共 120 顆，雖然很煩，但你並不會死；但如果是一次丟一大顆石頭到你頭上，你就小命不保了：1×120 並不總是等於 120×1。這一點我們之後會再詳談。

心，這是只有瘋子才會幹的事。而相較之下，我的
「Transport for London」（倫敦大眾運輸）應用程式則是
完全不知道有汽車這種發明。在 Google 地圖上，我一
按下「大眾運輸」，程式就會假設我沒有車（這種假設
還真加州），自信滿滿的建議搭上這班接那班的公車，
花個 1 小時 15 分鐘就能到附近的火車站；但如果開車
只要不到 15 分鐘。

想看懂這本書，請各位讀者了解人腦就是有這種雙
重性，就像是 GPS 有一套邏輯、但駕駛心中也有一套更
廣泛的智慧，我們有理性邏輯、但也有心理邏輯。對於
我們提出的問題，確實可能有某個明確的「正確」答案，
但答案之所以能如此明確，是因為限制考慮的資料點數
量。這麼做的缺點在於，如果放到不適當的情境，這個
答案可能會錯得一塌糊塗。不過，我們還有依據心理邏
輯提出的良好判斷，而且考慮的因素更廣；這種答案或
許並不完美，但很少會蠢到不行。

你知道的比你以為的還要多

該怎麼選擇這兩種思考模式，應該要視情境而異。
有些時候就乖乖做 GPS 的奴隸，但也有些時候要不管
GPS，自己做出綜合判斷。我要再次強調，我們不會總

是聽 GPS 的話，並不是我們犯了什麼錯，而是因為在規劃行程的時候，就是有些 GPS 完全沒考慮到的因素。許多所謂的「不理性」其實也是起因於此。

　　人類行為之所以不會總是符合傳統認定的理性，並不是因為人類很蠢，而是因為我們知道的比自己以為的還要多。我之所以決定走省道去機場，是因為我計算過每條路可能的時間落差；我的選擇完全只出於本能，而且是因為事後要加以解釋，才發現有這套無意識的原因。正如帕斯卡（Pascal）所言：「人心有些道理，用理性說不清。」*

　　有些時候，無論意識或潛意識都會做出一樣的決定：像是從機場回家的時候，我不用擔心時間壓力，就通常會聽 GPS 的話。也有些時候，我們會讓理性先退居第二位。如果我要到法國羅亞爾河河谷（Loire Valley）旅行，大概會關掉 GPS，改參考一本寫得好的旅遊書；這時候我的 GPS 如果有意識，可能會覺得我真是笨到無可救藥，短短幾公里外就有一條高速公路了，怎麼會走這麼慢的路、過這麼窄的橋、在一堆城堡附近繞來繞去呢？

---

*　*'Le cœur a ses raisons que la raison ne connaît point.'* 基本上就是有個17世紀的法國人說：「有時候不要聽GPS的比較好。」

　　實際上，就連我只是下幹道去加個油，GPS 也會立刻發瘋大叫：「請迴轉……請迴轉……請迴轉！！」沿著羅亞爾河開著車的時候，GPS 對我想做的事的了解十分有限，我的重點並不是能夠多快抵達目的地，但 GPS 就是無法理解這種動機。GPS 懂時間、懂速度、懂距離，但對於建築有多美卻無法提出什麼客觀的指標。

　　而且就像 GPS 還無法了解人類有什麼更廣泛的動機，人類理性大腦的演化程度，也還無法意識到許多驅動人類行動的本能。有一套絕妙的理論最初由演化生物學家羅伯特・崔弗斯（Robert Trivers）提出，後來也得到演化心理學家羅伯特・庫茲班（Robert Kurzban）的支持，他們認為人類之所以無法完全掌握決策背後的原因，是因為就演化來說，我們最好就是不要知道這些事；人類演化出瞞過自己的做法，好讓我們更能瞞過別人。就像有些事最好都別說，有些感覺最好別去想。[†] 理論認為，如果所有潛意識的動機都會妨礙到意識，人類行為裡那些細微的線索就會透露出真正的動機，將不利於人類的社交與繁衍。崔弗斯就提出一個很好的例

---

† 例如：「我給你買這些花，是因為很希望你肯跟我上床。」或是：「本人非常希望能進入聲名卓著的貴校牛津大學，修習藝術史，目的是為了在參加摩根大通的面試時給面試官留下好印象。」

子，指出動物如果對自己的各種行為都有意識，將對演化適存度有害。野兔被狗追的時候，會以隨機的「之」字形逃避追趕者。但這種技巧最好是真正隨機、無意識的，因為對野兔來說，最好不要先知道自己下一步該跳到哪裡：如果野兔知道下一步往哪跳，姿勢就有可能透露出來，而隨著時間過去，等到狗學會判斷這些線索，對野兔來說將是死路一條。於是，更能有意識決定該怎麼跳的野兔會慢慢滅絕，而現代還能留存的野兔，祖先大概就是那些自知程度較低的野兔。同樣的，現代還留存的人類，祖先可能就是那些更能隱瞞真正動機的人。而且，光瞞過別人還不夠：想真正令人相信，你得連自己也瞞過去才行。

語言背後的真正動機

　　我認為崔弗斯那套自我欺瞞的理論說得沒錯，否則我們現在做廣告就會簡單多了，只要直接問消費者為什麼做某些事、願不願意買某項產品，他們就會誠實回答：「不會，我通常不會花 4.65 美元買一杯咖啡，不過如果紙杯上有一個很炫的綠色商標，我走進辦公室的時候可以向所有人炫耀，那我可能會考慮一下……。」但是實際上，沒有人會告訴你這種事。已故的大衛・奧格

威（David Ogilvy）是美國廣告業殿堂級人物，也是我
服務的奧美公司創辦人。他顯然曾經說過：「市場研究
的問題在於，大家感覺的跟想的不一樣，想的跟說的不
一樣，說的又跟做的不一樣。」*對於這種矛盾，崔弗斯
和庫茲班提出演化科學上的解釋：我們之所以無法了解
自己的真正動機，是因為知道這種事對我們並沒有好
處。與奧格威同時代的比爾‧伯恩貝克（Bill Bernbach）
則說：

> 人性在 100 萬年來並沒有改變，在接下來的
> 100 萬年裡也不會改變，變的只有表面。目
> 前，討論人會如何改變是個很當紅的話題。但
> 溝通者必須關心的是人會如何不變：受到怎樣
> 的欲望驅使、怎樣的直覺主導，至於語言則常
> 常掩飾著背後真正的動機。

　　幾年前，我在做一場關於線上購書的訪談調查，有
位年輕人很大方的說：「老實說，我沒那麼愛讀小說，

---

* 我無法找出明確的出處證明。奧格威就是做市場研究出身，也大
　力推動這個領域，但我仍然相信他雖然不情願，還是會同意這種
　說法。

但我發現如果讀過幾本伊恩・麥克尤恩（Ian McEwan）
〔的小說〕，能把到的女生等級會好很多。」一般而言，
我們很少會這麼誠實說出自己的深層動機。[*]人類的自我
欺騙之所以對廣告業造成困難，還有另一個原因：沒人
想相信人類真的會這樣騙自己，似乎總以為那是個很表
面、只屬於理論上的事。[†]說到某家企業為何成功的時
候，大家比較容易接受的理由是像「科技更強」、「供應
鏈管理更優秀」，而不是什麼潛意識、無以言說的人類
本能渴望。

　　或許是因為，我們就是得要有一定的自我欺騙，才
能好好扮演社群動物的角色。[‡]想像一下，如果人類沒有
欺騙的能力，每次約會就直接問對方賺多少、未來升官
機會高不高，連假裝想了解對方個性都省了，到時候會
成個什麼樣子？[§]

---

* 很難說他的這份自覺到底對他的繁衍前景有多大幫助：我似乎記
　得他還是單身。或許對他遇到的女生來說，他的動機還是太明顯
　了？

† 老實說，就連廣告從業人員也不例外。

‡ 如果從演化來說，相較於對前景完全客觀，過分樂觀可能更有好
　處。有趣的是，心理學上只有一種人不會受到過度自信的偏見所
　影響：嚴重憂鬱症患者。

§ 大概就是像紐約那個樣子吧。

> ❝ 演化不管客不客觀，只管是否適合生存。❞

如果別那麼客觀有助於我們感知這個扭曲的世界，演化就會限制我們的客觀程度。正如崔弗斯的觀察，人類一般有種天真的想法，認為演化讓人類有了理性、讓人能對世界有準確的觀點。然而，演化才不在意什麼客不客觀，只關心是否適合生存。就算我客觀合理知道某條蛇對我無害，但看著這滑溜溜的傢伙，心裡還是會覺得怪怪的。

別管顧客怎麼「說」

想說服人接受關於這種隱藏動機的概念並不容易。畢竟，雖然貓奴或許也會意識到，自己的愛貓餓的時候特別會討拍，但如果說貓都只是為了吃東西才假裝和人有感情，可讓貓奴難以接受。然而，如果我們肯接受事實，其實對大家都好：對於人類的潛意識動機與感覺，我們雖然會自己找出一套理由，但通常都沒什麼關係。

還記得航空公司和小黃瓜三明治的故事嗎？就像我們評判航空公司的時候，一大重點會在飛機餐，反而不在於飛機造價 1.5 億美元、用了怎樣的引擎；我們討厭某家醫院的原因，也有可能只是候診室老舊、雜誌不夠新、護

理師不夠有耐性。實際上，英國國家健保局（National Health Service）如果肯多「浪費」一點錢來投放訊號，有可能是件好事；而美國的醫療保健部門則能因此大幅節省開銷。如果想讓病患覺得醫院在乎他們，在候診室放上最新的雜誌會是個不錯的選擇，但如果是打算用各種不必要的測試和侵入性手術為賣點，效果大概不會太好。

　　研究絕不會告訴我們這件事；接受問卷調查的時候，人人都會說自己只在意客觀的醫療保健措施，也相信自己講的那一套。但事實是，比起真正客觀的最後結果，其他相關小細節更能影響我們的情緒反應、接著影響我們的行為。讓我們聽聽看這些似乎很矛盾的說法：「她昨天過世了，但我得說這真的是一家很好的醫院。」或者「沒事沒事，爸活下來了。但這家醫院有夠該死，居然讓他等了四天才動手術。」客觀來說，英國國家健保局所投入的經費，讓醫療的結果相當不錯；但遺憾的是國民對此並不滿意，情況就像是航空公司買了全新的飛機服務乘客，但機上的三明治差強人意。

> 66 企業想要真正「以顧客為中心」，就得學會別管他們怎麼說，而要注重他們感覺怎麼樣。 99

　　且讓我舉一個例子，解釋為什麼別管顧客怎麼說，反而能帶來創意大解放。前面已經說過，我們判斷醫院和醫療品質的時候，其實是情緒上出現錯誤歸因（misattribution）；事實是，雖然我們知道自己感覺如何，卻無法準確解釋為什麼。大自然很在意感覺這件事，而我們的行為也常常受到感覺的驅使，但這一切常常都沒辦法解釋，原因就在於我們還是別知道比較好。

　　對於人類的種種感覺，我們以為的理由可能與真正的理由天差地別。所以在很多時候，其實可以故意問些答案似乎再明顯不過的問題。像是「人為什麼要上高級餐廳？」心中立刻浮現的答案或許會是「因為他們餓了」。但再多想一下，如果真的只是餓了、想要平息吃東西的欲望，不是有許多其他更經濟的選擇嗎？食物只是高級餐廳的附帶條件而已：這種餐廳真正的價值在於社會連結，以及社會地位。*

　　耐人尋味的是，我們脫離童年之後，就不再問這些看似幼稚的問題了。讓我們練習一下，這裡有一個你可

---

* 從一件事或許就能見到端倪：高級餐廳的主要收益是來自於酒，而不是食物。

能沒想過的幼稚問題：為什麼大家不喜歡在火車上沒位子坐？[*]我有一次和鐵路公司開會，就提出過這個問題。在場的人似乎都很傻眼；畢竟，能坐著誰想站？這麼說或許是沒錯，但重點是「到底為什麼」？如果一定是坐著比站著好，為什麼有些人一開始站著之後，就算出現空位，他們還是寧願繼續站著？原因可能很多，但最有趣的一點在於，就算是乘客能在事後提出各種貌似合理的理由，他們其實並不是真正知道答案。只不過，只要提出這個粗略的問題，就可能讓我們想出前所未有的有趣新車廂設計，又或者可以訂出差別票價來應對。我們現在還不知道。

火車上的座位哲學

所以，讓我們再問一次：為什麼大家在火車上不喜歡沒位子坐？是因為覺得被坑了嗎？畢竟你是付一個座位的錢上了火車，鐵路公司也收了錢，卻沒給你座位。是這樣嗎？如果是這個理由，公司是否可以針對短程或通勤旅客，提供某些只有站位的車廂？買站票的人

---

* 我在這裡說的是像倫敦地鐵和通勤列車。如果我問：「為什麼大家不想站個四小時的車程？」，就真的是個太幼稚的問題了。

能夠享有折扣，或是集點兌換免費車票。這樣一來，乘客會不會比較開心？這就是我們可以找出答案的地方了。

　　又或者只是因為站著很累？除了得站著，還得費力維持平衡。還是因為如果想站穩就得扶著握桿，結果就沒辦法再滑手機、讀書、看報、喝咖啡，一路都很無聊？如果原因是出在這裡，那安排一排靠椅（bum-rest）或許會不錯。† 又或者，會不會是因為站著沒地方擺包包，又擔心有人會偷背包裡的東西？‡ 會不會這其實比較是個地位問題？有位子坐就代表可以一覽窗外風光、有個人的空間、也有包包的空間，但站著的人就什麼都沒有。沒有任何的說法可以讓他們說服自己為什麼得受這樣的罪，說站著其實是件好事。但這也帶出一個有趣的問題：如果站著確實能有些好處呢？換句話說，我們能不能來點石成金一下？想像一下，如果通勤列車把座位設計在車廂中間，而兩側則是靠窗的站位；坐著的人大概還是可以有個杯架，但也只有這樣了。而站著的人

---

† 在倫敦地鐵的車廂底端就有這種加了軟墊的靠椅，靠在上面的旅客似乎都還滿開心的。

‡ 有趣的是，有家英國公司剛推出一款背包，把拉鍊設計貼在使用者的背上，正是為了解決這種擔憂。

則能看到窗外景色、有靠椅可以休息、有置物架可以放包包或筆電，還有兩個 USB 插座。這樣一來，站著也會有些明顯的好處，不管是誰來看，都會覺得站著是一種選擇，而不只是無奈之下的妥協。*

　　像這樣的計畫，都必須先用開放的心態、問出愚蠢的問題，才會隨之出現。通勤的人知道自己並不喜歡站著，但並不知道真正的原因在哪。如果你問他，他只會說車廂裡應該要設置更多座位，但這樣一來唯一的選項就是要加掛更多車廂，而這會是筆龐大的支出。我們之所以不會問些基礎的問題，是因為一旦大腦提出某個所謂合理的答案，我們就不會想再尋找「更好」的答案；但如果發揮一點鍊金術，就是有可能找出更好的答案。

---

*　奧美就曾經為福特嘉年華（Ford Fiesta）推出一句英文口號：「A choice, not a compromise」（這是個選擇，而非妥協）。而像比利時的時代啤酒（Stella Artois）也曾有一句「reassuringly expensive」（貴，但貴得讓你放心）；廣告口號常常都會在無意之間讓人得到關於心理邏輯的重要見解。

1

當人們追求標準答案時，
你該背道而馳

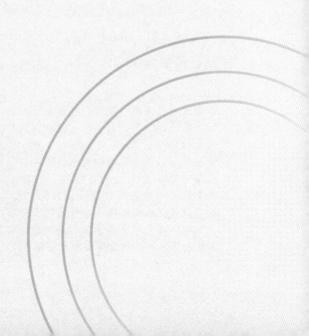

效率帶來的問題

　　從 1950 到 1980 年代，英美兩國顯然出了點問題：食物的重點變成在於便利、而非享受。現在可能會覺得不可思議，但我小時候，社會預測未來的食物將會變成方便食用的藥丸形式；當時不知道為什麼，覺得食物的目的就只是提供必需的礦物質、維生素、蛋白質和能量，而食品工業就該負責以最有效的方式來做到這點。

　　某些放眼未來的人把食物的定義得很窄，希望為食品工業制定一套合理的模型。* 而以規模、效率為重之下，大家開始忘記食物的目的究竟是什麼：雖然營養當然是其中一項，但也還有許多其他目的。會說要用藥丸形式來提供食物，其實是忘記吃東西也是件開心的事，甚至可能是社交場合上必要的道具。† 就算確實能夠生產出這樣的藥丸，只吃這種食物的人應該也會覺得自己的

---

* 如果你覺得這在事後看來也實在太扯，別忘了矽谷目前可能正在做一模一樣的事：為了追求理性邏輯而犧牲了多元與娛樂，而這對人類的心靈會是一大災難。

† 像是參加英國公家舉辦的會議，可不會有什麼餅乾茶點。雖然這樣每年省下大約5,000萬英鎊，但隱藏成本在於這違背基本的接待原則，而讓每場會議的氣氛都有點不愉快。我根本不愛吃茶點，但不提供茶點還是讓我很不爽。聊天的時候沒有茶點的話，氣氛就不像是個合作會議，而更像是在被塞爾維亞民兵審問。如果我是國王，一定會規定開會必須提供茶點。

命怎麼這麼苦。

在許多方面，頂級食物正是因為效率低落，才讓人在情感上覺得這些食物真是價值非凡。像是文青大愛的酸種麵包，製作過程慢到不行、毫無效率。同樣的，法國有那麼多種不同的當地特產起司，不也是荒唐無比？但就是這樣的多樣、稀少，似乎讓它更為有趣。讓我們比較一下 30 年前的美國起司業：效率超高，集中在少數幾州。到了 1990 年代似乎只有兩種起司，一種黃的、一種橘的，而兩者的品質都普通至極。同樣的，在最近掀起一波精釀啤酒革命之前，美國啤酒的種類和品質也令人搖頭；‡ 而在那之後，美國啤酒變得極其多樣、效率超差，但對啤酒愛好者來說，也從地獄變成天堂。§

相較於 1960 年代，現在食物的效率變得非常低，而當初預測一切將走向藥丸形式的人，應該會很驚訝自己竟然錯得這麼離譜。現代人會花上幾小時來料理、享受食物，還會看各種美食節目。當地食材成了珍饈首選，而且消費者也願意付出更高的價格購買不用化學肥料生產的食品。相較之下，如果只用理性邏輯來看食品

---

‡ 我恐怕得說，在這件事情上，不管是啤酒或起司，威斯康辛州都是罪魁禍首。

§ 近來就有一家美國精釀啤酒在德國開張。

業，完全不可能了解我們為何如此重視食品。

以此為喻，我希望指出食品領域過去這 30 年來的進展也可以應用到其他領域。而我們必須先放下對狹隘邏輯的執念、開始看見心理邏輯的價值，才能真正做到各種改進。等到能夠坦然承認人類就是有各種潛意識的動機，我們就能拓展各種可能的解決方案，這樣一來才能踏進過去未曾涉足的領域，實驗各種可能方案來解決那些再真實不過的問題；重點就在於要找出人類心中真的真的想要的東西，* 而不是「他們說自己想要的」，或者「我們以為他們應該會想要的」。

壞掉的雙筒望遠鏡

過去大約 50 年間，講到人類行為或決策的問題，似乎只用一種工具來解決，我稱這項工具是「公發版雙筒望遠鏡」。這副雙筒望遠鏡有「市場研究」和「經濟理論」這兩個鏡頭，理論上能讓我們對人類動機一覽無

---

* Zigazig ah! 辣妹合唱團（Spice Girls）的粉絲應該還記得那一句「really really wanna」對吧？

遺。但唯一有個問題：這個雙筒望遠鏡根本就壞了。望遠鏡的兩個鏡頭都壞得很嚴重，扭曲我們對各種議題的看法。

第一個鏡頭是市場研究，簡單說來就是「問人」。但問題在於，如果我們還記得大衛‧奧格威說的：「市場研究的問題在於，大家的感覺跟心裡想的不一樣，想的跟說的不一樣，說的又跟做的不一樣。」人類對於自己到底有什麼動機，就是沒有這種內省的能力。第二套鏡頭則是經濟理論，然而經濟理論非但沒去問人、甚至連觀察也省了，只是對於人類的動機直接抱持一種狹隘而過度「理性」的觀點，只著重在一種理論性、單一面向的概念，探討著理論認為人類到底在做什麼。行為經濟學也再次指出，經濟理論對人類行為的觀點並不夠全面，甚至有時會造成誤導。然而，雖然經濟理論與研究根本是敗績連連，但無論商界或政界卻都視若無睹。這究竟是為什麼？

一般來說，做出各種商業或政治決定的時候，認定「一切都符合市場研究和經濟理論」會是個安全的選擇；畢竟所有合作的人，以及有可能雇用、提拔或開除你的人，也都是用同樣的觀點在看著這個世界。

21 世紀的「經濟模型告訴我該這麼做」，就等於過

去說的「我只是聽令辦事」，都是在找藉口說不是自己的錯。當然，這副老舊的雙筒望遠鏡有時候效果也很好：人類很多時候確實能清楚講出自己的動機，人類行為也有很多時候與經濟理論完全相符。確實如大家所想，理性邏輯和心理邏輯在很多時候就是一樣。

但我們仍然需要一套新的鏡頭。本書開頭曾提過，有些問題總是無法解決，很有可能就是因為那些問題就是不能講邏輯。也有些時候是因為這具老舊的雙筒望遠鏡的視角太扭曲、視野太狹窄，讓我們看不到那些明明就簡單得多的創意解決方案。用這副壞掉的雙筒望遠鏡看來，會認為旅行愈快愈好、食物愈便宜愈好；想鼓勵環保行為，就該讓大家都成為激進力行的環保分子。有些時候確實如此，但並非永遠如此。

用新鏡頭解決問題

一些新的科學望遠鏡（像是行為經濟學、演化心理學等）雖然並非完美無瑕，但是至少可以讓我們的視野更為寬廣。所有的進步都是從猜測開始，但剛開始時的猜測還是廣泛一點比較好。以下提一個簡單例子，解釋一套新鏡頭如何讓人從更心理邏輯的觀點來看待（並解決）問題。

　　奧美有個客戶是大型的能源服務供應商，常常需要和用戶約時間修理故障的中央暖氣空調。但因為工程時間長短很不一定，所以和顧客約定的時間只能大致說是早上或下午。顧客對此很不滿，最常見的抱怨就是：「這樣一來我就得請整天假了。」這些顧客會「說」他們希望安排上門的時間能以小時為單位。然而，如果真的要這樣照辦，不僅成本高昂，一旦發生什麼狀況而讓師傅無法準時上門，也會令顧客失望不滿。更精明的讀者有可能已經發現，就算約定的時間改成以小時為單位，也不一定能解決「得請整天假」的問題；像是約在下午一點到兩點間的話，除非公司離家裡不遠，否則還是得請整天假才能配合。

　　我們對客戶的第一個建議，就是要好好聽顧客的話，但不該按照字面詮釋，而要找出弦外之音。顧客顯然對於約定時間的區間太大有所不滿，但或許重點不是區間太大，而是那種得等待師傅上門的不確定性。任何人只要曾在家等五個小時才等到師傅上門，都會知道這就像是精神折磨，有點像被軟禁，不能去洗澡，也不能臨時出去買個東西，總擔心師傅會剛好上門。於是，到頭來就是一整天都戰戰兢兢，還會擔心師傅最後根本不來了。如果師傅能夠在抵達前半小時發一通簡訊給你，

會不會好一點？突然之間，你會覺得就像是放了一天假，只是需要隨時注意手機有沒有傳來訊息。*而這也是奧美最後建議客戶測試的方案。這種做法雖然沒有把預約時段改成以小時為單位，卻只要花大約 1％的成本，就能在情感和觀感上產生 90％的大幅改進。用舊的雙筒望遠鏡只會從字面上解讀顧客的客訴，所以不可能看到這種解決辦法。

把掌控權還給顧客

　　我在奧美的同事柯銳思（Christopher Graves，他也是紐約奧美行為改變中心的創辦人）把這種方法稱為「問到真正的原因」。人類或許很能描述自己的情緒狀態，但對於造成這種情緒狀態的原因（在這個案例裡就是「不確定性」）則常常渾然不覺。如果實驗有用、肯定最初的假設，也就等於我們施展一次點石成金的鍊金術，運

---

* 有很多行為證據支持我們的說法。舉例來說，火車站會有準確、即時的發車時刻表，雖然有這個時刻表並不能讓車程變得更快，卻能大大提升旅客滿意度。如果清楚知道再等八分鐘火車就會到，似乎等上八分鐘也不成問題，但如果只能空焦急、什麼都不知道，就算只是四分鐘也會讓人度日如年。

用心理邏輯，憑空召喚出價值。在這裡，做實驗是唯一可靠的測試方法，所以我們分出師傅會先傳簡訊的實驗組、以及沒有這種事先提醒的控制組，分別看看兩者的顧客滿意度有何差異。

還有一種方法，是進行所謂的思想實驗。舉例來說，請各位自問，在班機起飛時刻表上看到哪種寫法會讓人更不爽？

BA 786 －往法蘭克福－延誤。
BA 786 －往法蘭克福－延誤 70 分鐘。

雖然第二種寫法也不怎麼令人高興，但至少還能讓人覺得對情勢有所掌握，不論是先打幾通電話向人道歉、或是到貴賓室拿出筆電做點事，至少都能夠重新規劃這天該做些什麼。至於第一種寫法，就只是一種精神折磨。你知道出了件壞事，但手頭的資訊並不足以讓你好好做出回應。到底是會延誤 10 分鐘、還是 90 分鐘？你可能也會擔心，該不會待會「延誤」就變成「取消」？這種失去掌控權的感覺，造成的焦慮不滿會比單純無法

守時更為強烈。*

　　不幸的是，我們分不出這兩種情緒。你不會說「我之所以不開心，是因為資訊不足，令我失去掌控權」，而會說「我很生氣，是因為那班他 X 的飛機延誤了。」而在這種時候，雙筒望遠鏡的任何一套鏡頭都沒辦法讓你找出解決辦法。航空公司的乘客大概不會喜歡我這種說法，但這是真的：如果身為航空公司，選項一是航班延誤一小時，選項二是付出 5,000 英鎊的成本按時起飛，這時採用哪個選項比較好，要看你準備和乘客怎麼說。我認為從心理邏輯看來，光是考慮準不準時、而不管要怎麼和乘客溝通，就可能會讓航空公司把心力花在錯誤的事上。†（別忘了，任何航班總有大約 20 位乘客會很樂意收到班機延誤的簡訊，那就是那些遲到的乘客。）‡

---

* 如果想進一步了解無法掌控嫌惡刺激（aversive stimulus）時所造成的不悅，又或是設計不良對心理造成的負面影響，請參見唐納・諾曼（Don Norman）的著作《設計的心理學》（*Design of Everyday Things*）以及馬丁・塞利格曼（Martin Seligman）和史蒂芬・梅爾（Steven Maier）在 1967 年的習得無助感（learned helplessness）實驗。

† 從心理學的角度來看，這時也應該考慮延誤時間究竟占了航程時間多少比例。如果航程只有一小時、卻延誤了半小時，比起航程九小時的班機延誤一小時，給人造成的不滿會高得多。

‡ 又或者有些人根本一直希望找個藉口，可以不去參加某個在法蘭克福舉行的該死會議。

　　這聽起來似乎是把行為科學拿來大材小用。但我們後面就會提到，這些可以拿來解決小問題的技巧，也能應用到更大的問題上。舉例來說，那套能用來安排暖氣師傅預約的技巧，也能用來讓民眾自願多存一點退休金。§ 我之所以認為行為科學研究深具價值，正是因為同樣的模式總是一再出現：某種用來鼓勵人辦信用卡的小技巧，也能用來鼓勵人接受重要的醫學檢測。

　　請待後續分曉。

減少犯罪的妙招

　　我的方法能夠協助讀者想出全新、有趣、值得實驗的點子，但請不要期望這些點子能立刻大賣或廣受歡迎。日子只想過得輕鬆並不難，碰上問題、得提出解決方式的時候，大家認為解決方式該屬於哪個專業領域，你提的解決辦法就不要超出那個領域。幾年前，我的幾位同事想出一個絕妙的點子來減少犯罪。他們認為，在某些犯罪頻傳的地區，如果晚上拉下鐵門來遮住櫥窗，等於暗示著這裡是法外之地，反而會提高犯罪機率。

---

§ 本書稍後就會介紹這件事。

圖 3

可以比較看看，如果只是單純的鐵門會有什麼
不同。

　　而我聰明的同事泰拉‧奧斯丁（Tara Austin）曾讀
過一篇研究，指出「迪士尼臉」（也就是比例像幼兒、
有雙大眼睛的臉孔）似乎能讓人覺得平靜。於是她結合
以上兩種想法，提出一項實驗，請來當地的塗鴉藝術
家，在商店拉下的櫥窗鐵門畫上嬰幼兒的臉。

　　從各種指標看來，這項措施都讓犯罪率大幅降低，

而且成本非常低廉，肯定比直接派出更多警察要低得太多。在這之後，確實也有其他幾個地方機關決定跟進，但數量並不多；畢竟，比起從心理邏輯的角度來解決問題，提案表示「應該提升警務預算或安裝監視器」實在容易得多。

在一個一切講邏輯的世界裡，會以為唯一該做的就是用「應該最有用」的方式來解決問題。但說到要解決問題，其實很講地位高低：地位高的時候和地位低的時候各有不同的解決方法。就連史蒂夫・賈伯斯都曾被軟體業的阿宅瞧不起。有位員工就曾高傲的說：「史蒂夫到底懂什麼？他連寫程式都不會。」

合理不見得實用

但和 18 世紀的另一個例子相比，賈伯斯還算幸運。18 世紀中葉，英國政府在某次派人從英國前往西印度群島之後，懸賞兩萬英鎊（相當於今天幾百萬英鎊），希望找出能夠測量所在地點經度、誤差不超過半度的方法。*當時有位幾乎可說是自學出身的鐘錶匠約翰・哈里森（John Harrison）決心接下這項挑戰。經緯度在當時

---

* 大約是赤道上的30海里。

是個攸關生死的問題。1707 年，英國海軍在錫利群島
（Isles of Scilly）附近發生船難，造成數千名水手喪生。
而王室為了評判各方提出的建議孰優孰劣，便成立經度
委員會（Board of Longitude），成員有皇家天文學家、
海軍上將、數學教授、下議院議長，以及十位國會議員。

　　你會發現，整個委員會裡並沒有鐘錶匠；顯然他們
規劃這次懸賞的時候，一心以為這屬於天文領域，重點
在於天體測量、先進的計算。但到頭來是哈里森提出一
系列驚人的發現，終於發明航海鐘（marine chrono-
meter），為航海帶來一場革命。船隻在海上也能有準確
的計時鐘之後，終於能夠測量出從東到西的航行距離，
而無須依賴其他不夠精準的方式。*

　　這個故事裡，除了哈里森出色的技藝，還有一個有
趣的心理面向。雖然哈里森已經再三證明航海鐘這項發
明確有實用，委員會也給了他一大筆錢，卻一直不肯頒
獎給他。他晚年有一大部分時間都是在向當局請願，抱
怨自己應該得到的獎被人偷偷做掉了。委員當中有一位
內維爾·馬斯克林（Nevil Maskelyne），支持以「月角距」

---

* 感謝戴瓦·梭貝爾（Dava Sobel）和其暢銷著作《尋找地球刻度
　的人》（*Longitude*, 1995），現在已經有許多人知道約翰·哈里森
　這個名字。

（lunar distances）進行天文計算，一般常常認為正是他搞的鬼，才讓哈里森無法得獎；而馬斯克林後來成了皇家天文學家、授獎委員會成員，對哈里森來說更是雪上加霜。這裡真正的問題是專業與學術上的階級歧視：在一個天文學家看來，一個沒受過教育、一輩子只是在做鐘錶的人所提出的解決方案，似乎不配得到讚揚認同。

我並不那麼認為馬斯克林就是壞人，只覺得他就是「典型的知識分子」。我之所以這麼說，是因為我們在一系列重大創新都看到類似的模式：講到各種解決方案的時候，如果更重視理論的優雅巧妙、提出者的智識背景，而忽視點子本身的實用性，最後的解決方案似乎就是和理想差了那麼一點。總有些人覺得自己像是個守護者，要守護解決方案的正統正宗；其他領域的人不論提出多少實質證據，都會面對強力的抵抗。

禁菸的藝術

在 1948 年之前，萊特兄弟的飛行器展出地點還不在美國的史密森尼博物館（Smithsonian），而是在倫敦的科學博物館。這可能聽起來很奇怪，但多年來，雖然這兩位俄亥俄州的自行車店老闆成功讓比空氣更重的載人飛行器在北卡羅萊納州外灘群島（Outer Banks）飛上

天空，但美國政府一直不願意承認他們的成就，堅稱是某項政府資助的計畫更早成功。*1847 年，伊格納茲・塞默維斯（Ignaz Semmelweis）明確證明，醫生如果先洗手，可以減少產婦發生致命的產褥熱，但當時也遭到眾人的鄙夷。很多時候，真正的重點並非某個想法是否正確、是否有用，而是這個想法是否符合掌權者的先入之見。†

　　我曾經天真的認為，當愛德華・金納（Edward Jenner）宣布他發現天花疫苗後，應該就能開始坐享各方讚譽。但事實卻天差地遠；他一輩子都在為自己的理論辯護，對抗著一大群早期「天花接種術」（variolation）的既得利益者，這些人根本不願意承認有任何更好的做法。而如果你認為這都已經是過眼雲煙，可以參考各界對電子菸這項發明的反應。

　　科學機構目前對電子菸仍抱持著懷疑態度，而這也是理所當然，因為我們至今仍不確定這項科技會有怎樣

---

* 萊特兄弟不但證明一具比空氣更重的機器能夠飛上天空，也證明勢利可不是英國獨有的惡習。

† 塞默維斯受到的對待比哈里森更慘，由於始終堅稱自己的理論正確，他最後死於瘋人院，有可能是遭到警衛毆打致死。而他的理論確實是正確的。

的長期影響。但很顯然，現在如果有一種輸送尼古丁的
方式，能夠大致重現吸菸的感覺、而不用擔心菸草燃燒
時的致癌物質，這項概念當然十分重要，值得我們放開
心胸來考量。只不過，從電子菸這項科技出現的那一
刻，反對聲浪也從未停歇。不但許多國家立刻禁用，世
界衛生組織和世界各地的反菸組織也提出呼籲，認為只
要禁菸、也就該禁電子菸。更奇怪的是，許多中東國家
雖然不禁菸，卻也禁了電子菸。這樣一來似乎是在問：
「是啊，我知道這實際上可行，但在理論上可行嗎？」
這就像是在馬斯克林領導之下，必須由天文界、而不能
由鐘錶界來主導；講到戒菸的時候，也必須由羞恥、‡
而不能由包容來主導。

誰會因為禁電子菸獲利？

　　如果你已經在公衛領域擔任顧問 20 年，一直和一
群有著同樣信念的同事推出各種政策，希望大家以抽菸
為恥，藉以推動戒菸，就絕不想聽到有人說「不用擔心
了，因為有人在中國發明一種小工具，你之前投入生
命、並據以取得社會地位的問題已經不再是個問題！」

---

‡ 或說「去正常化」（denormalisation）。

更糟的是，提出這項發明的還不是出身於醫療專業，就只是個商人！正如馬斯克林不願承認哈里森的航海鐘，電子菸也牽扯著各種既得利益。某些反電子菸的團體背後有大型製藥公司的資金支持；在這些公司看來，他們過去投資研發各種戒菸療法（像是戒菸貼片、戒菸口香糖），但療效並不如電子菸，因此電子菸有可能令他們血本無歸。*幸好，雖然多數的公衛專業人員仍然對電子菸多有抗拒（可能在潛意識裡擔心，電子菸一旦能夠成功替代香菸，就會讓自己無用武之地），但在某些國家仍然有辦法讓常識最後勝出。†馬斯克林也可能有同樣的感受：「大哥，剛才這個做鐘錶的已經把問題搞定了，以後就不用麻煩您那絕頂的天文知識了。」

　　同樣的問題在醫界也十分普遍。在外科醫師看來，自己花了一輩子精進外科手術技巧，現在卻出現各種微

---

* 這種情形稱為「浸信會教友和私酒販賣商」聯盟；原本雙方立場背道而馳，一邊高舉道德、一邊只談利益，但竟能攜手合作共同反對放寬稅制。顯然是因為獲利因素，讓美國的私酒商強烈反對取消禁酒令。

† 在英國，這筆功勞得歸給英格蘭公共衛生署（Public Health England）以及反菸團體 ASH；而在美國，一位前衛生局局長也曾大力倡導電子菸。甚至我也出了一小份力，說服英國政府的行為洞察團隊（Behavioural Insights Team）不要下意識一看到電子菸就想禁。

創手術，或是其他可經由放射技師協助、侵入性較低的新手術，需要的技巧完全不同，也就會造成挑戰。無須多言，讀者也能想像倫敦計程車業對 Uber 會有什麼感受。正如小說家厄普頓・辛克萊（Upton Sinclair）所言：「如果某個人是靠著不懂某件事才能賺錢，就很難讓他去搞懂那件事。」

抽菸只是一種習慣？！

反對電子菸的一個常見論點，就是認為這件事看起來還是很像抽菸，可能會讓抽菸這件事再次變成「正常的」行為。但坦白說，我實在不太相信這種說法。不論你對抽菸有何看法，抽菸這個舉動看起來就是有點酷；如果重拍《北非諜影》，把香菸都換成電子菸，看起來就是不會那麼浪漫。還有另一個反對的論點，認為抽電子菸可能是入門磚，導引人們使用更嚴重的成癮物。但我認為這種論點的說服力更低，雖然大多數的海洛因成癮者可能是從吸食大麻開始，但如果真要這麼說，大多數的大麻成癮者也可能是從喝茶和咖啡開始的。

幾年前，我有一次在辦公室外面抽電子菸，保全走了出來，向我喊道：「這裡不能抽菸。」我說：「其實我不是在抽菸。」他去請示上級，幾分鐘後又來了。「電

子菸也不行。」「為什麼呢？」「因為這會給人認為有抽菸的樣子。」「你是說無憂無慮的樣子嗎？」

「滾！」我乖乖滾了。

說到要限制在公共場所抽電子菸，理由常常是「那給人一種抽菸的樣子」、「會讓抽菸的行為變『正常』」、「會成為入門磚」等等說法。但除了這些理由就是沒有新證據支持禁用電子菸，就連目前的理由也並不令人信服；就像那位保全的反應，在我看來，這一切只是因為在情感上已經先入為主，而拚命希望進行逆向工程、倒推出一番理性邏輯來。

正如心理學家強納森・海德特（Jonathan Haidt）所言，大多數的道德勸說都是這樣運作。[1]我們先本能做出反應，再急急忙忙想找出合理的理由。舉例來說，多數英國人會認為吃狗肉、甚至馬肉是件噁心的事。如果詢問原因，他們可以想出一長串的論點，但其實這只不過就是一種社會建構出的信念；就像那些不喜歡電子菸的人，總覺得現在不抽菸的人會從電子菸開始、最後轉向真正的香菸。入門效應確實有可能說得通，但不該只有像這樣微乎其微、幾乎等於不存在的證據。真正的發展方向似乎和他們提到的情況完全相反，反而是原本抽菸的人變成抽電子菸，（很多時候）再變成完全戒菸。

根據反菸團體 ASH 的資料，抽電子菸的人只有 0.1％從未抽菸。只有 5％的兒童每週抽電子菸超過一次，其中幾乎每個人之前或現在就有菸癮。如果真要說電子菸有入門效應，那扇門似乎是通往戒菸的出口。*

　　一項可能的解釋是認為抽菸其實不是一種癮、而是一種習慣：抽了幾年之後，我們真正想要的不是菸本身，而是相關的聯想、行為和舉止。所以，如果你從未對抽菸上癮，電子菸就是不會讓你心癢難耐；就像我們從未吸食過海洛因的人，對那些針頭多半不會有多大渴望。

　　幾年前，有位高等法院法官喝了五、六杯雙倍琴湯尼之後，從高爾夫俱樂部開車回家，路上被警察攔下做吹氣檢測。但酒測結果居然通過，於是員警放過了他；但接著法官開回俱樂部，指控調酒師領班摻水太嚴重，要求把他開除。精明的酒保都知道，只要第一杯琴湯尼調得又足又濃，之後的續杯就算幾乎全是通寧水、只稍微加點琴酒提味，顧客並不會發現；而且顧客雖然幾乎沒有攝入酒精，還是能夠覺得飄飄欲仙（還有口齒不

---

* 坦白說，這個數字低到讓我吃驚。我本來以為會至少有5％的非吸菸者想試一下電子菸。大家到底是怎麼了？

清、動作不協調）。* 像這樣的安慰劑效應，可能代表只
有過去抽過菸的人才會覺得電子菸能有替代效果。如果
確實如此，對電子菸業來說，好消息是可以推翻一個常
見的反對理由，但壞消息則是隨著原本抽過菸的人愈來
愈少，電子菸的客群也會不斷萎縮。

心理邏輯的登月計畫

　　字母公司（Alphabet，Google 的母公司）有一個
「X」部門，前身是「Google X」，目標就是要達成
Google 所謂的各種「登月計畫」（moonshot）。這些登
月計畫都是雄心勃勃的創新，追求的不是漸進式的提
升，而是要有飛躍式的改革。像是 X 部門投資自駕車的
研究，明確將目標訂為降低交通事故死亡人數至少
90％。X 部門認為，人類文明的重大進展，靠的不是稍
事改進、而是要全面革新，像是從馬匹到蒸汽動力、從
運河到火車、從煤氣燈到電燈。

　　我很希望 X 部門能夠成功，但覺得這批工程師一定

---

*　只不過，這個辦法要有用的前提，是你這輩子已經喝過夠多杯真
　　正的琴湯尼。如果是個酒癮大的人，大腦不用等到真正有酒精發
　　揮效用，而會走捷徑直接認為應該要酒醉。

會很辛苦。我們現在面臨的對手很多時候是物理定律。不論是超音速燃燒衝壓引擎（scramjet）或超迴路列車（hyperloop）[†]，都是研發中的登月計畫，但想讓地面或空中的移動速度提升這麼多，不但本身難度就很高，更有著難以預期的危險。[‡] 相對之下，我覺得「心理邏輯的登月計畫」要容易多了。想讓火車的速度增加20％，可能得花幾億美元；但想讓搭火車的愉快程度提升20％，卻有可能幾乎不用花什麼錢。

　目前看來，未來50年最大的進步可能不在科技，而是在心理學和設計思維。簡單說來，相較於「實際」進步，只要花相對非常少的成本，就能讓人「覺得」有了長足的改進。理性邏輯常常看不到這種魔法般的改進方式，但心理邏輯卻看得到。人類在心理學上的了解還遠不及物理學，仍然大有改進空間。另外，人類的文化強調對物品的了解、而非對人類的了解，所以講到要找出各種心理上的答案，我們的能力真的很差。

---

† 這兩者分別指的是一種超高壓噴射引擎，以及一種在管道中的高速地面運輸方式。超迴路列車的管道將空氣抽出，因而消除空氣阻力。

‡ 舉例來說，雖然自駕車似乎有著大好的經濟前景，但應該思考一下這項科技可能讓恐怖分子得到怎樣的能力。基本上，自駕車就像是個帶了輪子的巡弋飛彈。

　　讓我舉一個簡單的例子。Uber 地圖就是一種心理邏輯的登月計畫：這並不會減少等車的時間，但卻能讓等車的壞心情減少 90％。而這個點子就是來自 Uber 創辦人的靈光乍現（他根本就是在看 007 電影的時候想到的 *），他發現，不論我們怎麼說，我們之所以不喜歡等待，重點是在於那份不確定感，而不在於實際的時間長短。Uber 地圖發明的效果或許就像是路上多了十倍的計程車：雖然等待的時間並不見得能夠減少，但那種等待的煩躁卻能減到十分之一。

　　然而，我們很少會投入心力和金錢來尋找這種心理邏輯的解決方案；部分是因為要了解別人做事的原因時，我們總是想找出個合理的解釋。前面已經提過馬斯克林對哈里森發明航海鐘的反應，位居高位者常常都是理性的決策者，很自然就看不起心理邏輯的解決方案。但與此同時，我們也總是想把自己的行為講得很高尚，用理性的外表來隱藏自己潛意識的動機。

　　或許因為我們並不認為啤酒是個多重要的產品，所以如果提到自己偏愛某種特定啤酒，或許還願意勉強承

---

* 那部片是《007：金手指》（*Goldfinger*）。龐德在片中開的奧斯頓馬丁（Aston Martin）裝有導航地圖，替他追蹤金手指開的勞斯萊斯，找出金手指位於阿爾卑斯山的巢穴。

認這是出於潛意識。大多數人會承認，講到要在酒吧裡點哪種啤酒，也許是會受到某些相對小的事情影響（像是廣告、標籤設計）。但如果我們說這樣的潛意識動機也會影響一些大事的選擇，像是醫療保健、退休金儲蓄方案選擇，大家就會忽然氣噗噗的否認。

我敢打賭，比起討論「為什麼看醫生要預約？」「為什麼要上大學？」「為什麼要退休？」這樣的問題，目前全球大概有至少十倍的人被聘請來來討論「為什麼比起百事可樂，大家更愛喝可口可樂」。表面看來，前面三個問題似乎都有著理性、不證自明的答案，但事實並非如此。

找出「真正的問題」

前面說過，如果想惹火那些比較理性的人，不妨問一個答案看來再明顯不過的幼稚問題；那些講理的人從來不問這種問題，但這也正是你該問這種問題的原因。還記得前面剛問的問題：「為什麼大家在火車上不喜歡站著」嗎？我問那個問題的時候聽起來實在太蠢了，很有可能過去十年整個地球沒有成年人問過這個問題。

廣告公司之所以有價值，很有可能是因為公司文化允許員工問些愚蠢的問題、提出愚蠢的建議。我的朋友

兼導師傑瑞米・布摩爾（Jeremy Bullmore）就記得，他 1960 年代在智威湯遜（J. Walter Thompson）這家廣告公司有過一場激辯，吵的是民眾買電鑽的原因。有人提出的解釋再合理不過：「這當然是因為你需要在某個地方打個洞、裝個架子之類的，所以就去買個電鑽來做這件事啊。」廣告文案師盧威倫・湯瑪斯（Llewelyn Thomas，詩人迪倫・湯瑪斯〔Dylan Thomas〕的兒子）並不同意：「我完全不同意。你是在店裡看到電鑽，就想要買。等到把電鑽帶回家，再到處找藉口，好在什麼東西上面鑽個洞。」這場討論完美呈現有些人就是想找出理性的解釋，也有些人就是相信無意識的動機。理性邏輯和心理邏輯之間就是有這樣巨大的鴻溝。*

　　想找出那些潛意識裡的動機，你必須讓人覺得問出再蠢的問題也不用怕丟臉。「為什麼大家不喜歡等師傅上門？」「為什麼大家不喜歡班機延誤？」「為什麼大家不喜歡在火車上站著？」這些問題看起來都太簡單了，但正因如此，我們這些理性的大腦也就太容易提出那些太合理的答案。然而，就算有個合理的答案，人們的潛

---

* 這裡我同意湯瑪斯的說法。我不太喜歡DIY，但得承認自己對烹飪的主要興趣並不在於烹調食物，那只是買各種可愛廚具的藉口。

意識裡卻可能有個更有趣、比較不合理的答案。

　　「為什麼大家多半是在夏天買冰淇淋？」似乎是個很簡單的問題。「拜託喔，大熱天吃冰可以涼一下啊！」這聽起來確實合理，但人類的行為卻透露出另一種理由。首先，想預測冰淇淋銷量的時候，「陽光」會比「氣溫」預測得更準。而且更讓人意想不到的是，猜猜看歐洲人均冰淇淋銷量最高的是哪三個國家？答案是芬蘭、瑞典和挪威。想了解這個問題，一種方式是想想民眾是否需要給吃冰淇淋這件事找個合理的藉口。或許是因為瑞典出太陽的日子太少，讓人一到晴天就覺得可以吃冰？

　　同樣的，「為什麼大家要看醫生？」似乎是個蠢問題，但思考一下卻又不見得。大家真的是因為想恢復健康才去看醫生嗎？在這種貌似理性的行為之下，其實隱藏著許多動機。有些人或許心懷憂慮，想要有人讓他們放心？有些人想要的是一張紙，好向老闆證明自己生病了。還有超多人只是一肚子抱怨想要有個人聽一聽。或許，大家真正想得到的並不是治療，只是想要放心。兩者有很大的區別：畢竟很少人會沒事去看牙醫對吧？

　　如果想減少民眾無謂就醫的問題，又或想建立系統訂出治療的優先順序，就應該在各種理性邏輯之外也考慮潛意識的動機。有些問題可以在電話上就解決，也有

些門診可以故意安排得晚一點，到時候病人應該都已經自然康復了。至於在爆發流感疫情的時候，甚至可以在電話答錄機先錄一條訊息介紹症狀，告訴較年輕、身體比較好的病人可以怎樣自行治療。等到民眾知道確實這是一種普遍的疫情，就不會太擔心只有自己生病，也就不會那麼想去找個醫師再確定一下。「這種情況很常見」本身就能讓人放心。（你可不想聽到醫生說：「這很不尋常，我當醫師這麼久，從來沒看過。」）

奇怪的是，像這樣在事後才找藉口，說看病都是為了恢復健康，這種理由卻似乎沒人提出質疑。如果想要改變民眾的行為，光是聽那些理性的原因就可能遭到誤導，因為那些並不是真正的原因。也就是說，想要從理性的論點下手來改變行為，非但可能無效，甚至可能適得其反。在人類行動的許多領域裡，理性都只占了很小的部分。如果能找出阻礙某項新行為的潛意識、再加以移除，又或者為某項決定創造出一個新的情境，通常就能讓一切運作得更加順利。

究竟該運用理性邏輯或心理邏輯，要看你是想真正解決問題、還是只是做做解決問題的樣子。如果是間接拯救世界，可能沒辦法讓你威風得像個英雄一樣；大談北極熊的困境，彷彿會比提倡重新設計回收箱更有意

義，但重新設計回收箱更有可能拯救北極熊。位居高位
的人否認有潛意識動機的時候，常常都是昧於這樣的自
欺欺人。假設現在有兩種形象，一種是推動人類知識疆
界的醫學科學家，另一種是現代的算命仙，給憂心忡忡
的病患提供安慰療法，你希望自己是哪種形象？現代的
醫師其實就兼具上述兩種角色，但或許通常當個算命仙
的情況比較多。就算沒人想承認這一點（無論患者或醫
師），如果我們真的想理解並改善現有的醫療照護，光
是承認潛意識動機的存在就能讓事情好辦許多。

為什麼人類要刷牙？

　　刷牙這種行為，既有「官方」的醫學目的，又有深
層的心理邏輯解釋，我認為它正好可以說明理性邏輯的
解釋怎樣掩蓋潛意識與演化而來的行為。所以讓我們問
個幼稚的問題：「為什麼人類要刷牙？」顯然，原因是
為了維護牙齒健康、避免蛀牙、補牙、拔牙。哪有其他
可能？但事實上，如果我們觀察成年人的行為（看看大
家選擇、購買與使用牙膏的方式），就會發現這些消費
模式與前面那套理性的解釋完全相反。如果我們真的是
想把蛀牙風險降到最低，就該在每餐餐後刷牙，但幾乎

　　沒人這樣做。事實上，民眾最有可能刷牙的時候，是在擔心齒垢或口臭對社交造成不利影響的時候。

　　你什麼時候比較有可能刷牙？可別說謊喔。是吃完冰淇淋的時候，還是要去約會的時候？[*]在要做工作簡報、或是與某人共進浪漫晚餐之前，你或許會認真刷牙。但如果是晚上在家裡吃了一塊巧克力之後呢？大概不會那麼認真吧？如果說到這樣你還不信，可以問自己一個問題：為什麼幾乎所有牙膏都是薄荷口味？近來一項實驗證明，用牙線並無益於牙齒健康。我可以想像，這項發現會讓牙線製造商膽戰心驚，但他們其實不用緊張；我可以自信滿滿的預測，這項發現對於民眾使用牙線的習慣幾乎不會有影響。反正大家一開始用牙線也不是為了牙齒健康。[†]

　　而比刷牙這件事更奇怪的是我們喜歡那些有彩色條紋的牙膏。第一款這樣的產品名稱就是「Stripe」（條紋），製作方式在當時讓許多人議論紛紛。很多人把空

---

[*]　或者如果你已婚，或許正是那個中年之後愈來愈稀少、有那麼一絲絲希望可以上床的時候。

[†]　在我覺得，民眾喜歡用牙線的原因就像是喜歡用棉花棒掏耳朵一樣，就是為了個爽字。我自己也是乾洗手的虔誠信徒，但老實說，我用乾洗手並不是想避免感染，而是覺得那些酒精凝膠從手上蒸發的感覺實在美妙。

牙膏管切開瞧瞧，也有一些人把牙膏凍起來、再橫著剖開。‡但奇怪的是，沒人問過「為什麼？」畢竟，牙膏一進嘴裡，所有成分不就混在一起了嗎？那幹嘛在管子裡特地分開？解釋有兩種：（1）就是好玩、新奇；（2）心理邏輯。從心理邏輯看來，這些條紋投放出一種訊號：如果讓牙膏有三種清楚可見的活性成分，消費者就比較容易相信這條牙膏有不只一種功能（抵抗蛀牙、解決感染、讓口氣清新）。一般來說，如果產品裡有什麼看得到的額外用心，就能讓消費者留下深刻印象。畢竟，如果只說「新款洗衣粉比舊洗衣粉更好」，就只是空口說白話，但如果是用凝膠、錠劑或其他形式來取代粉末，消費者會覺得你這麼認真投入成本和心力，內容大概真的也有些創新吧。

　　牙膏在這裡是個特別有趣的例子，因為某個潛意識動機剛好也有理性的解釋時，我們會以為真正推動行為的是那個理性的動機。

　　想像一下，如果回家發現廚房地上有狗屎，你一定會覺得噁心、立刻清掉，還會用水和清潔劑好好把地板

---

‡ 事實上，這種條紋牙膏有兩種製作方式，不過既然這本書的重點不是要介紹層流（laminar flow），就請容我略過細節了。

擦過一遍。如果我問你為什麼要這樣，你會說：「這很
不衛生啊，都是細菌耶。」但是重點就在這裡；維多利
亞時代初期的人也會有一樣的情緒、做一樣的事，但當
時對細菌一無所知。嚴格來說，當時對糞便的厭惡並不
理性，純粹只是出於「情感因素」。時至今日，如果有
人把糞便到處亂扔，我們會說這嚴重危害公共衛生；但
在 18 世紀，他們說這是「不敬神」；在 15 世紀，甚至
會被綁在柱子上焚燒。因此，人之所以厭惡糞便，並不
是出於邏輯，而是出於本能、出於某種我們還沒發現的
道理。

對的事、錯的理由

　　醫學的細菌學在 1870 年代成為一門學問，而在這
之前的 50 萬年間，針對一個理性的問題，演化為我們
提供一個感性的答案。如果你對便便有著強烈的厭惡，
生存和繁衍的機會就比較高，所以幾乎現在所有人都是
討厭便便的後代。而有趣的是，早在人類知道原因之
前，已經這麼做了幾千年。

　　演化會如此，是有充分道理的。直覺這種東西能夠
遺傳，而道理就得靠教導；而重點是會做，不見得需要

知道為什麼。就像塔雷伯說的：「並沒有什麼理性或不理性的信念，只有理性或不理性的行為。」演化想要鼓勵或預防某種行為，最好的辦法就是給它加上一點情緒。有時候，這些情緒在某些環境會不合時宜，像是英國的蜘蛛並沒有毒，所以理論上不用怕牠們，但英國人還是怕。這到底是為了什麼？除非是在動物園的某些特殊職位，否則就算不怕蜘蛛，應該也不會有什麼危險啊。所以這就跟刷牙一樣，某些行為的背後確實有著符合理性、對人有益的結果，但並不是受到理性動機的驅使。就算只是為了虛榮，刷牙到頭來也能有利於牙齒健康。所以就演化而言，只要這項行為有益，愛解釋成怎樣都行。

> **人並不需要理性的理由。**

　　史書上有許多例子，各種有益於公衛或社會的做法並沒有什麼具體原因，而是出於某些精神因素。*例如伊

---

*　感謝英國皇家空軍指揮官奇斯・迪爾（Keith Dear）提供兩個例子：赫爾佳・諾沃妮（Helga Nowotny）就在 2016 年的《狡猾的不確定性》（*The Cunning of Uncertainty*）裡談到，出於害怕人死而復生，結果無意間為公共衛生帶來貢獻。

斯蘭教和猶太教，就都對飲食有嚴格規定，而且因為這逼著大家一起吃飯，還有益於社會凝聚。

此外，正如人類學家理查・瑞丁（Richard Redding）所解釋，雖然禁吃豬肉似乎是出於迷信，但養雞確實比養豬多了幾項關鍵優勢。「首先，雞肉是比豬肉更有效率的蛋白質來源；一公斤雞肉需要 3,500 公升的水，但一公斤豬肉就需要 6,000 公升。第二，雞還會生蛋，這是養豬無法提供的重要副產品。第三，雞的體積小得多，能在 24 小時內吃完；這樣一來就沒有在炎熱氣候保存大量肉類的問題。最後一點，遊牧民族也能養雞。雖然不管是雞和豬都無法像養牛一樣採用放牧，但雞隻小到可以帶著走。」除此之外，感染風險也可以說是因素之一；雖然猶太教直接將禁食豬肉訂為「chok」（無須道理的教規），但確實豬隻可能傳播疾病，而養豬也可能有讓疾病傳播給人類的風險。

同樣的，伊斯蘭教要求人死後盡快埋葬，以「減少死者在來世的痛苦，並讓死者回歸阿拉」。於是，在 1915 年的加里波利之戰（Gallipoli campaign）期間，*穆斯林費盡苦心盡快埋葬死者；相較之下，協約國士兵

---

* 在先前許多戰役中，也無疑曾發揮同樣的效果。

的屍體常常會先曝屍荒野數日。結果就是協約國聯軍因為疾病傳染而出現進一步傷亡，但對手穆斯林軍出現傳染病的情況相對較少。這一套關於埋葬遺體的規範雖然完全未經科學證實，卻確實促成合理、拯救生命的行為。

同樣的，如果問到為什麼在城鎮外規劃墓地是個好主意，現代人可能會點出原因在於避免感染，或是避免汙染水源。但正如前面提到，我們對細菌的了解只有短短 100 多年，為什麼在許久之前，我們就知道要把墓地設在城鎮之外？又一次，這是一種出於直覺本能、而目前已經蘊藏於精神信仰的行為。在中世紀，歐洲人害怕死者的靈魂回來糾纏生者，才將墓地移出防禦工事。因為害怕人死而復生，結果無意間改善公共衛生，讓人免於疾病。

> 想鼓勵理性行為的時候，並不需要拘泥於合理的原因。

像是講到牙膏這件事，不管是想講出一套道理，或是以為民眾能夠了解自身行為背後的道理，都會讓人提出一些錯誤的解釋。如果去詢問民眾為什麼要刷牙，他們會說是為了維持牙齒健康、不想去看牙醫，而不會說

是為了想讓口氣清新、想在社交的時候能有自信。於是，某個講理性的人可能認為，大家是為了自己好，所以表現出各種健康的行為；但事實上，我們之所以會做刷牙這件有益健康的事，多半是為了健康以外的好處。在我看來，只要大家肯刷牙，何必在意理由？只要大家肯做回收，何必在意理由？只要大家可以不要酒駕，何必在意理由？

用情感驅動行為更有效

如果只肯用理性的論點來鼓勵理性的行為，就等於手上有一堆工具，卻只肯用其中一種工具。理性邏輯需要在「理由」與「行動」之間有直接的連結，但心理邏輯並沒有這種需求。這一點之所以重要，是因為像是如果想讓人實際做環保，除了靠理性、講責任，其實還有其他的工具。同樣，如果想要民眾避免酒駕，並不見得只能靠理性論述；在理性論述行不通的時候（而且通常就是行不通），還有許許多多訴諸情感的方式，能有更好的效果。讓我們以 1920 年代的廣告業為例。

信不信由你，英文的「Often a bridesmaid, never a bride.」（總是當伴娘，沒當過新娘。）本來是李施德霖（Listerine）漱口水的廣告標題，這項保健產品的訴求不

是什麼醫學上的優點，而是害怕在社交與性交上遭到拒絕。當時的廣告就寫著「愛德娜很可憐……口臭就是這麼殘酷。」同樣的，肥皂品牌 Lifebuoy 在 1930 年代的廣告標題也用了「我為什麼在派對後大哭」，賣點同樣不是為了生理，而是為了浪漫。高露潔（Colgate）的廣告口號「信心之環」（the ring of confidence）也十分高明，把話說得模稜兩可：既能說是把孩子帶去看牙醫時的信心，也能暗示是用了產品之後在社交或會面時的情感信心。

講到消費者的行為、以及廣告主試圖操縱消費者的做法，可以看成一項巨大的社會實驗，要看出民眾究竟想要什麼、又是被什麼所推動。想知道民眾究竟想要什麼，比起詢問他們想要什麼、需要什麼，還不如直接觀察他們用錢買了什麼（也就是實際「顯現出的偏好」）。*

要是達爾文再等個 150 年左右，大可省下四處奔波、海上暈船之苦，只要走到當地的連鎖超市 Sainsbury's，就能解開人類靈長類祖宗之謎。他從超市的銷售資料就能發現，雖然貨架商品超過三萬種，但正如所有英國雜貨店

---

* 就某些方面來說，我們之所以需要市場，正是因為只有這樣，才能讓消費者真正透露出他們想要什麼。

的情況，民眾最常購買的就是⋯⋯香蕉！

怎麼問問題，就會得到怎樣的答案

　　幾年前有人打電話給我，他要在一些有火災風險的住宅裡安裝煙霧偵測器，但他遇上一個問題：民眾很願意在家裡裝上一台免費的煙霧偵測器，但如果要裝上好幾台，他們就不開心了。舉例來說，他們可以接受在玄關裝上一台，但並不想在小孩的臥室再裝一台。我相信以後這只是產品設計的問題，像是只要把煙霧偵測器和燈泡或照明設備結合就沒事了，但因為當下就得解決問題，我提出的建議其實是借鏡餐廳服務生的妙招，才讓民眾願意在家裡裝上三、四台煙霧偵測器。

　　高級餐廳之所以能夠獲利，有一大因素在於礦泉水分成兩種，讓服務生能夠問顧客：「請問要喝一般礦泉水，還是氣泡礦泉水呢？」這下顧客就很難說出：「白開水就好。」而我想出的建議是讓消防隊員一次帶五台煙霧偵測器，接著若無其事的說：「我覺得只要裝三台就行了，那您覺得呢？要裝三台還是四台？」人類是種高度社交的生物，就像被問到是「一般礦泉水或氣泡礦泉水」的時候很難說「我要白開水」，被問「三台還是

四台」偵測器的時候，也很難說「一台就好。」正如塔雷伯所言：「提出問題的方式，本身就是一種資訊。」

改變觀點，就像智商提高 80

「改變觀點，就像智商提高 80」這句話是電腦圖學（computer graphics）先驅艾倫・凱伊（Alan Kay）的名言，我們也很難再更精簡表達出「創意」有多麼可貴。而在我看來，覺得反過來說應該也成立：如果無法改變觀點，就像是智商往下掉。[*]

有一次，我走在賓州沃靈福德（Wallingford）的郊區街上。美國郊區的房子並沒有樹籬做為邊界，每處房產的邊界就是大概半公尺高、漆著白漆的柵欄。當時突然有隻沒綁鏈子的大狗吠個不停，還衝過草地向我撲來，讓我有些驚慌。牠要衝過那道小柵欄顯然不是什麼問題，而在那之後我可就要倒楣了。但我的同行友人卻一副沒事的樣子，而且確實，狗一跑到距離柵欄還有半公尺左右就停下了腳步，只不過還是叫個不停就是了。

---

[*] 我們大概都認識這樣的人：雖然非常聰明，但過生活的方式卻再死板不過。

我朋友知道，那條狗戴的項圈可以感應草皮邊界下的電線，狗跑得太近就會被電。雖然柵欄只有半公尺高，但狗可不敢靠近。

　　這樣的約束效應，也適用於企業和政府的決策。如果根據經濟理論，大家能做的選擇其實都只在某個狹小而嚴格受限的範圍之內，接近邊界的時候，大家都會像那條狗一樣停下腳步。在企業和政府的某些重要部門，經濟邏輯已經成了一種構成限制的信條，而不是一種方法上的工具。歐洲核子研究組織（CERN）前主任克里斯多福・史密斯爵士（Sir Christopher Llewellyn Smith）接下重擔，負責改變英國能源消費模式之後，他就曾說道：「每次問經濟學家的意見，答案到頭來都只有賄賂人民一途。」

> **邏輯應該是一種工具，而不是規則。**

　　在最糟的情況下，像自由市場資本主義這樣原本有著無限創意的動態系統，一旦落到新自由主義的手上，就會被簡化成「該怎樣讓這些小東西的價格再便宜10％」這種無聊事。新自由主義還會讓權力落到心胸狹隘的技術官僚階級手中，這些人會忽視絕大多數讓市場變得如此有

趣的原因，好讓一切看來如此專業、如此確定。人類行為的背後，原本有著千絲萬縷的心理複雜性，但現在就被簡化成幾項狹隘的假設，這樣設計出的世界只符合理性邏輯、卻不符合心理邏輯。於是，人類坐著速度變快、但座位不舒服的列車，看著無趣、現代主義的車站，但我們心裡真正喜歡的可能根本相反：火車速度不用那麼快，但座位應該舒服一點，車站也該美一些。

這不能說是市場的錯，而是有些人綁架「市場」的定義。奇怪的是，現在人類明明有更多的資訊、資料、運算能力，以及更好的溝通，觀點卻愈來愈單一；我們有了愈多資料，反而愈來愈難以包容那些不易放進運算模式裡的東西。科技非但沒有減少我們的問題，反而可能給我們套上一具理性的枷鎖，限制解決問題的自由。

愈崇拜理性、愈容易出錯

有些時候，我們是把「對理性的追求」看得太過重要；也有些時候，我們是在不該追求理性的時候追求理性。如果是要評估解決方案的好壞，邏輯推理確實是個無價的工具，而要為方案提出辯護，邏輯推理更是不可或缺；然而，邏輯推理卻很難讓人在一開始找出那些方案。舉例來說，數學除了能給人啟發，其實給人誤導的

能力也不在話下。真正優秀的數學家、物理學家和統計學家，都很清楚各種數學模型的固有缺陷，但那些資質普通的數學家、物理學家和統計學家，卻對數學模型深信不疑。*

　　我每次和頂尖的數學家聊天，都會注意到他們對於其他數學家最熱衷的工具抱持懷疑。他們典型的說法大概是這樣：「要做迴歸分析也行啦，但結果通常都是屁啊！」而與此相關的問題則在於，不懂數學的人常常會把那些二流數學家的結論奉為圭臬，幾乎要加以膜拜。爛數學就像是 21 世紀的手相學。

　　然而，爛數學可能導致集體的精神錯亂。而且，要在數學犯下大錯其實比大多數人想的容易得多，光是一個資料點出錯、一項假設有問題，就可能讓錯誤放大好幾個數量級。

用「數學」辦案的問題

　　1999 年，一位英國律師莎莉・克拉克（Sally Clark）遭到定罪，認定她謀殺還是嬰兒的兩個兒子。兩個嬰兒都死於嬰兒猝死症，前後差了一年多，第二個孩

---

* 而大家也都知道，優秀的數學家要比普通的數學家少得太多。

子的去世開始引發懷疑，將她以謀殺罪起訴。當時，小
兒科醫師羅伊・梅德爵士教授（Professor Sir Roy
Meadow）在庭上提出一項統計證據（這項證據現在已經
被推翻），認為要連續兩次自然猝死的機率只有 1 ／ 7300
萬，相當於「在國家賽馬大賽（Grand National）連續四
年由賠率只有 1 ／ 80 的不同賽馬贏得大賽。」在英國，
每年約有 70 萬名嬰兒出生，而在中產階級、不抽菸的家
庭裡，嬰兒死於嬰兒猝死症的機率約是 1 ／ 8500。梅德
將這個數字平方取整數，得到 1 ／ 7300 萬的數字，並
聲稱像這樣同個家庭出現兩次嬰兒猝死的情形，要一百
年才可能出現一次。

　　辯方的醫學專家後來已經指出，這項數據是將統計
過分簡化，但已經在眾人心中留下印象，而且顯然暗示
著，就統計而言，克拉克無辜的可能性非常小。當時的
法庭上滿是科學家和律師，但沒人指出 1 ／ 7300 萬這
個數字有誤。但現在就讓我們來看看這個數字有多荒
謬。首先，1 ／ 8500 這個數字出自單一的特定資料來
源，比較準確的數字是 1 ／ 1500 左右。此外，這個數
據尚未考量到兩個猝死的嬰兒都是男性，因此其實發生
機率還更高。最糟的是，這個數據完全未考量基因或環
境這些常見的因素（像是兩個嬰兒都是由於房屋的某個

因素而喪命），但這大有可能。而目前相信，嬰兒猝死症與基因遺傳有關，可能是家族裡有這種基因，因此連續發生的可能性也就大增。

正如《每日電訊報》（*Daily Telegraph*）記者湯姆・烏特利（Tom Utley）指出，在他認識大約一萬人當中，就已經有兩人因為無法解釋的因素而連續喪兒，因此很難相信這種事情真的像梅德教授所言同樣罕見。莎莉・克拉克不幸的地方，在於兩次嬰兒猝死時她都獨自和孩子在家，所以沒有人能為她辯護作證，但如果依照上述修正，或許就已經能夠合理預估每年在英國總會有幾次出現這種嬰兒連續猝死的情形，所以她有罪的可能性也就大減。

數字的陷阱

就算講到這裡，一切還是有問題。想證明克拉克確有謀殺意圖，光是說猝死理論不太可信，而且證據其實並不夠。這會落入所謂的「檢察官謬誤」（prosecutor's fallacy），也就是檢察官起訴被告的時候，以為統計數據已經足以認定被告就是犯案者，但其實是高估這裡的統計意義。（舉例來說，如果說某種 DNA 標誌〔marker〕每兩萬人只有一人擁有，而犯案者與嫌犯都有這種標

誌，似乎這個人應該就是真凶。但話說回來，如果我們是搜尋某個有六萬人資料的 DNA 資料庫而找到這位嫌犯，理論上應該會找到三個符合的人，而至少有兩個人其實完全無辜。）

在克拉克一案當中，檢察官想指控克拉克有罪，光說猝死理論不可信其實還不夠，應該還要證明「兩次嬰兒猝死」比「兩次母親殺嬰」的可能性更低才行。透過正確的統計比較，比較「兩次猝死」與「兩次殺嬰」的相對可能性，克拉克無罪的機率就從 1 ／ 7300 萬躍升到大約三分之二。克拉克仍然可能有罪，但講到這裡，應該已經有了足夠的合理懷疑（reasonable doubt）能將她無罪開釋。確實，最有可能的解釋就是她完全無辜。要注意的是，統計上只要出現幾個小小的假設錯誤，經過互相加乘的影響，就可能讓一個原本很聰明的人錯了大約一億倍；塔羅算命都很少錯得這麼離譜。這起司法不公的案件，讓英國皇家統計學會（Royal Statistics Society）主席彼得・格林（Peter Green）教授特地致信英國大法官（Lord Chancellor），指出梅德教授的邏輯謬誤，並建議該怎樣才能真正在法律案件中善用統計。然而這種問題永遠不會真正消失，因為自以為懂統計的人，總是遠多於真正懂統計的人，而且數學一旦被誤

用，就可能帶來根本上的重大問題。

> **❝** 簡單說來，把狗屁乘上狗屁的時候，結果不只是讓狗屁多了一點點，而是狗屁的平方。**❞**

你願意賭幾次？

　　這件事給我們的教訓是每個人都該認識至少一位認真的優秀數學家；通常這種人能讓我們大受啟發。而我也很榮幸，去年認識在聖塔菲研究所（Santa Fe Institute）與倫敦數學實驗室（London Mathematical Laboratory）做研究的德國優秀物理學家歐勒・彼德斯（Ole Peters）。他最近與人合著一篇論文，*指出經濟學研究的許多理論發現，都是基於一項在統計力學上聽來合理、但其實完全錯誤的假設。這項假設認為：如果想判斷下某種賭注是否划算，可以想像同時賭 1,000 次，接著將總收益減掉總損失；如果最後淨收益為正數，就可以拚命開始賭了。照這樣說來，如果每次下注 5 英鎊、

---

* 合著者是墨瑞・蓋爾曼（Murray Gell-Mann），肯定也是個很優秀的物理學家，畢竟他可是發現夸克之類的東西，還得了諾貝爾獎。'Evaluating Gambles Using Dynamics', *Chaos* (February 2016)。

有 50％的機會贏 12 英鎊（包括退還的本金），似乎平均每次下注可以贏 1 英鎊，就應該要賭得義無反顧。有一半的時候，你會輸 5 英鎊；也有一半的時候，你會贏 7 英鎊。如果有 1,000 人同時各賭一次，最後就會得到 1,000 英鎊的淨收益。而如果是一個人賭 1,000 次，最後也該得到一樣的收益，畢竟平行事件應該會和序列事件得到相同的結果吧？但不幸的是，這種邏輯的原則只在某些條件下適用，而現實生活並不符合這種條件。原因就在於，這種原則認為每次下注都是一個獨立事件；但在現實生活中，你下注的能力會和過去下注的成功與否息息相關。

　　讓我們試試另一種下注法：你有 100 英鎊的本金，如果硬幣投出正面，這筆錢就會增加 50％，但如果投出反面，這筆錢就會減少 40％。你會想投幾次硬幣？我猜應該不少吧？畢竟道理看來很簡單啊，就模仿上次的做法：想要計算投 1,000 次以上的期望值，就先想像有 1,000 個人同時下注，再取平均值。如果這群人最後平均賺到了錢，那麼期望值就該是正的吧？然而，情況顯然不是這樣。讓我們先看一下平行事件的情形：如果 1,000 個人同時下注一次，每人都以手中都有 100 英鎊（總計 10 萬英鎊）開始，結束後應該會有 500 人手中有

150 英鎊，另外 500 人則有 60 英鎊。結果就是 7.5 萬＋3 萬＝ 10.5 萬英鎊，淨報酬率 5％。如果有人問我，這樣一來該投幾次硬幣、我又想放進多少本金，我應該會說：「把所有錢都放進去，投的次數愈多愈快愈好！贏到的獎金很快就能讓我去模里西斯度假了！」然而事實上，平行事件得到的平均數，對於序列事件的期望值並無意義。

如果用數學語言來說，整體觀點就是與時序觀點不同。如果你真的這麼一直賭下去，最有可能的結果就是輸到脫褲。如果有 100 萬人重複下注，最後這群人「整體」會變得更有錢，但原因是那最富有的 0.1％會變成億萬富翁，絕大多數的玩家都是賠錢。如果你還不信，讓我們舉個例子，假設有 4 個人投了 2 次硬幣。可能的結果有 4 種：正正、正反、反正、反反。出現的可能性都相等。接著，假設這 4 個人一開始都有 100 英鎊，各投出一種結果。

正正　正反　反正　反反

四個結果分別會是：225 英鎊、90 英鎊、90 英鎊、36 英鎊。這裡可以有兩種解讀法，第一種會說：「這報

酬太棒了，我們的總體淨資產上漲了 10％，從 400 英鎊
變成 441 英鎊，對大家來說真是好事！」但第二種、比
較悲觀的觀點則會說：「講的也沒錯啦，不過大部分人
都比一開始更窮，有個還快破產了。事實上，那個只剩
36 英鎊的人，得連續投出三次正面，才有可能不虧本。」

大腦比經濟學家更懂統計

　　我過去從來沒想過這種差別，但似乎大多數經濟專
業的人也沒想過。這項發現對於行為科學影響重大，因
為這代表著經濟學家想糾正的許多所謂偏見，可能根本
並非偏見：這些表面上的偏見雖然從總體觀點看來並不
合理，但只要從現實生活的時序觀點來看，就再合理不
過。1,000 個人同時做某件事的結果，就是不同於一個
人做 1,000 次的結果。在這種時候，似乎經過演化的人
類直覺會比現代經濟學家更懂統計。*舉個極端的例子，
如果你給 10 個人各 1,000 萬英鎊，要他們玩 1 次俄羅
斯輪盤，有可能會有兩、三個人感興趣；但如果是 1 億
英鎊、但要連玩 10 次，就不會有人接受了。

　　和歐勒・彼德斯聊這個話題之後，我意識到問題還

---

* 可以推想，那些會像經濟學家一樣思考的人類都被自然淘汰了。

不僅於此：幾乎所有的定價模型都以為「10個人各買1次」和「1個人買10次」是一樣的，但事實並非如此。如果是10個人，每年各自從亞馬遜訂10樣東西，或許覺得每次付個幾美元運費沒什麼大不了；但如果是某個人每年從亞馬遜訂100件商品，等到他檢視自己的年度運費支出，可能就會覺得：「嗯，該是重新投向沃爾瑪（Walmart）懷抱的時候了。」*

　　奧美有一家客戶是航空公司。我一直提醒他們，要4位商務旅客每人付26英鎊來托運一件行李，絕對與要求一個帶著2個孩子的已婚爸爸付104英鎊來托運家人行李是兩回事。†雖然26英鎊像是合理的服務費，但104英鎊就完全感覺是敲竹槓了。付費托運行李的訂價應該是：單件26英鎊，但2件或3件只需35英鎊。畢竟像通勤季票這種制度還是有道理的，因為通勤這種事沒辦法換別人，100個人願意為單程票付的錢，總和就是會比1個人搭上100次願意付的錢多一些。同樣的道理，目前英國正在打造2號高鐵（High Speed 2），但他們為這項投資提出的邏輯認為40人每年搭10次、每次省下1

---

* 這可以解釋為什麼亞馬遜需要推出Prime會員制。要是沒有會員制，亞馬遜就很難養出常客。

† 該死的，這個爸爸就是我！

小時，就等於 1 個通勤者每年省下 400 小時。這顯然毫無道理；前者只是便利，但後者則是讓生活大不相同。

爲什麼理性會讓你做蠢事？

　　如果今天我要開一間公司，寧可沒有數學家，也不想雇用二流的數學家。請記得，每次我們做加減乘除的時候，都會流失一些訊息，而且只要出現一個異常值，就可能讓我們對現實的了解大幅扭曲。就像如果比爾・蓋茲走進一座足球場，在場每個人的平均財富就會大漲 100 萬美元。

　　有一次，奧美為某個慈善機構客戶寄廣告邀請贊助，發現有一種小小的創意做法效果特別好。由於這與其他做法的差異並不大，最後結果卻差了這麼多，讓我們實在有些意外。但進一步調查才發現，其實是有一位回覆者直接寄來一張 5 萬英鎊的支票。‡

　　讓我們再舉一個例子，看看如果不考慮情境，只要出現一個異常值，就會得出怎樣荒謬的結論。我有一張信用卡專門拿來加油，而且我每次加油的時候都會順手

---

‡　可能是剛中了樂透吧？

記一下里程數。而在一年後，信用卡每月帳單開始幫我算出每加侖能跑幾公里，這當然是好事，但卻讓我開始覺得渾身不對勁，因為我的車似乎每加侖能跑的里程每個月都在下降。我為此苦惱了好一段時間，擔心是不是漏油，也擔心是不是有人在偷我的油。

但後來我才想起來：在奧美給我這張加油用的信用卡之後，有一次我忘記用，是用其他信用卡付了油錢。這樣一來，在那張加油信用卡的銀行看來，有一段時間我雖然只加了一次油、里程卻跑了兩倍。而由於這個異常值一直存在資料庫裡，所以從每個月的帳單看來，燃油效率會慢慢回歸到平均值，也就是顯得愈來愈差。這顯示出只要出現一項異常資料，就會讓後續的所有資料都出現問題。

但先讓我回頭談前面的重點。在數學上，10×1 永遠都等於 1×10，但現實生活卻鮮少如此。要一次騙過十個人並不難，但要騙一個人十次就難得多了。[*] 然而，我們有多少事情都是用這種前提在做預測呢？讓我們想像有某個平行世界，完全沒有實體商店，一切交易都在

---

[*]　正因如此，詐騙集團多半都待在城市、賽馬場之類的地方，畢竟這些地方才會穩定供應容易受騙上當的人。

網上進行。這聽起來很扯，但其實 100 年前的美國鄉村
就很像這個樣子。在 1919 年，美國有 52％的地區屬於
鄉村地區，而對這些地方來說，想買任何異地的東西，
就 只 能 靠 西 爾 斯 羅 巴 克 公 司（Sears, Roebuck and
Company）和蒙哥馬利百貨（Montgomery Ward）的郵
購目錄。在那一年，美國人的郵購金額超過 5 億美元，
其中有一半消費都落入這兩家公司手中。

10×1 為什麼不等於 1×10？

　　然而，西爾斯在 1925 年開設第一家實體店面。到
了 1929 年，兩家公司開設的店面已經來到 800 家；或
許最近 Amazon 收購全食超市（Whole Foods Market）
也正是歷史的重演。† 在這裡有太多的心理因素可以談，
但讓我們先回到前面那個懶惰的假設：1×10 等於
10×1。‡ 如果是十個人各要買一件東西，線上購物就很
方便，但如果是一個人要買十件東西，就不那麼方便

---

† 當時，這時候可能會讓英國人得意一下。講到實體零售通路的時
　候，Amazon 就會發現似乎英國超市 Argos 的做法才是對的，實體
　店面仍然十分重要。
‡ 我把這稱為「薩特蘭的爛數學定律」。

了。如果想同時在線上買十種不同的東西，[*]狀況就會讓人陷入一片混亂，送貨的時間分散在不同的 4 天，你得在家等人上門 10 次，而且總有某件包裹接不到。[†]相較之下，沃爾瑪常常被忽視的優點就浮現了：你可以自己去沃爾瑪，一次購入 47 種不同商品，自己搬回家就沒事了。Amazon 的營運模式很適合將 1 件商品賣給 47 個人，卻很難向 1 個人賣出 47 件商品；這些模式都有個上限。

還有許多關於人的數學模型，也都錯誤假設 10×1＝1×10。舉例來說，英國稅制認為，如果有 10 個人，每個人某年的年收入是 7 萬英鎊，他們繳的稅應該等於某個年收入 7 萬英鎊的人連繳 10 年的稅。但我從來沒聽過有人對此提出質疑，這會不會又是一個爛數學的例子？

最近我和人談到的一個問題，是英國火車上總是太擠。[‡]同樣的，光看數字並無法區分「10 個人各有 10% 的機率沒有位子」和「1 個人總是沒有位子」有何不同，

---

[*] 耶誕節前買禮品的時候，大概就會出現這種情形。

[†] 這種時候，你還得自己在耶誕夜開車去某個發貨點提貨，原本省下的所有時間都回來了。

[‡] 你們可能已經發現，我對這個問題實在很在意。

但這兩種情形就是完全不同。如果我只是偶爾搭火車，一個月左右得站個一次，大概沒什麼大不了；但如果我是花了 3,000 英鎊買通勤季票，卻總是坐不到位子，就會感覺根本被搶了。從這種角度出發，問題就會變得比較容易解決。何不每天專為季票乘客雙向安排兩列火車，或是讓他們在標準車廂已滿的時候有權使用頭等車廂？§或者更好的做法，是增加頭等車廂，允許所有季票持票人搭乘。這種做法並未真正解決火車人太多的問題，但你是針對那些被影響最嚴重的人，解決他們的問題，而這才是真正的重點。

員工招募與爛數學

好的，火車的問題或許可以這樣解決，但如果我說就連員工多元性的問題也能這樣解決，你可能又不太相信了。但道理都一樣：10×1 不等於 1×10。假設現在要找十個新人，你請十位同事每人找一個。顯然這些人都會想辦法找來他們認識最優秀的新人；這樣一來，跟

---

§ 我自己並沒有買季票，但我覺得這兩種做法都很公平，就像是如果常去某間餐廳用餐，餐廳應該就會為你安排比較好的座位一樣。

一個同事找十個新人的效果一樣嗎？當然不一樣，如果由一個人來找十個新人，從本能直覺上，就會比起只挑一個人的時候多元性更高。原因在於，只找一個人的時候，我們看的是必要性；要找十個人的時候，則會看互補性。

如果你只能吃一種食物，有可能會選馬鈴薯。馬鈴薯除了有幾種維生素和微量礦物質，還能提供所有的必需胺基酸（用來組成蛋白質、修復細胞和抵抗疾病）；每天只要吃五個馬鈴薯，要活上好幾個禮拜也不是問題。但如果要挑十種食物吃一輩子，你絕不會挑十種不同的馬鈴薯，甚至根本不會挑馬鈴薯，而會選出更多元的食物。

員工招募也是如此，如果一次可以雇十個人，我們就更敢冒險。如果你一次要雇十個人，或許就會做好心理準備，裡面可能有一、兩個人不太行。這種時候，就算有人過了一段時間就離職，或是有人會偷釘書機、會在耶誕晚會上用影印機印自己的屁股長什麼樣，你身為主管的名聲也不會受到太大影響。然而，如果你只雇用一個人，而這個人又是個爛員工，顯然你這個主管就有問題了。所以，如果是由個人負責招募單一員工的時候，就可能變得過度謹慎：最後挑進來的就是馬鈴薯。

　　招募員工的時候，必須意識到潛意識動機和理性邏輯之間有重疊之處，但並非完全相同。負責員工招募的人，可能以為自己是在找「最適合的人」，但潛意識動機裡卻有著微妙的不同。他們確實想找到一個應該會表現良好的員工，但同時也害怕找來一個可能表現不佳的人；於是，除了「平均表現好」之外，「表現落差小」也成了同樣重要的條件。而如果希望表現的落差小，就會想選擇較傳統、符合現狀的人選；但如果是一次雇用一群新人，就更可能願意承擔風險，挑進一些不那麼傳統的人選。

買房子的多元考量

　　在找房子這件事，也可以清楚看到這種多元性的機制。如果我給你一個預算，讓你找一間理想的房子，通常你會很清楚知道想買怎樣的房子，但通常這種選項也會有點無聊。這是因為找房子的時候，任何一個面向都不能有太明顯的缺點：不能太小、不能離工作地點太遠、不能太吵或太奇怪，最後也就會選到一間傳統的房子。相較之下，如果我現在把預算加倍，要你買兩間房子，這時，你下的決策方式就會有所不同。你應該會挑出兩間截然不同、能夠互補的房子，或許是在城裡買一

間公寓，而在鄉間買一間獨棟別墅。

　　另外，如果是要選議員，安全的選項會是某個讀哲學、政治與經濟專業的人選，這種人選很乏味，但至少就有個樣子；但如果你能選十個議員，絕不會十個都選這種人，而會放進幾個特立獨行的人選。* 塞西爾·布拉奇（Cecil 'Bertie' Blatch）很清楚這一點，所以在他擔任芬奇利（Finchley）和弗賴恩巴尼特（Friern Barnet）兩區保守黨協會主席的時候，才會決定要「弄丟」幾位傳統候選人的選票，而讓柴契爾夫人（Margaret Thatcher）有機會取得席次。這實在不能說是作弊，而是糾正一種心理偏見。了解這點之後，無須特定限制名額，只要採用批次選才的做法，無論在就業、教育或政治上都能促進多元性。†

　　大家都擔心社會停止流動、階級不平等加劇、政治人物過度同質化，然而，各種想讓世界更公平的做法就可能造成這樣的結果。這裡的兩難在於，一種是真正更

---

*　或許選一個有正當工作的人，選一個貧窮背景的人，再選一個有科學學位的人。

†　我是從個人經驗學到這件事。在我首次得到錄用的幾年後，一位曾參與當初選才的人告訴我，如果當時只招一個人，我並不會獲選；但當時一次要找四個新人，所以他們決定「找個怪咖試試看」之類。

公平的社會，人人機會平等，但得靠點運氣；另一種社會雖然表面看起來公平、不用靠運氣，但其實機會都只屬於少數人。這裡的問題在於，在「所有人都適用同一套規則」的時候，最後勝出的總會是同樣那幾個無趣的混蛋。我每次提出這種建議，說招募的時候該試著不要那麼公平，總會讓某些人火冒三丈；但值得一提的是，在「公平」與「多元性」之間就是無可避免需要有所取捨。如果以公平之名，將一套規則套在所有人身上，最後招來的就是一批毫無二致的人。‡

在奧美，我們有一項名為「管道計畫」（The Pipe）的實習方案來招募創意人才。申請者無須大學以上學歷、不用是年輕人，完全沒有資格限制；實際上，我們在前面幾個階段根本是瞎招募！要說這項方案是否成功，現在判斷還為時過早。但我們和找來的人聊天的時候，似乎都像是和牛津大學的畢業生聊天一樣有趣，有些時候甚至更有趣。§有幾個我們第一批招進來的人，短

---

‡ 舉例來說，如果有個人是英國西洋雙陸棋25歲以下組別的冠軍，但讀的是野雞大學，或者修的都是營養學分，你不該給他機會試試？有些堅持「公平」的死硬派會說絕對不行，但我每次都會讓他們來面試看看。

§ 這種例子有一個是以前當過調酒師的人，另一個則是詩人。

短幾個月後就以 Hellmann's 美奶滋的廣告創意在坎城創意節（Cannes Festival of Creativity）拿下大獎，而這是很多廣告從業人員窮盡一生都得不到的成就。

請記得，任何人只要有一種古怪的特長，用在對的地方、對的時機，都能輕鬆創造出一個成功的職涯。我總是告訴年輕人：「去找一、兩件你上司做得很爛的事，然後把那些事做好。」如果要說價值，「和他人互補」的才能，絕對比「和他人相同」的才能更有價值。

小心「平均」

在 1950 年代早期，體質人類學家吉爾伯特・丹尼爾斯（Gilbert S. Daniels）中尉受美軍僱用，為高速飛行器設計更好的駕駛艙。當時他想為「一般人」設計駕駛艙，他認為如果先找出許多飛行員身材的平均值，就能製造出一個駕駛艙的範本，除了某些身材最特殊的人之外，大多數人都能看到所有儀表、輕鬆操作所有控制器。

然而，丹尼爾斯光是測量人的手掌，就已經發現「平均」尺寸並非「一般」尺寸。他測量人體時的發現也很令人吃驚：一具各處數值都符合平均值的人體其實

極為少見。所以，如果以這樣的「一般人」為目標來打造駕駛艙，最後的結果非但無法人人適用，反而只能適用於一種極為罕見、甚至根本可以說是不存在的體態。當時接受測量的飛行員達 4,000 人，取得 10 項體態數據，但沒有任何一個人 10 項數據都落在平均範圍內。*

> **設計的時候，想的不該是「一般人」。**

　　各種指標（特別是平均值）會讓人想把注意力集中在市場的中間那塊，但創新卻是發生在市場的極端。比起以十個平均用戶為目標，如果以某個異常客戶為目標，會讓你更有可能想出一個好點子。我們最近一次開會開到一半，送上三明治當點心的時候，我就指著三明治說：「這正能證明我的觀點。」三明治（sandwich）正是以推動這項發明的桑德威治伯爵（Earl of Sandwich）為名，他沉迷於玩牌，於是要求弄出一種讓他不用離開牌桌也能吃的食物。

---

* 同樣的，幾年前曾有人將所有的女性體態數值拿來加以平均，希望找出一種完美的女性體態，結果同樣完全失敗。

奇怪的消費者會比一般消費者推動更多創新。相較之下，過去 50 年的傳統市場研究完全可能因為抱持著一種對於「代表性」的虛幻想法，抹殺的創新比帶來的創新更多。

測量錯，就會做錯

以上發現對於「測量」這件事有著重要的意義。企業喜歡做各種測量，因為方便將各種事件加以比較與管理。確實，業界有句名言：「能測量，才能管理。」，但這句名言的下一句就是：「如果測錯，就會做錯」。各種指標的一大問題，在於逼迫所有人追求同樣而狹猛的目標，又或者是以同樣的標準來做選擇，於是破壞多元性。

在我的經驗裡，書讀得好，未來工作並不一定成功。[*]像是著名的婦產科兼不孕症專家溫斯頓勳爵教授（Professor Lord Winston），雖然可以有頂尖人才供他挑選合作，卻不見得總是挑那些學術上的佼佼者。然而目前英國企業常見的做法，通常只會挑選具備二等一級學

---

[*] 醫學界曾有一句戲言（但也有部分事實）：拿到二等學位的學生會成為最好的醫生，而拿到三等學位的學生（平均成績在40～50分之間）以後會變成最有錢的醫生。

位（upper second-class degree，平均成績 60 分以上）的畢業生來面試，這件事並沒有什麼實證證據支持，只是因為看起來合理而已。如果今天要從一票大學畢業生裡挑人，用大學成績來篩選看似合理，但如果不搭配其他標準，就會成為一種荒謬的做法；而一旦成了大規模的選才方式，更是會錯過浪費許多人才。

如果只有像高盛公司或少數精英企業採用這種標準，問題或許還不大，但如果所有企業都採用相同的標準，一切就會變得很可笑。因為這樣一來，大約會有一半的大學畢業生達不到這樣的門檻，於是成千上萬的人讀完大學只是浪費時間，又或是讓大學學位變得毫無意義。† 這又是一個例子，可以看出大家並不是用理性邏輯來做出更好的決定，只是希望自己看起來比較合理而已。

任何賽局理論家都知道，偶爾做些稍微隨機、不符合既定規則的決定會是一件好事。像是在人才招募這種競爭情境下，比起採用常見的「好方法」來挑人，還不如採用非傳統、其他人未採用的方式，才能找到被其他人低估忽略的人才。

---

† 我最近就認識一個劍橋畢業生，他拿的是二等二級學位，發現自己很難進到面試。這怎麼對呢？太沒道理了！

　　那些合邏輯的招募方式還有一個問題，在於野心勃勃的中產階級可能會想方設法來鑽體系漏洞。這些人可能會拉小提琴、曾在親戚的銀行實習過、曾參加協助弱勢群體的慈善活動、*而且平均成績也很高。相較之下，如果是那位西洋雙陸棋冠軍，我們大概只能確知一件事：他真的在某件事情上很有天分，而且應該不是因為他的爸媽花大錢讓他去補習。

　　真正的優秀，不見得從外表看得出來。塔雷伯在挑醫師的時候就用過這種規則：別找那種頭髮光滑灰白、好像從中央工廠生產製造出來的貴族型醫師，好的醫師雖然一樣有點年紀，但常常有點胖、貴族氣息倒不那麼強烈、衣服也不那麼合身。前者之所以成功，有部分是因為外表出眾；而後者之所以成功，則是因為突破外表的限制。

對偏見有偏見

　　有些事情我們以為是種族或性別偏見，但會不會只

---

* 我有時候會想，那些收容所看著這些常春藤盟校或牛津的學生說要來做志工，會不會心裡都想叫他們滾回家別來亂？

是因為安於現況？畢竟像是招募員工的時候，愈打安全牌，到頭來出了問題受到的責難也愈小。目前，廣告業就很執著於性別比例和種族組成；這些數據當然很重要，但廣告業似乎還完全忽略另一種偏見：喜歡雇用外表好看的人。

我們在此必須看看潛意識裡發生什麼事。如果誤以為潛意識裡只會有種族偏見這種問題，就可能會引進各種錯誤的處理措施。然而，如果能夠認清「現狀偏見」（status quo bias）也會造成一些問題，我們就能提出相當不同的解決方案。我在此並非主張不自覺的種族偏見並不存在，而是認為大家可能過度強調這項因素，而將許多不同種族得到不同結果、不同機會的情形都認定是出於種族偏見，但事實上可能是有許多因素同時都產生了影響。真想解決問題，就必須找出「真正的原因」。以羅伯特‧庫茲班為首，最著名的一些演化心理學家認為，在人類的心理上，種族偏見其實算不上很重要的力量，因為在演化史上，人類並不會那麼常遇到不同種族的人。在演化史上，更常遇到的是有不同口音的人，於是我們也更容易強烈覺得這些人是「外人」。由於我出

身於一個在史上對口音十分狂熱的國家，[*]這點也就很值得談一談。一樣要在倫敦找工作的時候，一個是來自奈及利亞、受過私人高等教育，一個是來自英國利物浦、有著強烈的蘇格蘭口音，那位奈及利亞人真的比較弱勢嗎？我很懷疑。庫茲班的研究指出，偏見要視情境而定；我們確實比較容易將不同種族的人視為「外人」，但這並不代表在換了一個情境的時候，我們無法將來自不同種族的人視為自己人。

講到要解決偏見，我認為光是有性別和種族保障名額還不夠，畢竟這樣對多元性的定義還太狹隘。舉例來說，如果一下雇用十位才華洋溢的奈及利亞人，一方面來說，當然會讓種族多元性有所提升。你可能會因此洋洋得意，認為自己的企業真是太多元了，但接著就會發現這十位員工都來自伊博族（Igbo）、卻沒有任何一位來自同樣人數眾多的約魯巴族（Yoruba），這下你仍然認為這個新的多元員工組成值得自豪嗎？還是會開始發現，或許自己對多元性的定義太著重於膚色，而忽略許多其他條件？

《哈佛商業評論》（*Harvard Business Review*）最近

---

* 目前仍然如此，只是程度稍減。

表 1

大家究竟是對弱勢族群有偏見，
還是對「只有一人」時的弱勢族群有偏見？

下圖整理自大學教師招募結果與進入決選的 598 位候選人的研究。

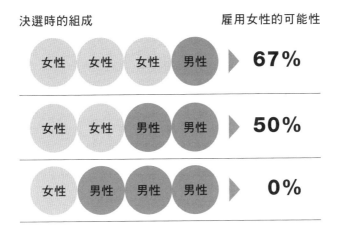

決選時的組成				雇用女性的可能性
女性	女性	女性	男性	67%
女性	女性	男性	男性	50%
女性	男性	男性	男性	0%

的一篇文章就指出，某些表面上是性別或種族偏見的情
況，有可能在不同的情境下，其實是出於性別或種族以
外的潛意識因素[2]。文中提出三項研究，檢視如果在面
試最後一輪更換決選者會發生什麼事。研究指出：「如
果只有一位女性進入最後一輪面試，她不可能得到錄
用；但如果不只一位女性，情況就大有不同。雖然女性
人數增加到頭來並不會讓女性得到雇用的可能性更高；
但『只有一位』或『有兩位』就能造成很大的差別。而

如果是在四人決選的情況下，種族因素也會出現類似的
結果。」

　　這代表我們對某位單獨黑人或女性候選者的偏見，
也可能會出現在具備任何一項單獨的「任何條件」的候
選者身上。[*]

我們做決定沒有那麼理性

　　我們做各種選擇的時候，情境和順序都會在潛意識
造成影響；不僅公司決策或員工招募如此，就連個人決
策也不例外。心理學家暨行為經濟學家丹‧艾瑞利很早
就強調誘餌效應（decoy effect）[†]在決策過程中的效用。
所謂的誘餌效應，就是在原本只有 A、B 兩個選項下，
加入好處介於 A 和 B 之間的第三個選項時，就會讓人對
A、B 選項的偏好出現某種特定改變。艾瑞利研究的一
項重要例子，就是《經濟學人》（Economist）的訂閱方
案。在這裡的第三個選項（每年 125 美元，只有紙本雜

---

[*]　你可以試試看，下次去工作面試的時候，一切都表現得非常出
　　色，但從頭到尾都堅持戴著帽子。我敢打賭你一定不會上。當
　　然，如果你能說服另一位候選者也戴上帽子，情況就不一樣了。
[†]　這也稱為非對稱優勢效應（asymmetric dominance effect）。

誌）就是誘餌選項。由於用一樣的費用就能同時取得紙本和線上電子版，所以除非是對科技深惡痛絕，否則絕不會有人選這種中間選項。提供這種用膝蓋想也知道的「明智抉擇」，就能鼓勵更多人選擇更昂貴的完整訂閱方案。艾瑞利進行的一項實驗中，這種做法讓假定的訂閱者高達 84％都選擇全價的完整訂閱方案。但是，如果刪去那個誘餌選項，只剩下兩個合理的選項，訂閱者的偏好就翻轉了：有 68％的人都選擇價格較低、只有電子版

表 2

歡迎來到經濟學人訂閱中心 請選擇您要購買或續訂的方案。
☐ 電子版訂閱方案：59.00 美元 　　訂閱《經濟學人》網站電子版一年。 　　可線上閱讀 1997 年以來《經濟學人》所有文章。
☐ 實體版訂閱方案：125.00 美元 　　訂閱《經濟學人》紙本一年。
☐ 紙本與線上電子版訂閱方案：125.00 美元 　　一年期訂閱方案，可同時取得紙本《經濟學人》與線上閱讀 1997 年以來《經濟學人》所有文章。

情境就是一切：但奇怪的是，我們覺得想選的選項有多划算，竟會受到與我們不想選的選項之間的差距影響。有個朋友就說：「大家去夜店的時候，總希望身邊有個比自己稍微醜一點的朋友。」

的訂閱方案。（見表 3）

　　房仲業者有時候就會運用這種效應，帶你去看一些「誘餌屋」，好讓你更容易選到真正想賣給你的屋子。一般來說，他們會先帶你去看一間完全不合適的房子，接著看兩間還不錯的選擇，其中又有一間顯然比另一間更好。這時候，比較好的那間是他們真正想賣給你的房子，另一間則是為了讓你覺得自己真是選對了。

　　我們又會再次看到，人類行為就是有些古怪的地方，雖然有時候只是某些相對較小、無關緊要的決策（像是如何度假、怎麼訂雜誌），但就算是較重大的決策也會出現類似情形。我們大概會坦誠，自己在選擇度假或雜誌方案的時候可能受到非對稱優勢效應的影響。但如果是買房子、雇員工，這麼重要的事也是這樣嗎？抱歉了，但看來還真是這樣：人類的決策方式似乎無分事件大小都一視同仁。這也是原因之一，讓我相信學界和政界如果可以更注意消費者行銷，應該會獲益良多。從賣巧克力棒這種事裡得到的小發現，或許就可以用來激勵某些後果更嚴重的行為。常常某些問題早就有了答案，只是在另一個領域裡而已。

同樣的事實，不同的結果

如果希望生活單純、不用擔心得做什麼奇怪的決定，就千萬別找個曾在廣告公司創意部門工作的另一半。不論這事是好是壞，這份工作會讓人偏執的害怕各種太顯然的事，忍不住想質疑一切的正統、想挑戰所有的共識。這會很累人，特別是把這種刻意跳脫常軌的思維放到家庭日常決策的時候。

幾年前，家裡的烤麵包機三不五時就冒出令人觸目

表 3

歡迎來到經濟學人訂閱中心 請選擇您要購買或續訂的方案。	有無第三個選項的 訂閱人數比例變化
☐ 電子版訂閱方案：59.00 美元 　訂閱《經濟學人》網站電子版一年。 　可線上閱讀 1997 年以來《經濟學人》 　所有文章。	**16%** ➡ **68%**
☐ 實體版訂閱方案：125.00 美元 　訂閱《經濟學人》紙本一年。	
☐ 紙本與線上電子版訂閱方案：125.00 　美元 　一年期訂閱方案，可同時取得紙本 　《經濟學人》與線上閱讀 1997 年以來 　《經濟學人》所有文章。	**84%** ➡ **32%**

驚心的火花，偶爾還真的會飄煙冒火，而且那台機器的開口太小，所以只要放進比一般還厚的吐司，就很容易卡住。*太太說：「買一台新的厚片烤麵包機吧？」大概一個小時後，我扛了一個大箱子回家，告訴太太我沒買新的烤麵包機，但買了一台切麵包機。我很得意的告訴她：「我重新定出方案，我認為我們不需要用更厚的烤麵包機。需要的是更薄的吐司！」

　　我們用了這個解決方案一陣子，也就是把吐司切薄一點，好放進那台只能烤薄片吐司的烤麵包機。也不能說完全不行啦，但那台切麵包機大概占了廚房的一半工作空間，而且產生的麵包屑體積可真是不得了。接著我們有了小孩，可不能讓那些小手碰到致命的旋轉刀片。於是那台機器放在櫃子裡，上面放著一台使用率超高的厚片烤麵包機，就像我太太當初的建議。

　　只不過……

　　這個放烤麵包機的櫃子是在我們這間四房公寓的廚房裡，至於這個廚房，則是在一棟大約 1784 年建造的房子二樓。這棟房子是由 18 世紀英國建築大師羅伯特‧

---

* 這兩件事可能是有些關連：之所以會冒火起煙，是因為我們的全麥麵包卡在機器裡了。

亞當（Robert Adam）為喬治三世國王的私人醫生所建，周邊的公用空間廣達七英畝，由英國景觀設計師蘭斯洛特‧布朗（Lancelot "Capability" Brown）打造；他的其他作品還包括布倫海姆宮（Blenheim Palace）和海克利爾城堡（Highclere Castle）的庭園，†而我卻能夠免費就享有這片景觀。當然，公寓本身還是得付錢。我在2001年花了39.5萬英鎊買下，而現在的市值可能是65萬英鎊，但只要買了這間公寓，就能免費得到這片美景。‡這棟房子屬於英國一級古蹟，在全英37.5萬處古蹟排名前2.5%；而這37.5萬處古蹟裡面大約有一半是教堂，剩下又有許多無法作為住宅使用，像是納爾遜紀念柱（Nelson's Column），或是倫敦皇家歌劇院（Royal Opera House）。

　　所以，在英國大概只有2,500處一級古蹟可供居住，§這種種尊榮我都是不花一毛就能得到。如果是一幅畢卡索的畫，售價可能會比貝斯沃特路（Bayswater Road）藝術市集買的畫高上十萬倍；但由羅伯特‧亞當設計的房子，售價卻和同個地段不知名建築師同樣大小

† 這座城堡現在有個名字更出名：唐頓莊園（Downton Abbey）。
‡ 而且，前任屋主還可能會給你留下一台免費的切麵包機喔。
§ 白金漢宮也是其中一處。

的房子相去無幾。最近，在諾丁丘（Notting Hill）有一棟由現代主義建築師麥克斯韋・弗萊（Maxwell Fry）與華特・格羅皮烏斯（Walter Gropius）操刀的公寓要出售；這棟公寓貴到令人咋舌，但原因是它在諾丁丘，和隔壁的公寓比起來並不特別貴。

圖 4

所以，如果想買真正便宜的藝術品，買棟房子是不錯的選擇。

跟別人不一樣的好處

我之所以能不花額外成本就享有這棟棒透的建築物，是因為我在買房子的時候，用的是和買那台切麵包機一樣悖離常理的邏輯：我重新決定方案，試著在做決定時拋下所有一般的假設。我想著大多數人搬家的時候

會怎麼選，於是意識到，如果定出的條件和大多數人一樣，最後就得和大多數人一起搶某些房子。而且，另一方面我也意識到，如果能定出一套與眾不同的標準，應該就能找到某個被低估的物件。在競爭激烈的市場裡，擁有（以及培養）一些古怪的口味會是件好事。

大部分人買房的時候，心裡的優先順序大概是這樣：（1）決定預算；（2）決定區域；（3）決定想要的房間數；（4）決定其他條件，像是院子要多大。建築品質並非優先考量，而且又因為難以量化而被進一步低估。如果你可以說服自己重視某種別人不重視的項目，就能用低得多的價錢享受一間絕佳的住宅。*

我在搬家前就決定想住個比較有趣的地方，於是重點比較不是在哪個地段、有幾個房間，而是更著重建築本身。這種特立獨行的方式，肯定能把地位妒羨（status envy）的程度降到最低。我們夫妻有時候會去拜訪一些有錢到不行的朋友家，而在回家的路上，太太會問：「你覺得怎樣？」我回說：「房子是真的很大啦，但我總覺得那建築手法有點蹩腳。」

---

* 如果是美國讀者，或許可以看看 Wright On The Market 網站。這個網站列出的待售房產正是由建築大師法蘭克・洛伊・萊特（Frank Lloyd Wright）設計。

前面提過，我家在二樓，而房子裡並沒有電梯。*
但我同樣是用不同的觀點來看這件事。沒電梯，代表你
保證每天都得運動個幾次，實在是件好事。於是在我看
來，沒電梯不再是這間公寓的缺點，反而像是有間免費
的健身房。

這裡可以給我們兩件教訓。第一，如果其他人都講
邏輯，自己也講邏輯並不見得是件好事。在為某項決定
辯護和解釋的時候，理性邏輯很好用，但不見得是找出
解答的好辦法。原因就在於，傳統理性邏輯是種直觀的
思維過程，人人都能平等擁有，結果也就是所有人都抵
達同個目的地。當然這也不見得永遠是壞事，如果是要
買像烤麵包機這種量產的產品，了解主流品味通常會很
有利。然而，如果今天要挑的是某些貨源稀缺的物
件，†當個古怪的人就會有好處。第二，對於什麼叫做
「重要」，我們並沒有一個真正統一的衡量標準；同一件
事（像是沒電梯）既能視作詛咒、也能視為祝福，一切
都看你怎麼想。根據你會注意到什麼、用怎樣的思考框
架，就會對決策造成影響。

---

* 一樓比我們這間貴20萬英鎊，主因就是電梯問題。
† 像是房地產、海灘或是另一半。

　　做決策的時候，我們應該時不時注意自己是否把太多心力放在數字指標上。在買房子的時候，各種數字很容易就能比較（像是有幾間房間、坪數、通勤時間），於是也就可能完全占據我們的注意力。至於建築品質，因為沒有某個明確的量化評分，通常排不上我們的優先項目。然而，光是因為「無法用數字來表達」就認為這比較不重要，實在沒有道理可言。

就算在科學界，成功也很少是靠著科學

　　我們常常並未好好運用推論能力。該判斷解決方案好壞的時候，標準實在太低；要決定可以用哪些方式找出解決方案的時候，標準又設得太高。推論確實是一種很好的評估工具，但我們現在彷彿把推論變成唯一能解決問題的工具，而事實並非如此。看看過往的偉大發現與發明，相對之下，很少是靠著一步一步演繹推理得來的。例如石墨烯，這可能是過去 30 年間數一數二的重大發現，發現者是曼徹斯特的物理學家安德烈・海姆（Andre Geim）‡，但他創造這種物質的靈感來自玩弄鉛筆

---

‡ 這項發現讓他得到諾貝爾獎。

石墨和膠帶；這兩樣東西任何人只要去文具店都買得到。

海姆談到自己做科學的方法：「每過幾年，我就會從一項研究課題跳到另一項研究課題。我並不想讓自己像某些學者一樣，『從搖籃到棺材』都研究同一種東西。為了做到這點，我們常常會做一些『打了就跑的實驗』，也就是去試一些理論上不可能成功的實驗；當然，這些實驗多半就是不會成功。但有時候我們可以挖到寶⋯⋯這種研究方式聽起來很有吸引力，但在心理上、精神上、身體上，以及爭取研究經費上都非常困難。只不過，就是很好玩。」

我們對科學方法總有種過度迷戀，但海姆很清楚，所謂的科學方法有許多時候是融合運氣、實驗和直覺猜測，才能得到關鍵突破；推理是事後才做的事。然而為了得到經費，他得向官僚機構把自己的作為說出一番道理；只不過，以為世界上有種完善的科學流程、只要照做就肯定會有進展，似乎是種太理想的不切實際。

美國出色的物理學家理查・費曼（Richard Feynman）曾在 1964 年的一場演講談到自己的研究方法：「大致說來，我們尋找新定律是依據以下步驟。第一，做些猜測⋯⋯接著，計算猜測的結果，看看如果我們猜得對會有什麼意義，再取得真正計算後的結果⋯⋯與現實中的

體驗加以比較，也就是直接和觀察到的情形比較，看看說不說得通。這話說來簡單，但就是科學的關鍵。不管你的猜測有多精妙、你有多聰明、是誰來猜、有什麼來頭，都不會有任何影響。只要和實驗結果不符，就是錯的。事情就是這麼簡單。」[3]

> ❝ 只要是個好猜想、可以觀察，就能算是科學。所謂的好運也是如此。❞

　　政商人士不懂這件事，於是在判斷某個決定的好壞時，看的是「產生決策的過程是否嚴謹」，而非「判斷結果好壞的方式是否嚴謹」。對他們來說，只要有了嚴謹的理性推論，就能「看起來很科學」，就算用錯地方似乎也沒關係。但到頭來，難道只因為抗生素、X 光、微波爐或心律調節器一開始發現時是運氣好，我們就拒用嗎？* 大概只有精神不正常的純粹主義者才會有這種想法，而且這樣的人最後大概會覺得很餓、很無聊，甚至很可能根本活不下去。科學的進步是如此，商業也是

---

* 更多資訊可參見保羅・法伊爾阿本德（Paul Feyerabend）1975 年的經典著作《反對方法》（*Against Method*）；或是彼得・麥達瓦爵士（Sir Peter Medawar）的著作。

如此。繼福特的 T 型車（Model T）之後，iPhone 可能是史上最成功的產品；而 iPhone 的研發並不是為了滿足什麼消費者需求、也不是不斷和焦點團體反覆商討後的成品。一切就是一個精神稍微有點不正常的人，抱著一種偏執的概念催生而成。[*]

　　然而，講到要為各種公共政策和商業問題找對策，我們卻老是只抓著「理性量化」不放。在這種緊張又官僚的文化下，心胸封閉，太強調要用符合規範的方法，卻忽略這樣找出的解決方法究竟能有多少價值。於是我們就會錯過某些可能的解決方案，不是因為證明了不適用、而只是因為並非出於某些大家認可的方法。結果就是商業或政治都變得索然無味，而兩者原本都不用這麼無聊。賈伯斯要學生「留住渴望，留住傻勁」（stay hungry, stay foolish），而這句話蘊藏的價值可能比表面看來更高得多。畢竟這正是創業者的特色，不用每次做決定都講什麼道理，不用像其他在企業或機構體制下的

---

[*] 賈伯斯還患有一種很不尋常的恐懼：「懼鈕扣症」（koumpouno-phobia）。請參見本書第 4 章。

人一樣受到限制，而能夠自由實驗各種方案。[†]

　　我們總是太快就接受那些合理的想法，又太常去懷疑那些不符合直覺的想法。像是看到產品銷售不佳，如果你提出「降價」這種合理而無聊的建議，肯定二話不說就能得到批准，但如果你提出的建議是要把產品重新命名再賣，這下就會被要求提出繁瑣的 PowerPoint 簡報、組成研究小組、完成多變項分析、還有天曉得什麼其他的步驟，[‡]一切就只是因為這個想法不符合傳統邏輯。然而，那些最有價值的發現，正是那些一開始看來說不通的想法；否則，早就有別人發現了。此外，比起那些高人氣、顯而易見、早就有人試過的想法，那些大家不喜歡的想法可能效果會更好。

> 我們應該去嘗試那些違反直覺的事……因為沒有別人會做。

[†] IBM 成立 PC 部門的時候，也刻意把這個部門放在佛羅里達州，與他們在紐約的總部分別位於東岸的南北。這也正是為了避免管理主義扼殺創意，為 IBM 創辦人華生（T.J. Watson）稱為「野鴨」（wild duck）的創意保留一些實驗的空間。

[‡] 整個過程可能讓你耗上好幾個月的寶貴生命。

山頂的風景

　　現在，想像你正在登上一座沒人爬過的大山。從山腳往上看，因為地形高低起伏，遮蔽了地勢，無法判斷哪些山坡才能真正通向山頂。這時的登山之旅就得要不斷嘗試錯誤：發現行不通就放棄，常常必須原路退回或披荊斬棘。過程中，你的許多決定可能只是靠直覺、靠運氣。但等你終於到了山頂，回頭一望，就會發現一條最理想的路線真是顯而易見。從山頂向下看，看出原本該走的最佳路線之後，這也就成了「標準路線」。等到你向其他山友描述怎麼登上山頂，你會假裝自己本來就是走這條最佳路線：雖然是靠著事後之明，但你卻說是靠著自己的良好判斷能力而挑了這條路。

　　這算是說謊嗎？可以說是，也可以說不是。* 在你的登山過程當中，你確實可能走過這條最佳路線的部分、甚至是全部。† 而且，你說的也就是肯定有一條路可通往山頂，只不過你第一次爬的時候並不確定。另外，這條路確實存在，所以你說從這條路爬上山頂也完全沒錯。但從另一個觀點來看，這也是一個漫天大謊，因為

---

* 而且多半就是說謊。

† 只不過，你的真實路線也可能和最佳路線完全不相交。

這種說法是對你如何登上山頂做出了完全不實的陳述，讓人誤以為靠的是理性決策、最佳化和順序邏輯，但實際上靠的是嘗試錯誤、優秀的直覺、以及運氣。‡

　　我寫到這句的時候，電視上正在播一齣偵探劇，講到怎麼抓到兇手，用的就是這種「選擇性剪輯」的手法。一般來說，偵探劇只會演出那些與罪犯逮捕相關的資訊，至於偵探小說倒是還能談到一兩個故弄玄虛的情節。然而，實際偵察過程總會四處訪查而一無所獲、或是問了諸多問題卻毫無意義，但不論是戲劇或小說，都不可能選擇完整呈現。正如希區考克（Alfred Hitchcock）所言：「所謂戲劇，就是把那些無聊片段刪掉的生活。」

生活中的「事後之明」

　　我們總是會不斷重寫過去，把那些非屬關鍵的部分刪掉，創造出自己的一套敘事；過程中也會用自己的意識意圖來取代那些其實是運氣和隨機的部分。像是我有個朋友曾說自己會搬到現在住的地方，就是因為附近有

---

‡　在古代宗教裡，有許多男女神祇都代表著命運，例如象神甘尼許（Ganesha）、希臘女神堤喀（Tyche）、羅馬女神福爾圖娜（Fortuna）等等，並不會把所有的結果都歸因於人類個人的理性機制，說來搞不好比現代理性主義更為客觀。

家高級餐廳，但他完全忘記那家餐廳是他搬家後才開的。現實生活幾乎所有事情裡，我們受到演化影響的程度都高於我們願意承認的程度。我在廣告業待了這麼久，很清楚我們每次提案都是先有點子，事後才想理由，並在簡報的時候講得煞有介事，彷彿一切都是理性的產物。

　　我並不是說廣告業都完全沒有計畫、只是隨機找答案，也並不是說我們並未在過程中運用資料及理性判斷。然而，想找出真正全新的點子時，潛意識的直覺、運氣以及隨機的實驗其實占的比例極高，遠超過我們承認的程度。在以前，我每次得把各種點子講得好像是出於純粹的歸納邏輯，都會覺得有點難過；但後來我才意識到，我們在日常生活總是這麼做。無論是商業、天擇的演化，甚至科學都是如此。

　　目前看來，甚至數學家也知道，發現的過程就是與證明的過程不同。像是賽德里克‧維拉尼（Cédric Villani），他曾獲頒菲爾茲勳章（Fields Medal），一般認定這是數學家能獲得的最高榮譽。他的獲獎原因是「證明非線性藍道阻尼，以及對波茲曼方程式收斂至平衡態的研究」，而他說：「數學家有兩個關鍵步驟。先用直覺來猜測正確的問題與正確的解決方案，再用邏輯來

證明。」

　　但我們一般人都把第二步和第一步混為一談。我們一心認為，在進步的當下，一切就像是日後回顧一樣清楚明瞭，而且我們也希望各種點子的形成過程可以像日後分析時一樣直截了當，也就是認為在找出解決方案的過程中，並沒有直覺與運氣的成分。然而就實際經驗來說，我們就不是以這種方式得到各種發現。如果連物理學與數學都是如此，講到人類行為，應該就更是如此。

　　在 WPP 集團年度報告的前言裡[4]，傑瑞米・布摩爾舉例時就提到阿基米德在浴盆裡的發現（雖然他知道這件事不見得是真的，但總之能用來說明一項重要真理）。故事是這麼說的，在敘拉古（Syracuse）有個暴君希羅二世（King Hiero II），把一批黃金拿給手下的金匠，要給聖殿打造一頂還願冠。但等金冠到手，他又懷疑金匠偷天換日、把部分的黃金偷偷換成白銀。希倫二世把找出真相的任務交給阿基米德；當然，阿基米德知道當初這批黃金有多重，但如果要判斷金冠是否真由純金打造，需要知道金冠確切的體積。

　　最合理性邏輯的辦法，就是把金冠給熔了、做成金磚，這樣輕輕鬆鬆就能得知體積，只不過這樣金冠也就毀了。而在阿基米德苦惱尋求解答的過程中，希羅二世

也愈來愈不耐煩。這個問題日夜困擾著阿基米德，就連泡澡時也不例外，他最後終於發現自己坐進浴盆的時候，水位會上升，而離開浴盆、水位就下降。正如布摩爾所言：「他所觀察或遇到的事情都可能與這個揮之不去的問題有關。」像這時他終於找到方法，能夠測量複雜的固體體積，但可不知道究竟是怎麼找出來這個方法的。

布摩爾指出，相較於那些說自己的實驗都經過精心計畫的人，每當有人說自己很依賴直覺，常常會不以為然。而他想像，如果今天阿基米德要回頭談論如何找出這項發現，寫成一篇科學期刊文章，大概得這樣寫：

> 我理性思考了這個問題。由於體積的定義就是所占據的空間，所以我認為，只要先得知某份液體所占據的空間，接著分別在將某個固體浸入液體，測量這份液體前後體積的變化，兩者間的差異（我稱之為「置換」）必然恰好等於所浸沒固體的體積。於是，唯一的要求就是選用容器，必須是適當的大小，並且容易採用常規的線性測量。

當然，布摩爾的重點在於，這些說法很能用來解釋某個想法或發現，但要說一開始是這樣想到這個點子並不符合事實。他進一步指出，我們總喜歡將各種成功歸因於有計畫、符合科學的方法，而刻意淡化各種意外、未經計畫的因素，然而這種做法不但會造成誤導，甚至可能有礙於我們的創新。

到了這步，很適合再問下一個蠢問題了：理性的邏輯推理到底是為了什麼？這個問題乍看實在太荒謬，但如果從演化的角度來看，絕不是個無所謂的小問題。畢竟就我們所知，地球上其他生物並沒有邏輯推理能力，但似乎也都活得好好的。確實，人類有了邏輯推理能力，似乎比起其他動物就顯著占有優勢；要是沒有邏輯推理，許多在科技與文化上的成功絕無可能。但從演化的角度來看，這些成功肯定都只是些副產品。原因就在於：演化並沒有「長期規劃」這一套。*

選擇性講道理也是為了生存

因此，人類能占有這些優勢，肯定還有別的原因，

---

* 舉例來說，演化並不會說「嘿，讓我們幫大腦加個功能，好在100萬年後來個阿波羅計畫吧！」

而我們也必須去問，人類演化出理性的邏輯推理能力，究竟是為了幫助人類做決策、或是還有別的原因？確實，我們一心有意識的相信自己的行為都是由理性引導，但光是我們這麼相信，並不代表事實一定是這樣；很有可能只是因為這麼相信這在演化上會有好處。

關於理性究竟有什麼用，大概十年前才有人提出一種令人訝異的解釋，稱為「爭論假設」，* 認為人腦中出現理性的邏輯推理，並不是為了告訴我們該做什麼、該想什麼，而是為了向別人解釋或提出辯解。換句話說，是因為人類是種高度社會化的物種，才適應發展出這種能力。運用邏輯推理，我們可以看穿別人的謊話、解決爭端、對他人發揮影響，或是事後解釋自己的所作所為。但說到個人決策，邏輯推理似乎就沒有那麼重要。

在我看來，這套理論很多地方都言之成理。首先，這能夠解釋為什麼人類很少講道理、總是選擇性講道理，而且最重要的是講起道理總是為了自己。再者，這能夠解釋為什麼只要我們已有既定立場、或是已經做出決定，我們總能找出一套藉口。而且，這能夠用來解釋

---

* 由丹・斯珀伯（Dan Sperber）與雨果・梅西耶（Hugo Mercier）提出，並在 2017 年的《理性之謎》（*The Enigma of Reason*）有完整闡述。

確認偏誤（confirmation bias），也就是人類只想找到或接受能夠支持既有信念的資訊。最後，這套理論還能解釋「適應性偏好的形成」（adaptive preference formation），也就是我們為了讓自我感覺更良好，會改變對現實的認知。在他們所提出的這套模型中，理性在大腦中所擔任的角色並不像笛卡爾以為的是負責科學與研究，反而是負責法律與公關。

　　這項理論很值得我們來了解一下，應該能讓我們看清楚人類的理性究竟能做到什麼、又不能做到什麼。†此外，也能讓我們知道如果濫用或過度使用理性，可能造成怎樣的反效果。如果能夠掌握所有相關事實，集體或自利的論證就能發揮得很好；所以像是在物理科學領域，各種變項都很清楚、都能用數字來表達，理性的邏輯推理也就能夠大顯神威。但到了社會科學領域，一切就不是這樣；許多人關心的心理因素就是無法量化，也沒有什麼公制單位能夠表達事情的重要性高低。

　　在物理科學中，原因和結果的關係一清二楚；在行為科學中，原因和結果的關係可就複雜得多。

---

† 舉例來說，不論對方講得再有道理，如果我們在情感上無法接受，又或是對方不受我們喜歡或信任，我們就很難把話聽進去。

原因、情境、意義、情感、結果。

理性的過度使用

　　許多論點雖然顯然合理，卻很難改變人們的想法
（而且我們其實應該對這些論點多些懷疑），原因之一就
是現實生活要提出這些論點實在太容易了。就像是前面
提過的「GPS 邏輯」，只要仔細挑選想把哪些資料放進
模型、並剔除那些你不想面對的事實，任何行動都能找
到貌似合理的藉口。正如我之前所說，無論是在英國輸
掉脫歐公投的留歐派，或是在美國輸給川普的民主黨
人，都認為自己這一方在道理上更站得住腳，但你得是
非常死忠的留歐派或民主黨人，才能無視己方論點十分
狹隘的事實。

　　擁有的資料愈多，就愈容易找到證據，證明某些錯
誤、只關心自己的論點。而到了未來，有了大量的資
料，並不會解決爭論，反而會讓爭論更糟。

為什麼高效率不見得總是最好的選擇？

　　過去的幾十年間，無論是商界、科技界甚至包括政

界，都在不斷追求具體的效率提升。但他們忘了問，民眾對效率的喜愛，真的有經濟理論以為的那麼高嗎？我把這件事稱為「門衛謬誤」（doorman fallacy），如果你的策略完全只成為「節省成本」與「提高效率」的代名詞，就會發生這種謬誤；你把飯店門衛的角色定義為「開門」，就會以「自動開門」這種機制取代門衛。而這裡之所以會出現問題，是因為門衛除了名義上的「開門」，事實上還隱含許多價值：幫忙叫計程車、維護安全、嚇阻流浪漢、記得房客身分，以及令人覺得飯店尊爵不凡。甚至，有門衛的飯店收取的住宿費也比較高。

如果只用狹隘的經濟觀點來看某項業務的所有功能，最後就會落入同一套處理方式：將某件事賦予一種狹隘的定義，接著加以簡化、自動化、甚至完全刪除，而把省下的資金視為利潤。這會不會也是出於一種爭論思維，我們只是想贏得辯論、而不是想做真正對的事？

我有一天打電話給某家公司的客服中心，而那次的經驗堪稱典範：客服人員熱心助人、無所不知、魅力十足。那家公司是奧美的客戶，所以我問了他們，為什麼能讓電話客服的表現如此出色。但答案令我意想不到：「真要老實說的話，可能是因為我們不小心給太高的薪水了。」

　　那個客服中心離大城市超過 30 公里，員工都是當地人，薪資合理、又不用每天通勤一小時，於是一待就是幾十年，對工作內容熟練自如。在他們身上幾乎不用再花什麼培訓和招募成本，而且客戶滿意度高得驚人。這些員工不再被視為成本，而是公司成功的重要因素。

　　但如果用現代資本主義的觀點來看，總有一天，會有一些目光如豆的顧問在董事會上放些 PowerPoint 簡報，標題寫著「透過離岸外包與資源管理，合理化客服成本」之類，而在幾個月之後，要不是整個客服業務被轉移到海外，就是這批曾經很開心的員工將被迫簽下零時合約（zero-hour contract）。很快的，顧客就會因為根本聽不懂客服的口音而不下訂單。但公司在意的只有在提出季報的時候，能有一張圖表列著一項重點：「透過電話客服中心的搬遷／精簡，節省勞力成本。」

　　時至今日，上市公司的主要活動很少在於創造滿足市場需求的產品。管理高層的注意力多半是用來創造出一套貌似合理的效率故事，好讓財務分析師能夠滿意。但這些分析師很少真正了解他們號稱要分析的業務，只懂試算表上能呈現的資料。所謂節省成本的做法，變成只要符合標準經濟理論，而無需真憑實據。企業裡開始有一項簡單的原則：不管你的決定造成多糟糕的結果，

就算預測的準確度低得就像拿著金屬棒尋找水源或讀手相，只要你乖乖聽經濟學的話，就絕不會被開除。

經濟學裡的優勢不等於商業上的優勢

以行動電話、寬頻、市話、第四台的所謂「四合一服務」（quad-play）為例，目前英國的經濟正統觀念認為，行動電話業者也必須提供寬頻、市話和第四台服務，而第四台業者也必須提供寬頻、行動電話和市話，以此類推。這種做法背後的「經濟學」*論點認為，提供四合一服務的時候，能夠同時享有後台效率、規模經濟與價格領導優勢；經濟模型的結論認為，只要是這四項服務最便宜的供應商，就能取得市場的主導權。但在現實生活裡，這些四合一服務受歡迎的程度，就和包了狗屎的三明治不相上下。人腦經過演化的校正，就是不會為了一心追求經濟最佳化而甘願冒著系統災難的風險。四合一服務像是把四個雞蛋都放在同一個籃子裡，會讓我們感到危險：假設哪天你覺得自己的手機漫遊費高得不合理，想要拒付，業者就能同時切斷你的手機、電視、寬頻和市話。除此之外，誰想每個月收到這四項服

---

* 也就是愚蠢。

務費用加總的帳單呢？ *

在過去，企業會各自測試各種不同的理論，看看哪種最能滿足顧客需求，而孰優孰劣就交給市場來判斷。然而時至今日，企業是不是已經放棄這種傳統、對社會有益的角色？一切似乎已經簡化成一種一神論的「效率教」，有著一套經過批准、關於規模經濟與節省成本的管理咒語，只要能在財務至尊面前背誦出這套咒語，就不會有人提出任何質疑。

多年前我曾經和英國某間規模數一數二的企業執行長共進早餐，而他才剛被倫敦金融區的一群分析師給折騰了一番。各位如果不熟悉現代商業，就很難理解這群分析師到底對這位執行長有什麼不滿；當時，他的公司販售的一項產品既是市面上要價最高的產品，也搶下最高的市占率。這哪可能有什麼問題？各位大概會以為這群分析師應該要感恩戴德才對，但情況正好相反，他們聲稱在某個類別裡最昂貴的產品絕不可能同時在市占上搶下第一，所以提出建議，認為必須降價、否則就得等著看市占率下滑。而我今天去查了一下，時間已經過了

---

* 有一次，我把每個月花在寬頻、市話、行動電話和第四台的費用加總起來，結果我太太還得苦口婆心勸我活著仍然是件好事。

七年，那項產品的價格仍然居高不下，而且市占率還比當時更高出一截。

　　這群經濟正統派可真是夠了。事實上，價格高、市占率也高的產品並不少見，這些金融分析師每次從口袋裡掏出 iPhone、† 或是摸出奧迪（Audi）鑰匙的時候，都應該要意會到這件事。然而在這些人看來，比起看到公司能夠成功向許多人供應優質的產品，這些人更想看到的是公司的營運方式能夠符合經濟理論。一年前，我的老闆就在沒有詢問任何意見的情況下，用短短一個週末把全球所有員工（共約七萬人）的電子郵件信箱轉移到一個新的平台。許多使用者都覺得新平台比以前差很多，但老闆這麼做只是認為「至少現在可以集中管理」。我真正感到驚訝的一點在於，公司並未安排任何測試來查看新平台可能對生產力造成的影響。我們這七萬名員工每天可能得花三小時以上來處理電子郵件、傳訊息、將任務記上行事曆，所以就算平台只是慢個 5％，都會

---

† 也是這樣的經濟正統派想法，讓分析師鼓勵蘋果推出苦命的 iPhone 5c（經典 iPhone 的廉價塑膠版）。他們的論點認為，如果沒有一個低價版，蘋果就無法搶下夠大的市占率。這項產品終告失敗；那些買不起新 iPhone 的人早就已經找出解決辦法，他們會去購買或是接手別人的舊 iPhone，而不會去用一個明顯差人一截的廉價版。

浪費大把時間在原本應該能夠發揮生產力的地方。

然而，公司就是沒有做什麼測試，因為這件事的目的並不是為了提高生產力，只是想讓分析師以為我們「透過後台整合，節省 IT 成本」。就這件事而言，雖然這個平台在我們開始採用之後有所改進，但說到頭來，像這樣一心節省成本而不考慮隱藏風險的做法實在令人十分驚恐。大型商業組織究竟為什麼要用這樣的意識形態來營運？理論上這是共產主義才會有的缺點。

運氣也是一種實力

自由市場資本主義有一種特性大家都不提，因為提了覺得有點尷尬，但卻又十分重要，那就是自由市場資本主義常常獎勵一些幸運的白痴。就算你的智商只有 80，只要能在對的時間剛好抓到某個利基市場，就能賺進大筆財富。同樣的，就算你拿了世界上所有能讀的MBA 學位，又想出某個天才點子，只要你太晚（或太早）進入市場，最後還是只能慘賠作結。

對於某些將智力奉為圭臬的人來說，看到能力與成功如此不成正比總覺得太不公平。但這也正是市場如此美妙的原因：不管你的理性邏輯能力高低，市場都不吝給予報酬獎勵。確實，我們有時候會覺得不「應該」讓

人因為運氣來得到豐碩的回報，但如果一套系統不能允許幸運事件的存在，就會失掉大部分的優點。畢竟演化不也就是一連串幸運事件的結果嗎？同樣的，有些餐廳雖然門可羅雀，但就因為整個商業體系覺得合理判斷應該可以賺錢，於是不斷給予補助苦撐；這到頭來絕不會有好下場。

理論而言，自由市場主要的重點在於讓效率最大化，但實際上，自由市場的效率根本就很差。要說喜歡資本主義是因為它的效率過人，就像是說喜歡巴布・狄倫（Bob Dylan）是因為他的歌聲美妙：雖然是個很正確的立場，卻是出於完全荒謬的理由。市場機制的效率並非差到無法接受，但這絕對不是市場機制的主要優點，因為「競爭」這件事的效率就是非常低。在我住的地方，大約有八家不同的生活用品百貨可供選擇。而我敢肯定，如果把所有店家都合併成為一家巨大的「全民生活用品大百貨」，保證能更「有效率」。*

這裡沒考慮到的因素，就是「半隨機變異」。真正的自由市場會犧牲效率，換取「能夠通過市場測試的創新」，這件事就是很講運氣。我們之所以需要這種效率

---

* 我也同樣敢肯定，這家店一定糟到不行。

低落的程序，是因為消費資本主義有諸多成功結果其實並未經過事前計畫，只有到了事後之明，才能看出究竟是何道理（甚至有時候還是看不出什麼道理）。舉例來說，講到把客服中心移往海外人力成本較低的國家，很少有公司會先測試究竟效果如何。大家這麼做常常只是為了跟風，搭上一股要降低成本的熱潮。

　　下面一個例子也很能看到現代企業常常在經濟學理論大有問題的時候還深信不疑。倫敦西區的劇院常常會針對曾經去看戲的觀眾寄出電子郵件，鼓勵他們預訂下一檔戲劇的門票。我有個朋友就是負責這種工作，擔任某劇院的行銷主管，寄送電子郵件。慢慢的，她發現一些違背傳統經濟理論的情形：照實際情況看來，如果你寄出某場戲劇或音樂劇的促銷電子郵件，並在信裡提供購票優惠折扣，實際賣出的票數反而會變少！而相較之下，如果是以原價售票，售出的票數反而比較多。

　　如果從經濟理論看來完全不合道理，但在現實世界就完全合理。畢竟，如果賣票的時候提供優惠，不就代表還剩很多票？那這場演出的娛樂效果應該沒那麼好吧？如果你得花上將近 200 英鎊、特地安排上個高級餐廳、找地方停車、還得請保母照顧小孩，可不希望最後看的這場演出還不比在家裡看電視更有趣。所以，民眾

之所以不想買優惠票並不是因為他們很笨，反而是顯示出高度的二階社交智慧。

然而，雖然我的朋友發現這件事，她的同事仍然要求繼續提供優惠價給顧客。她很耐心的向他們解釋，提供優惠只會讓需求降低，最後不但票價變低、能賣出的票還會變少，但那些同事還是堅持提供優惠就對了。他們之所以如此堅持，是因為即使從實際經驗來說是錯誤的做法，但從經濟角度看來仍然合乎邏輯。如果打完折後有三成的座位沒賣出去，他們會假設用原價也肯定賣不出去。相較之下，如果她沒有提供優惠，就算最後只有兩成空座位，她也會備受責備，認為如果有折扣就應該能夠多賣一些。員工的動機並不一定能和企業的利益一致：這裡最安全的做法並不是去追求利潤，而是要能找出一套合理的藉口。畢竟，從沒有人是因為「假裝經濟學是對的」而遭到開除。

前面提過一次慈善募款活動，那些理性、合邏輯的改進方式終告失敗，而非理性、講心理的改進方式則得到成功。如果我們願意放下堅持，不要什麼事都只在意大腦前額葉皮質、而忽略大腦的其他區域，到底還能找出多少其他解決方案？這就是我在下一章要談的內容。

2

用「包裝方式」奇襲人類
心理，就能點石成金

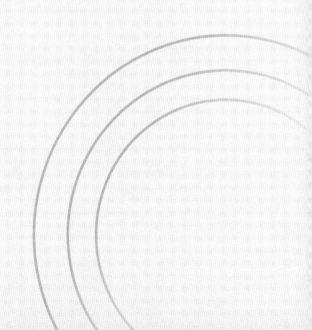

放下邏輯，就能享有美妙的魔法

在中世紀晚期，科學轉錯了彎，得到「鍊金術沒有用」這個錯誤的結論。當時，許多人投入多年心力，希望將各種卑金屬變成黃金，卻發現怎樣都不成功之後，他們就放棄了。

而到後來，牛頓提出熱力學、提出能量守恆法則，但情況並未因此好轉，反而造成重大的誤導，讓所有人都認為不可能讓任何事物憑空出現。物理法則告訴我們，便宜的金屬不可能創造出昂貴的金屬；要發出能量，必定是犧牲其他某個地方的能量。雖然就物理學本身這個狹隘的觀點看來確實如此，但如果應用到截然不同的心理問題，這一切就會大錯特錯。

> **講到人類的心理，就是沒有這些定律：一加一可以等於三。**

而到後來，經濟學家也同樣搞來這一套灰暗的想法，認為我們無法真正創造或毀滅什麼東西。他們說：「天下沒有白吃的午餐。」於是造成一種可悲的結果：沒有人再相信魔法了。然而，這世界上就是有魔法，存

在於心理學、生物學、感知科學的領域，但並不存在於
物理和化學領域。而且，我們確實可以施展各種魔法。
智威湯遜這家廣告公司曾經有一套考試，用來測試應徵
的文案人員。其中有一道很簡單的題目：「現在有兩個
一樣的 25 分硬幣，請試著把右邊那個賣給我。」當時，
一位優秀的應徵者懂得鍊金術這一套，他說：「我會把
右邊那個放進瑪莉蓮夢露 * 的包包，再拿出來。接著我
就能賣給你一個『瑪莉蓮夢露曾經擁有的 25 分硬幣。』」†

> 如果講的是數學，2 ＋ 2 ＝ 4，沒有其他可
> 能。但如果講的是心理，2 ＋ 2 就可能大於
> 或小於 4，這要由你決定。

　　我們真正看的不是物品本身，而是物品帶來的意
義。物品本身是由物理學定律決定，但物品的意義就要
看心理學定律來決定。

---

* 當時她應該還在人世。
† 至於另一個比較古怪的做法，則是想辦法讓左邊的硬幣貶值，像
　是借給殺人魔傑佛瑞・丹墨（Jeffrey Dahmer）或連環殺手佛瑞
　德・韋斯特（Fred West）。這樣一來，大部分民眾大概就不會想
　要這枚硬幣（但搞不好在 eBay 還是能找到買家）。

　　像蘋果或迪士尼這種總會抓住機會來施展魔法的公司，常常就能登上全球市值最高、最賺錢的品牌列表；而你大概會以為經濟學家已經注意到這一點了吧？

　　酒瓶用得重一點，就會讓人覺得倒出的酒更為香醇。把止痛藥賣得貴一些，使用者就會覺得更有效。不管任何東西，只要大家覺得供應短缺，都會變得更想要；只要物品上面有知名的品牌商標，拿著這個東西也讓人更得意洋洋。

　　但遺憾的是，沒有人公開相信有魔法，也不會公開相信那些能施展魔法的人。如果你提出任何解決方案，表面看來能得到的價值遠超過需要投入的金錢、時間、心力或資源，對方要不是打死不信，更糟的還可能以為你在騙他。也就是因為這樣，企業成功的時候很少會認為這是行銷部門的功勞；雖然是行銷部門施展了魔法，但社會大眾比較願意相信成功是來自後勤物流、或是成本控制。

不該只用理性解決問題

　　這種對魔法的厭惡，有時候似乎成了一種道德原則，但就會帶來巨大的問題；大家下意識不去考慮各種魔法解決方案，導致提出的想法大受限制。也正是因為

如此，政府單位能想到的方案通常只有兩種，不是法律
強制、就是經濟鼓勵，結果忽略其他可能更具成本效
益、也無須如此強制的解決方案。舉例來說，英國政府
最近決定斥資 600 億英鎊修建一條高鐵，連接倫敦、伯
明罕和曼徹斯特，就是一個很好的例子。這項支出有兩
個目的：一方面是運用更新、更快的列車來省時，另一
方面則是為了提升載客能力。[*]

　　然而，這裡的問題在於成本。600 億英鎊顯然要價
不菲，而且要打造一條全新的鐵路也需要時間。新列車
確實能夠將每趟車程縮短約 1 小時，大致說來，從倫敦
到曼徹斯特將從目前的 2 小時 10 分縮短為大約 70 分鐘。
然而，我們得等到 2020 年代晚期才得以享受這樣的進
步，[†]而要人等上十年、只能省下 60 分鐘，實在很難說
是個誘人的提案。所以我提出一套魔法替代方案，只需
要花 6 個月，成本也僅僅需要 25 萬英鎊，就能讓人從
倫敦到曼徹斯特的時間縮短大約 40 分鐘、而且能增加
現有列車的載客量。

---

[*] 美國讀者或許會感到驚訝，英國這些年來的火車載客數一直在成
　　長。事實上，近年搭乘火車的英國人數創下自 1920 年代以來新
　　高。
[†] 等到開通，我早就已經退休了。

　　我玩的花樣很簡單：不要從後勤物流的角度來看，而要從乘客的角度來看。想把時間縮短 40 分鐘，不見得只能縮短待在火車上的時間（那很可能是整趟旅程最愉快的部分），只要能減少旅客浪費用來等車的時間就行。對旅客來說，只要是從 A 點到 B 點的時間快了 40 分鐘，就會有省下 40 分鐘的感覺。

　　而這並不難做到。目前如果要從倫敦到曼徹斯特或伯明罕，大多數乘客會購買預售票，雖然享有大幅折扣，但必須搭乘指定車次，一旦錯過就成了廢票。結果就是大家擔心會錯過車班，於是預留很長的容錯時間，可能在發車前 45 分鐘就已經到了車站。在這 45 分鐘內，通常會有兩班較早的車班發車，而這些火車上多半也還有空位。

　　我解釋道，想讓旅程減少 40 分鐘，該做的就只是寫一個行動應用程式，如果較早的列車有空位，花一點手續費就能改車票。顯然，有時候比較早的班次也會滿座，所以不見得總是行得通。但在多半的情況下，只要透過這種簡單的方式，就能讓已經在車站的乘客省下 20 ～ 40 分鐘。而且，這種做法還有提升載客使用率的額外好處：原本空著的位子能夠售出，而後面空下的位子又能夠再次銷售。

　　據我所知，政府並未認真考慮我的建議；畢竟，運輸分析師對於所謂的「改進」自有一套狹義、以各項指標為重的概念，而我的建議並無法放進那套概念當中。對那些分析師而言，只有省下實際的車程時間才叫做「省時」，但這樣一來，能夠用來解決問題的方法就實在太受限了。*

古代鍊金術

　　鍊金術士之所以在中世紀決定放棄，是因為他們看待問題的方式出了問題：給自己找了一個「化鉛成金」這種不可能的任務，完全以為事物的價值只在於事物的本質。那是個錯誤的假設，因為就算你無法改變原子結構，也能讓鉛變得跟金一樣有價值。你需要做的只是改變人類的心理，讓大家覺得鉛就像黃金一樣珍貴。畢竟，我們是在什麼時候會在意這到底是不是真正的黃金？

　　如果你覺得這根本不可能，請看看自己皮夾裡的紙

---

* 同樣的，想提升航空旅程的最佳方法可能不是製造出速度更快的飛機，而是效率更高的機場。

鈔；價值完全只出自於你的心理。價值的重點不在事物本身，而是看事物的那些人。所以，想要創造（或毀滅）某個事物的價值有兩種方式：改變事物本身，或是改變對事物的看法。

本書提出的一項論點是，幾乎所有真正成功的企業，不論怎麼假裝自己是因為理性邏輯而大受歡迎，多半其實是因為運用某種心理上的魔法技倆，而且有時候自己渾然未覺。Google、戴森、Uber、紅牛、健怡可樂、麥當勞、Just Eat、蘋果、星巴克、Amazon，都曾經有意無意的對我們的心理施展某種鍊金術。而在這些重要成功案例之外，我們也該記得有一票你從未聽說過的公司，也就是那些失敗的公司，這些公司的經營理念常常完全符合邏輯，卻因為沒能施展任何鍊金術，最後走向失敗。

中世紀的鍊金術士之所以無法成功，是因為一直死守著想要造成「質變」（transmutation）的想法，也就是要將某種元素轉化為另一種元素；但他們從沒想過，可以給鉛來一場品牌重塑（rebranding）。或許可以加入某種神祕的成分、或是運用某種拋光的技巧，讓鉛變得更閃亮一點，再給它一個叫做「黑金」的名稱。或者更好的辦法是學學法國那一套，靠著限制產地和出處，人為

營造出稀缺的情形，* 再把這種特殊的鉛稱為「里昂黑貂金」之類。由地區壟斷之後，就能維持稀有性，這樣製成的產品就能夠賣得比黃金那種無聊的舊材質更為昂貴。到了這步，需要的就只是一場盛大的公關活動：或許可以說服哪裡的國王，請人用這種材質來做一頂王冠，事情也就成功了一半。在當時，確實有些工匠運用自己的手藝、稀缺性與品牌塑造能力，達到類似的效果。像是利摩（Limoges）的琺瑯餐具，成分主要是銅，但當時就能以磅計價，算起來比黃金還要貴得多。†

普魯士的鍊金術

　　19 世紀的普魯士就有一場輝煌的鍊金術成就，王室讓鐵製首飾比黃金首飾更受歡迎，於是成功拯救公共財政。當時，為了籌資與法國作戰，瑪麗安娜公主（Princess Marianne）在 1813 年呼籲所有貴族與富有的女性捐出金飾，換成卑金屬製成的首飾。這些人捐出金飾，得到鐵製複製品做為回報，上面刻著「Gold gab

---

* 著名的例子像是香檳和勃艮地。

† 至於現代的印表機墨水，用容量計價也比黃金貴。

圖 5

「我捐出黃金換成鐵」。鍊金術讓鐵製首飾的地位變得比黃金首
飾更高。

ich für Eisen」（我捐出黃金換成鐵）。在這之後的社交
場合上，佩戴或展示鐵製的珠寶配件，也變得比佩戴金
飾更顯身分尊榮。金首飾只能證明你家裡有錢，但鐵首
飾則證明你不但家裡有錢，而且慷慨愛國。一位當代人
士就指出：「鐵首飾成了所有愛國婦女的時尚，展現出

她們對解放戰爭的貢獻與支持。」

確實，貴金屬本身具有價值，但「意義」也同樣有價值。而要讓意義變得更有價值，通常要耗費的代價比較不那麼高、對環境也比較不會造成傷害。畢竟，只要想清楚黃金首飾到底有什麼用處，就能了解這只是用一種極為浪費的方式來展現自己的地位。而這樣一來，只要有了適當的心理元素，就算用鐵也能同樣出色的完成這項工作。心理學對化學，一比零！

18 世紀的君主腓特烈大帝（Frederick the Great）也用過一樣的魔法來推廣種植馬鈴薯。透過這帖心理學的萬靈藥，馬鈴薯從原本毫無價值、乏人問津，化身成為受到重視的作物。他之所以希望這些 18 世紀的普魯士農民種植、食用馬鈴薯，是因為希望能夠找到麵包以外的碳水化合物來源，這樣一來就算麵包短缺，人民面臨飢荒的風險也能降低，食品價格的波動也能縮小。但問題在於，農民對馬鈴薯興趣缺缺，就算腓特烈推出各種威逼與罰款威脅，農民就是提不起興趣食用馬鈴薯。有些人的反對原因是《聖經》裡沒提過這種作物，也有一些人認為馬鈴薯連狗都不吃，人為什麼要吃？

腓特烈大帝於是決定放棄採用高壓強迫的手法，改用一些比較細緻的說服手段。他在皇宮領地上開闢一片

圖 6

腓特烈大帝墳墓上的馬鈴薯。

馬鈴薯田，並宣布這是一種皇家蔬菜，只有皇室成員、
或是經過皇室許可才准予食用。* 如果有什麼東西如此
專屬而難以取得，只會讓所有人都變得更想得到，可以
說是一帖「稀缺性的萬靈藥」。腓特烈大帝知之甚詳，
所以還特地在馬鈴薯田旁邊派駐警衛人員來保護馬鈴
薯，但也私下偷偷指示，可別保護得太認真。好奇的普

---

* 也像是17世紀英格蘭的切達起司，或是現代英國的天鵝肉。

魯士人發現，自己居然有辦法潛入這些皇家馬鈴薯田，偷取、食用馬鈴薯，甚至還能自己偷種這種尊榮專屬的作物。結果就是到今天，馬鈴薯這種絕佳的營養與能量來源在德國的普及程度與其他地方毫無二致。[†]

現代鍊金術

但你大概會認為，那種鍊金術放到今天可行不通了吧？這個嘛，你吃過智利海鱸（Chilean sea bass）嗎？[‡] 這正是此類鍊金術的產物，可以說是一套「語義鍊金術」。一片智利海鱸現在售價 20 美元，是高檔餐廳的盤中珍饌，但這種魚曾經有多年都叫做「巴塔哥尼亞齒魚」（Patagonian toothfish）。沒人想花 20 美元來一盤巴塔哥尼亞齒魚，但改叫智利海鱸之後，情況就大有不同。這個想法是由美國魚類批發商李伊・倫茲（Lee Lentz）提

[†] 我聽過一種謠言，談到許多嘻哈服飾品牌也採用類似腓特烈大帝的策略，故意讓自己的衣服比較容易被偷。到頭來，比起那些會乖乖買原價衣服的人，穿著這些被偷走衣服的人就是比較酷。同樣的，某些啤酒廠設計啤酒杯的時候，肯定是希望會被順手牽羊。有位客戶就告訴我：「他們免費拿到一個玻璃杯，我們的成本大概才 30 便士；但我們可以在他們廚房免費打廣告。」

[‡] 如果對魚沒興趣，或許可以考慮跳過接下來的幾頁。

出，而嚴格說來，這種魚的產地不在智利，而且也根本不是鱸魚的一種。*

　　倫茲的這種做法似乎是種欺瞞，但事實上，自古以來我們就常常會重新給海鮮取名字。鮟鱇魚（monkfish）英文原本叫做「goosefish」（鵝魚），紐西蘭紅魚（orange roughy）原本叫做「slimehead」（黏液頭），而海膽（sea urchin）也曾被叫做「whore's egg」（妓女的卵）。不久之前，英國沙丁魚（pilchard）也有過類似的情形。英國沙丁魚產地是在康沃爾郡沿海，經過鹽漬，運銷全歐，已經是為時數百年的美味佳餚。但近代有了冷藏冷凍技術之後，民眾對鹽漬魚類的需求也逐漸下滑（至少在葡萄牙以外）。「沙丁魚工廠」（Pilchard Works）是英國紐林市（Newlyn）的魚品供應商，老闆尼克・豪威爾（Nick Howell）表示：「這塊市場迅速萎縮，做這種生意的小商店都倒閉了。我知道得做點什麼。」

---

* 　就連大學也深知名稱的重要性。在1999年5／6月號的《美國遺產》（*American Heritage*）雜誌，約翰・戈登（John Steele Gordon）就發表一篇名為〈高估與低估〉的文章，認為伊利胡・耶魯（Elihu Yale）是美國史上「最被高估的慈善家」，談到耶魯大學之所以能從原本的學院達到今天這樣的成功地位，主要靠的是一位名為耶利米・達默（Jeremiah Dummer）的人。但因為Dummer在英文裡不夠好聽，校董並不希望校名是「Dummer College」。

　　幸運的是，豪威爾創意十足。他發現雖然康沃爾郡的人把沙丁魚稱為「pilchard」，但這種魚其實就是地中海地區的沙丁魚（sardine），而英國人還會特別跑去地中海品嘗這種佐檸檬與橄欖油的魚類佳肴，視之為時尚珍饈。[†] 所以，他改掉「pilchard」這個讓人感覺像是配給口糧的英文名，[‡] 改稱為「Cornish sardine」（康沃爾郡沙丁魚）。接下來，上超市想買法國沙丁魚的買家就被引誘買了康沃爾郡的「pilchard」。幾年前，豪威爾又向歐盟請願，成功讓康沃爾郡沙丁魚得到「原產地命名保護」（PDO），結果非同凡響：《每日電訊報》2012 年報導指出，英國大型連鎖超市特易購（Tesco）前一年的新鮮沙丁魚銷量狂漲 180％，部分原因就在於「康沃爾郡沙丁魚」的銷量大幅成長。這次的品牌重塑，讓整個康沃爾郡漁業重新活力煥發。

　　康沃爾郡沙丁魚也是地理鍊金術發揮作用的一個例

[†] 沙丁魚的拉丁文名稱是 sardina pilchard。

[‡] 更糟的可能是會讓人想到貓食。「pilchards」是英國很常見的貓食口味：如果你會把這種食物拿來餵寵物，實在很難讓人相信這有多稀有高級。但有趣的是，許多如今讓人覺得奢華高檔的食物，都曾在盛產地遭到輕視。有個知名的例子是 19 世紀蘇格蘭的家務人員曾經特別要求合約白紙黑字寫清楚：「每週提供鮭魚作為食物的次數不得超過三次。」

子。* 不論是在餐廳菜單或是超市的包裝上，只要在食物前面冠上一個地理或地形的形容詞，就能提高售價、而且還能提升銷量。伊利諾大學香檳分校研究指出，餐廳菜單出現這些敘述內容，銷售額就能提高 27％。

說到菜單的時候，形容詞的含金量似乎就是比名詞來得更高。甚至就連像是「多汁」（succulent）這種沒有精確定義的形容詞也能讓食物的人氣提升。牛津大學實驗心理學家查爾斯·史賓斯（Charles Spence）曾有一篇論文，討論的就是菜名對食客會有何影響。他說：「把菜色起一個有民族風的名字，像是用義大利文，民眾就會覺得這道菜更為正宗。」† 如果某道菜的描述很讓人心動，我們就更容易為之吸引、提出正面評價：「菜單敘述能把人的注意力導向菜餚的特色，也就有助於帶出某些風味和質地口感。」

> 永遠別忘了：我們注意力的本質，就會影響體驗的本質。

---

* 為國際讀者介紹一下，康沃爾郡位於英格蘭西南部鄉間，風景秀麗，擁有強大的美食家協會。

† 一樣是賣冰淇淋，「gelateria」（義式冰淇淋店）就是能比一般的「ice-cream parlour」（冰淇淋店）賣得更貴。

　　廣告通常也有類似的作用。[‡]廣告的效應，很大一部分就在於能否讓人將注意力引導到那些有益的體驗上，讓人覺得體驗效果絕佳。奇怪的是，菜單上有一種做法簡直是死亡之吻：如果在菜單放上菜餚的照片，似乎就會大大影響這道菜能開出的價格。原因為何，各方看法不一。有些人認為，是因為大家都認為廉價小吃店才會放照片；也有些人認為，精美的照片可能會讓人期望過高，結果食物真正上桌也就難免失望。而對我來說，有趣的是，許多像是「Five Guys」或是「In-N-Out」之類的漢堡潮店都只有簡單的文字菜單、沒有照片，但麥當勞卻是在液晶螢幕大量使用照片。是不是因為這樣，他們才沒辦法把漢堡價格調得更高？[§]

善意的哄騙

　　我們很容易覺得鍊金術是在胡說八道。而且老實

[‡]「廣告」的拉丁語源是anima advertere，也就是「引導注意力」。

[§]　日本是這個規則的例外。在日本，不但高檔餐廳會放上食物的高畫質照片，還會有一群技巧熟練的高薪模型達人，製作壽司和各種食物的模型，放在餐廳櫥窗中展示。如果是在倫敦、巴黎或紐約的餐廳，我不會建議這麼做。

說，我講的某些內容，後面也會證明是在胡說八道。但
有許多內容，像是為魚類重新命名、在菜名加上地理產
地、給鐵製首飾來場品牌重塑，都可以歸類成「善意的
哄騙」；能用在魚身上的這套方法，還能用來解決許多
更重大的問題。舉例來說，我們該怎樣才能鼓勵更多的
女性投身科技業？或者換個問題，怎樣才能避免科技業
在女性眼中那麼缺少吸引力？有一所大學找到了答案。
2006 年，電腦科學家暨數學家瑪莉亞·克拉薇（Maria
Klawe）獲任命為加州哈維穆德學院（Harvey Mudd
College）的校長。當時，該校主修資訊工程的學生只有
10％是女性。資工系訂出一項計畫，希望能夠透過入門
課程吸引一些女學生修課，讓她們感受資訊工程的魅
力、最後轉系以資工為主修。

　　於是，一門原本叫做「Java 程式設計入門」的課程
重新命名，改成「科學與工程問題的創意解決方法——
以 Python 為工具」。[*]教授進一步將這門課的修課學生分
成不同小組：沒有寫程式經驗的歸到金色小組，而有寫
程式經驗的人歸到黑色小組。[†]他們還實行一套「消除大

---

[*]　像「創意」和「問題解決方法」之類的詞，聽起來比較沒有那麼
　　學術宅。
[†]　請注意這裡的顏色應用也十分巧妙。

男人效應」的行動，男性如果在課堂展現炫耀舉動，就會被帶到一旁，請他停止這種行為。幾乎一夜之間，哈維穆德學院的資工入門課程就從最受厭惡的必修課搖身一變，成為大受歡迎的熱門課程。

這還只是個開始。改進入門課程顯然會有幫助，但還要設法讓女同學想去修習其他課程。所以，系上的女教授會把學生帶去參加一年一度的葛麗絲霍普研討會（Grace Hopper Conference），這是一場「讚頌科技業女性」的盛會。這是很重要的一步，能讓學生看到女性從事科技業絕不是什麼奇怪或反社會的事。最後，學院還會給女學生一個暑期研究機會，讓她們把自己新發現的才華應用到各種有用、有益於社會的面向上。克拉薇表示：「我們讓學生研究的東西包括像是教育遊戲，或是針對老年人的『勁爆熱舞』（Dance Dance Revolution）遊戲。她們可以運用電腦科技，真正做出一些重要的事。」

很多事情就是這樣，輕輕一推，後續效果就不斷疊加，像滾雪球一樣愈滾愈大。經過第一期四年實驗後，這個學院在如此短的時間內，就將主修資工的女學生增加三倍，從 10％ 增至 40％。請注意，這裡完全沒有進行任何人數控管，一切都是自願，沒有人的自由受到損害。這不過就是運用好的行銷手法來解決問題罷了。

　　「指定司機」（designated driver）一詞的發明，正是善用語義學與命名的妙處，增進社會利益。指定司機指的是讓某個人維持清醒，可以安全開車把朋友送回家；這個新創詞得到好萊塢積極支持，特地在某些熱門的情境喜劇與電視劇使用這個詞。指定司機一詞起於北歐斯堪地那維亞半島，再由加拿大的希拉姆沃克（Hiram Walker）酒廠採用，推廣理性飲酒，再經由哈佛大學反酗酒指定司機計畫（Harvard Alcohol Project）傳進美國。

　　等到大家都能習慣的問「誰是星期五的指定司機？」就知道社會已經接受這種行為，而且在被勸酒的時候也很容易以這個理由來擋酒。像在比利時或荷蘭，可以說自己今晚要當鮑伯（Bob），所以不能喝酒；Bob 一詞是荷蘭文 Bewust Onbeschonken Bestuurder 的縮寫，*意為「刻意維持清醒的司機」。在這兩種情境為某個行為命名，等於是隱隱創造出一種規範。

　　有趣的是，透過這樣的語義發明，到底還能創造出多少善意的哄騙？舉例來說，我一直覺得像「downsizing」這個字，除了是企業裁員的委婉說法（「縮小規模」

＊　嚴格來說是個「逆向縮寫」（backronym），因為「Bob」當作人名的用法存在更久。

或「精簡人力」），現在也有另一個意義，講的是空巢期的老人家自願搬到比較小、比較好管理的屋子裡，這是一個很好用的新詞。老人家從大到沒必要的房子搬到小房子裡，用這個詞來表示的時候，就會讓人覺得是一種選擇，而不會讓人覺得是因為無法負擔而做出的妥協。所以，創造一個名稱，就等於創造出一種規範。†

獅子魚大變身

1992 年安德魯颶風橫掃美國東南部，是當時美國史上最嚴重的颶風，對人民財產與環境造成無法估計的損害。但這個颶風對環境的影響或許不在於物種的喪失，反而是物種的增加。在南佛羅里達州，安德魯颶風摧毀沿海一座大型水族館，許多不該出現的魚類就這樣進入墨西哥灣與加勒比海。

獅子魚來自印尼附近的熱帶水域，雖然看起來十分美麗，但卻是其他魚類凶猛的掠食者，短短半小時就可能捕食多達 30 條魚。此外，一隻母獅子魚一年能產下

---

† 在英國，講到學貸總是讓人都恨得牙癢癢，但如果重新把它定義成一種「畢業稅」，引起的看法就會大不相同。

超過 200 萬個卵，在沒有獅子魚天敵的加勒比海造成特別嚴重的問題。由於哥倫比亞經濟十分倚重漁業，當地物種慘遭殺戮，對哥倫比亞的環境和經濟都造成重大威脅，而且也正在摧毀珊瑚礁的生態。這時候，奧美在波哥大的分公司（Ogilvy & Mather in Bogotá）有位同事從腓特烈大帝的故事得到靈感，認為想解決獅子魚的問題，就要給獅子魚找出一個掠食者：人類。想從哥倫比亞的水域裡掃除獅子魚，最簡單、也最具成本效益的方法就是鼓勵民眾食用獅子魚，讓獅子魚成為垂釣者的目標。奧美找來哥倫比亞的頂尖名廚，請他們為最高檔的餐廳設計一套獅子魚食譜。

　　如他們所言，獅子魚外表有毒、魚肉卻非常鮮美，於是他們用雙關語打出「Terribly Delicious」（極度美味、恐怖的美味）的口號。透過與哥倫比亞環境部的合作，奧美成功將這個侵略物種變成日常佳肴，形成文化上的轉變。很快的，獅子魚就開始出現在超市的架上。哥倫比亞大約有 84％信奉羅馬天主教，所以奧美也希望天主教會可以向信眾推薦，在星期五和四旬期（Lent）大啖獅子魚。找上天主教會這一步，就是真真正正的鍊金術了。到如今，哥倫比亞本地魚類物種正在逐漸恢

復，而獅子魚族群數量則正在減少。*

設計的錬金術

　　我們很清楚怎樣設計物品，才能符合人手的形狀。除非是個小孩子，或是某間故作姿態的精品飯店、一切都想展現出「我們就是與眾不同」†，否則門把的高度和形狀通常都能適合一般人使用。優秀的設計師所設計出的物品，都很能配合人類演化出的形體，就算人類的演化本來是為了完全不同的目的也沒關係：我們的手本來並不是為了要握汽車方向盤，我們的耳朵向上長也不是為了防止眼鏡掉下來，但優秀的設計師都知道，人體的

---

* 光是靠這項措施，真的就足以掃除獅子魚嗎？可能還不夠。但要解決這項問題，並不需要真正將獅子魚徹底根除。只要讓族群數量維持在一定閾值（threshold，注：某現象或變化產生的臨界數值）以下即可。奧勒岡州立大學研究發現，在某些珊瑚礁裡，獅子魚的數量維持在「閾值密度」以下，本土魚類族群已經增加了50％到70％；而在完全沒有推出任何作為來對抗入侵物種的地區，本土魚類仍然繼續消失。

† 紐約有一家酒店（應該是時代廣場那家W飯店），電梯標示寫的是英式英文「Lifts」，就是想刻意營造不同。當然，如果你就來自英國，這套可能行不通；我想就像是現在英國的房地產廣告，講到公寓所用的詞是「apartment」而不是「flat」，大概也是想營造一點世界主義的感覺。

特徵除了原本的用途，還可以用在其他目的。

　　大致而言，整個實體世界的設計都相當不錯。當然有些令人搞不懂為何如此愚蠢的例外，*但大多數情況下，各種設計都在可以接受的範圍：我們知道人體就是有些古怪的形狀，而物品設計也就特地會去配合這些形狀。甚至更好的是，在某些比較富裕的國家，我們設計環境時也會想到那些肢體上比較有困難、不如一般人便利的民眾。這些做法是由身心障礙人士的代表團體所推動，雖然偶有矯枉過正的情況，但有時候也會意外給非目標族群帶來一些便利。畢竟，任何人在生活裡都可能偶爾有些不方便的時候。像是如果行李太重，走樓梯就會十分困難。如果拿著一杯咖啡，就等於少了一隻手可以用。如果你的眼鏡現在放在一旁沒戴，也就等於有視力障礙。

　　就算設計的時候，心中設定的客群是完全健康的人

---

* 究竟是哪個天才，以為飯店浴室適合用大理石地板？我猜想，原因又一次是「因為這麼做所投放出的訊號」：大理石是一種稀缺的材料，因此價格昂貴；看到大理石，就會讓人覺得這間飯店不惜投下重本。但可惜的是，這些訊號是以犧牲住客的安全為代價。如果飯店經營者一定要給浴室做這些沒必要的豪華裝潢，至少也該用一些昂貴的防滑材料吧？目前似乎還沒有人收集各種飯店浴室意外事故的資料數據，但我周遭就有四位同事曾經這樣跌倒住院，有些人甚至當時是處於完全清醒的狀態。

體，假設使用者可能遇上一些限制也是個很好的原則。正因如此，我們會覺得門把鎖是個比喇叭鎖更好的設計：不管你是因為沒有手或是雙手各拿著一杯茶，但總之用手肘就可以開門。在機場的輪椅坡道，除了坐輪椅的人可以用，所有得拖行李箱的人也都能受益。同樣的，雖然英美的電視字幕本來只是為了服務聽障人士，但如果你是在酒吧、機場或是孩子睡覺時想看電視，†這些字幕也能派上用場。

　　這樣的設計可以做為良好的商業慣例：幾年前，英國電信（British Telecom）就為視障人士推出一款電話，刻意將按鈕放得極大。但他們一點也沒想到，這款電話變成賣得最好的產品；就算是身體健康的一般人，躺在床上沒戴眼鏡的時候，也會覺得這款電話真是輕鬆好用。OXO Good Grips 是一家非常成功的餐廚用品製造商，也是將這種設計理念推廣到更廣闊的世界：公司創辦人山姆・法伯（Sam Farber）一開始想創立這家公司，是因為妻子患有關節炎，很難使用各種廚房用品；而這批使用起來簡單、舒服、設計良好的用品，很快就人氣飆升，就連健康的一般大眾也十分愛用。值得一提的

---

† 還有奧斯卡獎頒獎的時候，有些演員還真是嘟嘟噥噥口齒不清。

是，有些產品原本的設計是為了幫助握力不足的人，但結果在一般人手濕濕的時候就幫了大忙，而這在煮飯過程是極常見的情況。*

　到最後，多數的實體物件都會透過自然選擇的方式形成某種形狀與功能，能夠配合人類演化而成的偏好與直覺。經過幾十年後，這項原則也延伸到軟體介面設計。† 像是指向、點擊、捏合縮放等手指手勢，都已經成為人類和科技設備互動的預設模式，原因正是因為這與我們在這幾百年、幾千年以來所做的直覺動作十分類似。‡

　現代三種主要的媒體消費設備形式：筆記型／桌上

---

* 這些點子也要感謝《小魚吃大魚》(*Eating the Big Fish*) 與《美麗的限制》(*Beautiful Constraint*) 的作者：亞當‧摩根 (Adam Morgan)。

† 這一派思想家的大前輩是唐納‧諾曼 (Donald A. Norman)，著有《設計的心理學》(*The Design of Everyday Things*，直譯為：日常物品的設計)，從這個英文書名就讓人覺得一定是本好書。我只能說我覺得，是因為我買了平裝本，字體小到誇張，一次只能讀個幾頁。我猜這應該不是諾曼自己挑的設計。

‡ 指向 (pointing) 這種手勢只有人類有，但家犬目前似乎也已經過演化，天生就能夠了解人類手指的這種手勢。從很小的時候，家犬就懂得看往人類手指所延伸出去的方向：比起賈伯斯用的點擊，犬類早在幾十萬年前就發展出自己的圖形使用者介面，只要指一下、吹個口哨就行。

圖 7

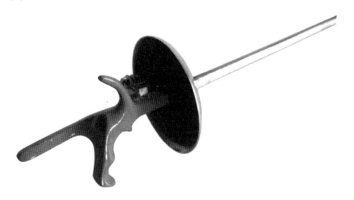

這把擊劍的設計原本是針對失去手指的擊劍者，但最後就連十指完好的擊劍者也採用了這樣的手柄設計。

型電腦、平板電腦以及手機，也是因應人類形體而生的產品。雖然理論上有幾百萬種可能，[§]但實際上，人體舒服的姿勢就是三種：（1）站著；（2）躺著；（3）坐著。而這三種我們用來接受數位內容的設備，就很能反映這些姿勢：手機適用於到處移動的時候；平板電腦用在躺著的時候；而筆電或桌機則是用於坐在桌前的時候。[¶]

[§]　舉例來說，你也可以用腳趾倒掛著。

[¶]　星巴克之所以大發利市，有一大部分原因就在於假裝自己的生意是賣咖啡，但實際上的生意是把水平表面（桌子）出租給筆電使用者。

　　然而，雖然我們能夠接受實體物件會依據演化後的人類形體來設計，但說到世界也會依據演化後的人體大腦來運作，就不是人人都能接受了。主流經濟學為了追求數學上的乾淨俐落，會假設人類大腦的運作如同發條裝置。如果這個世界由經濟學家來設計，椅子的設計就只會考慮如何穩定支撐人體的重量，而不會顧慮是否舒適、要不要加個墊子。這可以稱為「亞斯伯格設計」（aspergic design）：考慮整個系統各個部分能否運作，但就是不考慮屬於生物的部分。*然而，人類的大腦也就像身體一樣都經過演化，也有了不同的形狀。

　　設計椅子的時候，大家都知道必須先了解人類的體形；但講到要設計退休金方案、攜帶式音樂播放器或鐵路的時候，卻很少有人認為必須先了解人類的心理。究竟有誰可以說是退休金方案設計領域的赫曼・米勒（Herman Miller）或納稅申報表設計領域的賈伯斯？確實已經開始出現一些這樣的人，但我們也實在已經痛苦

---

* 停車場設計就常常可以看到這樣的極端案例：上下坡道與汽車行駛方向呈90度，目的是省下最多混凝土，但駕駛得一直重複做些高難度動作，很可能讓車輛碰傷。相較之下，如果想看看停車場界的賈伯斯會如何設計，可以參觀倫敦的布盧姆茨伯里廣場（Bloomsbury Square）。這裡的地下停車場採雙螺旋設計，方向盤只要打到一樣的角度，就能一路到底、再一路返回地面。

的等了太久。如果說這本書的核心是要談某個謎團，就是想探索究竟為何政界商界的各種決策茲事體大、結果可能天壤之別，但決策的過程中卻又如此不看重心理學。

心理邏輯的設計

經濟邏輯認為，多就是好。但心理邏輯常常認為少就是多。盛田昭夫出身的日本家族，從 17 世紀中葉開始從事醬油與味噌的生產販售。到了 1946 年，他與商業夥伴井深大共同創辦索尼公司（Sony，當時稱為「東京通信工業株式會社」），重點領域先是卡帶錄音機，接著則推出日本第一部電晶體口袋型收音機。† 然而他天才的巔峰之作，或許就是創造出 iPod 的前身：索尼Walkman 隨身聽（Sony Walkman）。

對於任何在 1975 年之後出生的人來說，看到有人戴著耳機走動或搭火車並沒有什麼好奇怪的。但在 1970年代後期，這確實還是一種很少見的行為。有點像是到了 1980 年代後期，如果在公共場合使用早期的手機，

---

† 嚴格說來，這些收音機還放不進口袋；但在早期，為了展現自己天才的獨到之處，盛田昭夫還特地為員工訂製口袋超大的襯衫。如果沒辦法讓收音機變小，就把口袋變大吧。

很容易招來嘲笑。*在當時的初步市場調查，隨身聽得到的好評極少，而負評卻是極多。一般典型的回應是「在我走動的時候，到底為什麼會想要腦袋裡播著音樂？」但盛田昭夫並未因此打退堂鼓。一開始想要隨身聽的人，其實是當時 70 歲的井深大，目的是想有個小小的設備，讓他能在從東京飛往美國的飛機上聽完整齣歌劇。†

　　工程師帶著研究成果回來的時候，帶著滿滿的得意。他們不但成功完成盛田昭夫的要求（迷你版的立體聲卡帶播放器），甚至還成功加進錄音功能。我完全可以想像盛田昭夫叫他們把這項多出來的功能移除的時候掉，想必覺得十分沮喪。在量產的情況下，加進錄音功能‡頂多只會讓售價稍微高出一點點，所以到底為什麼不肯加進這項重要功能？§任何「理性」的人都會建議盛田昭夫應該接受工程師的建議，但根據許多人的說

---

* 我也還記得，自己是在1970年代第一次看到有人在慢跑。一瞬間我還以為有個隱形殺手在追他。
† 這點的說法不一，也有人說這是盛田昭夫自己的想法。
‡ 隨身聽的內部構造有部分來自索尼的「Pressman」，這是當時記者常常用來做口述記錄的袖珍聽寫機。
§ 最早的隨身聽確實有麥克風，但目的是讓你在戴著耳機的時候，仍然能聽到旁人說的話。

法，盛田昭夫就是否決加進錄音鍵的提議。這項決定違反所有傳統的經濟邏輯，然而並未違反心理邏輯。在盛田昭夫看來，如果有了錄音功能，會讓人對這項新設備的用途感到迷惑。這是要用來做口述記錄嗎？我該把自己的黑膠唱片轉錄成卡帶嗎？還是要拿來錄一些現場音樂？就像是麥當勞選擇不提供餐具，好讓大家都清楚該怎麼吃麥當勞的漢堡；索尼取消隨身聽的錄音功能，雖然產品能做的事變少，卻更可能改變使用者的行為習慣：讓隨身聽只剩下一種用途，就能讓民眾清楚知道這項設備的目的。這件事在設計圈的術語稱為「直覺用法」（affordance），這是個很值得推廣讓更多人了解的概念。正如唐納‧諾曼所言：

> affordance（直覺用法）一詞，談的是物品在他人眼中、以及實際擁有的特質，主要也就是那些能夠決定物品可能使用方式的重要特性。……直覺用法能夠提供強烈的線索，讓人知道如何使用這些物品。如果是板子，就是讓你推的；如果是旋鈕，就是讓你轉的；如果是插槽，就是讓你把其他東西插進去；如果是球體，則是用來投擲或彈跳。運用直覺用法的概念，使用

者一看就知道該如何使用，而不需要有什麼圖
示、標籤或說明書。[5]

了解這項概念後，或許就能理解為什麼盛田昭夫是
對的。[*] 不論任何物品，要加上某個功能都不是什麼難
事，但這樣一來雖然功能增加，卻讓直覺用法變得比較
不清楚，於是用起來沒那麼開心、也降低購買的意圖。

「少就是多」的藝術

在這個世界上到處都有這種隱而不顯的智慧。我一
直認為傳統建築有一大優點，就是對使用者很友善。幾
年前，我們一群人來到倫敦南岸參加研討會，會場在一
間 1960 年代野獸派風格的建築裡。當時所有人在那棟
建築外面走來走去，試遍各扇玻璃門，就是找不到入口
究竟在哪。相較之下，不管你對大英博物館的評價如
何，至少在這 150 年來，只要走過那個古典的門廊，絕

---

[*] 更早提出隨身音樂播放概念的是住在巴西的安德里亞斯・帕維爾
（Andreas Pavel），他發明的是一種「立體聲腰帶」（stereobelt）。
索尼後來也以 1,000 萬美元與他達成和解，讓帕維爾也享有索尼
Walkman 隨身聽概念發明者的身分。但我十分確定，「把錄音功
能從 Walkman 隨身聽拿掉」這個重要概念是盛田昭夫或井深大所
提出。

圖 8

看得出來大門在哪裡嗎？

不會有人覺得「咦，到底入口在哪？」（見圖 8）

　　想像有一扇門，門上既有個把手、卻也有一片門推板，上面還寫了「PULSH」（推拉）。如果索尼當時推出的是有錄音功能的隨身聽，就會像是這個樣子。寫著「推拉」，這時的用法就不能說是絕對的清楚明瞭。Walkman 隨身聽還運用「萬事通法則」這種心理上的經驗法則，或者是說「黃金定律」，講的是如果我們知道某件東西只有一樣用途，會覺得這件東西的品質優於號稱擁有許多用途的東西。就像是聽到「沙發床」，直覺就會認為這件家具的品質既比不上一張真的沙發、也比不上一張真的床。而有些人可能也見過「叉匙」

（spork），拿來當湯匙不好用、當叉子也不夠方便。

　　抱著科學心態的人會認為，並沒有證據指出把錄音功能刪掉是個好主意。這當然也是一種合理的看法，畢竟我們沒有平行宇宙，沒辦法證明有個世界推出多功能的版本、最後賣得很差。而且，後來的新版 Walkman 隨身聽也確實加入錄音功能，但那已經是隨身聽的功能廣為人知、廣受採用之後的事了。*然而，我在此的論據是過去一再發生的事件模式：許多重要發明之所以脫穎而出，是因為某些功能的移除、而非增加。如果大膽的說，Google 其實就是「把搜尋頁面那些雜七雜八的東西都砍掉的雅虎」，而雅虎當紅的時候，則是「沒有內建網路登入的美國線上（AOL）」。在以上這些例子，最後勝出的人都是靠著移除對手的某些功能脫穎而出，而不是靠著比對手有著更多的功能脫穎而出。

　　同樣的，推特（Twitter）存在的理由在於強硬限制發文的字元數。Uber 在一開始也並不允許用戶預約叫車。像《週刊報導》（Week）這種成功的新聞摘要刊物，做的就是收集全球各地的報導，刪除大量多餘的內容，

---

* 同樣的，在首款iPhone上市的時候，也是因為民眾已經看過 iPod，才懂得如何使用。

讓報導言簡意賅而容易理解；麥當勞的菜單比傳統美式餐廳少了99％的品項；星巴克在開業的頭十年只專注於咖啡，很少在意食品；廉價航空的競爭基礎也就在於那些你在機上得不到的服務。如果你真的想讓人覺得使用起來很方便（也就覺得購買起來很方便），最好就別把事情搞得像是一把瑞士刀、想要無所不包。†除了手機之外，我們通常比較想買那些只有單一用途的商品。

　　然而，像是索尼那樣的「工程師思維」正與此相反。說要把功能刪掉，似乎是完全不合邏輯的事。無論在政府或企業，除非你就是董事長、執行長或負責人，否則很難推翻否決這些傳統邏輯。你可能以為人類的直覺本能就會想做出理論上最佳的選擇，但在業務決策上還有另一項更強大的力量，那就是不想被指責或開除的欲望。而想避免被指責，最好的辦法就是所有決定都遵照傳統邏輯來走。

　　「從沒有人因為購買IBM而遭到解雇」從來就不是IBM的官方口號，然而這句話當時在打算購買IT系統的企業之間流傳甚廣。幾位評論者也把這句話稱為「史

---

†　不少讀者可能都有一把瑞士刀，但我猜應該只有在沒有其他選擇的時候才會派上用場。

上最有價值的行銷口號」。在 B2B（企業對企業）的情
境下，最強大的行銷技巧絕不是說明自己的產品多麼優
秀，而是要播下對其他選項的恐懼、不確定與懷疑
（fear, uncertainty and doubt，常常縮寫成 FUD）。「想做
出好決定」與「不想被解雇或指責」，這兩種動機乍看
之下十分類似，但事實上有所不同，而且有時候可說是
徹底的南轅北轍。

3

心理奇襲策略 1
投放訊號原則

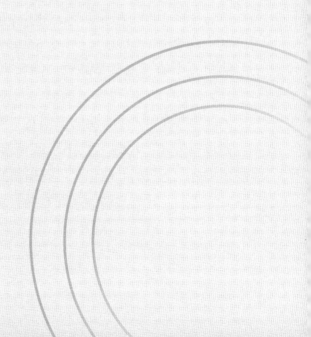

亞伯特親王與黑色計程車

　　我在這本書裡提過，由於四大原因，人類的行為常常不符合我們認為的傳統理性。而其中的第一項原因就是「投放訊號原則」（signalling），也就是用一些訊號展現承諾與意圖，讓人覺得有信心、願意信任。想要與人合作，就必須有些機制來避免欺瞞與狡詐；我們很多時候就是得稍微犧牲一些效率，以換取他人的信賴、或是建立自己的名聲。

　　像是在倫敦，只要叫的是黑色計程車，我就可以完全放心讓兩個女兒坐進陌生人的車裡、相信她們能平安抵達目的地。想成為黑色計程車的司機，都得先接受為期四年艱苦的「知識訓練」（Knowledge），必須熟記查令十字車站（Charing Cross Station）周遭六英里半內的所有街道、主要建築物與商業場所，而這裡足足有2萬5,000條街、2萬個地標。於是，這些學員一旦晚上或週末沒事，就會騎著小摩托車到處測試路線，才能在最後考試的時候，找出兩個地點間最短或最快的路線；這個過程如此艱鉅，所有學員的海馬迴似乎都變得更大了。而計程車司機之間有個流言，說這項知識訓練

是由亞伯特親王（Prince Albert）所提出。*這項測試當
然很有條頓民族那種嚴格的特色：超過七成的學員終告
失敗或中途退出。†

　　雖然知識訓練曾經深具意義，但隨著現在有了GPS
導航與 Google 地圖，很多人認為這套訓練已經失去價
值。像是執迷於市場效率的傳統經濟學，就會說知識訓練
似乎只是個進入障礙（barrier to entry），就是為了控制計
程車司機的人數。我原本也這麼想，但後來意識到，知識
訓練做為一種訊號，可以說和導航技能一樣有價值。

　　在像是倫敦計程車業這樣的市場裡，司機很難與同
樣的乘客多次互動交流，所以雙方必須有高度的信任。
想建立這樣的信任，方法之一就是要求你先證明自己有
多麼認真，之後才允許你進入這個產業。這樣的做法能
夠維持乘客的信心，而對所有誠實的司機來說也是一種
保護。畢竟只要有 0.5％的司機大敲竹槓或搶劫乘客，
群眾對整個系統的信心就會消失、整體業務也將崩潰。

---

* 不論故事是否屬實，講到各種從業人員都該具備某些資格，這個
　概念實在就很德國。
† 這裡或許必須提一下，倫敦的街道可不像美國城市方方正正還有
　編號，而是各有各自的街名；更教人迷惑的是同個街名還可能重
　複出現在城市裡的不同地區。

三大信任機制

中世紀的行會也是因為這種原因而存在。在城市裡，因為大家容易隱姓埋名，想營造信任也就比較困難；而行會組織就有助於減輕這種問題。想加入行會，過程曠日費時、所費不貲，一定是對某項技藝夠投入的人，才能進入。而且行會也會進行自我管理；前面要加入時得付出愈多心力，後面對於可能被趕出行會就會愈畏懼。

運用這樣的投入機制，一旦你付出心力投入（無論是時間、金錢或精力），就很難回頭。換種方式來說，如果只要上幾個晚上的課、買一部二手的導航裝置就能當上黑色計程車司機，我真的會覺得女兒搭這種車很安全嗎？

互惠、名聲、事前投入的訊號，這就是支撐信任的三大機制。你能夠信任的計程車，可能是個小型本地企業，需要你的忠誠度才能維繫業務；也可能是個比較大、已經建立名聲的公司，像是 Addison Lee 或 Green Tomato Cars；再或者，如果有某個人為了得到司機資格已經投入大把心力，一旦被發現行為不當就會被取消資格，這個人應該也值得信任。不信的話，歡迎造訪雅典；在雅典，外國乘客的車程平均會比本地乘客遠上 10％。或是到西班牙的塞維亞（Seville），我在那裡就被迫付了 20 歐元的「suplemento aeropuerto」（機場費）。

再不然就是到羅馬，我有位同事遭到計程車司機搶劫。*

　　至於 Uber 這家計程車公司，則是用了另一套機制來提升信任。每次的車程都有數位紀錄、評分機制，而且對司機背景的查驗也日益嚴謹。在此，我的重點並不是要說知識訓練是這種問題的唯一解方，而是要說認路只是知識訓練的價值之一；這項訓練有一大部分的價值其實在於訊號投放。而這也代表黑色計程車司機常常具備多年經驗，畢竟如果你只打算把開計程車當成臨時的工作，怎麼可能接受長達四年的培訓？以此看來，知識訓練就像是一種前期投資，證明你將會長期投入這項領域。

簡單談談賽局理論

　　很多時候，如果不要想事物的本質為何、而是想事物「有何意義」，一些在邏輯上似乎說不通的事就會忽然變得十分合理。舉例來說，訂婚戒指哪有什麼實用目

---

* 倫敦這套系統當然也不完美：一名計程車司機約翰·沃博伊斯（John Worboys）在 2009 年就被判曾犯下 12 樁強姦與性侵罪（而且遭到懷疑他其實涉入更多罪行），但這種案例確實很少見。在倫敦，2016 年有 31 名有照計程車司機被控犯下性侵罪，而其中沒有任何一位是黑色計程車司機。

的？然而，戒指的贈送對象（加上贈送者為此付出的金錢）可就讓戒指深具意義；昂貴的戒指就是某個男人的昂貴賭注，相信、也希望自己的婚姻能夠長長久久。

　　講到這裡，你可能覺得本書會拿一章來談最後通牒賽局（Ultimatum Game）[*]，或是其他實驗性質、關於信任與互惠的賽局理論研究。但這裡沒有這種章節，原因就在於，不論最後通牒賽局或是囚徒困境（Prisoner's Dilemma），其實都是一些很愚蠢的假設，只存在於沒有任何情境的理論世界。現實生活沒這回事。這兩種理論談的都是一次性的互動，是兩個陌生人、對彼此的身分一無所知。但在現實世界裡不會有這種互動，我們想買東西會去店裡，而不會選擇跟路上的陌生人買。[†]

　　做交易的時候，我們通常知道對方的身分，也能從各種線索判斷對方是否真誠。舉例來說，如果我到了某個陌生小鎮的某家店裡，有這麼一點點的可能，店裡的

_____

[*]「最後通牒賽局」與「囚徒困境」都是從理論上研究合作的運作機制。我歡迎讀者自行Google搜尋這些研究，但請記住這些都是人為的設定。

[†] 我認識的人裡，只有一個曾經和陌生人做了這種一次性、高價值的交易，而且也不出所料，結果十分淒慘。當時朋友從英國搬到澳洲，想買台二手車。賣方和他約在超市的停車場。我朋友說：「這聽起來就很怪，但我才剛搬到澳洲，還以為這裡都是這樣。」他傻傻完成了交易，最後才知道那是台贓車。

人根本是個冒牌貨，收了錢卻不把商品給我。但讓我們假設這家店的店名是詹金斯父子公司（H. Jenkins & Sons），門的上方寫著「成立於 1958 年」。店主顯然在整個物業與存貨上面投入了資本，而且如果他開黑店欺瞞當地民眾，應該也不可能維持這麼多年。‡如果他不交貨，名聲受損的代價會比貨品本身的價值高得多，所以從這個情境就能判斷這家店應該值得信任。前期投資就是一種對長期投入的證明，能夠擔保店家行為誠實。至於名聲也是一種切身的利益，得花上多年才能培養出來，卻可能在一夕崩壞。

　　如果你希望能夠實現最後通牒賽局、讓大家都願意合作，我可以提議一個簡單的機制：參加賽局之前，參與者都必須熟背倫敦 2 萬 5,000 條街名、2 萬個地標。這件事得花上他們四年，而在那之後，只要規定說謊將被逐出賽局就行了。在這種情況下，大家都投入大量心力才終於進到賽局，沒有人會想冒著被逐出的風險而說謊。§

---

‡ 但如果這家店的主要客群是遊客，以上這些討論就都不算數了。至少在 TripAdvisor 出現之前，把遊客當成肥羊來宰並不會有多大的問題。

§ 或許正因如此，企業才這麼愛用大學畢業生。這些人投入大筆金錢與時間，想找一份好工作，不太可能想浪費這些投資，整天在辦公室裡無所事事、偷竊筆記型電腦。

這樣一來還剩下一個問題，就是如果已經打算離開賽局，就可能在最後一刻作弊。*從理論上來說，如果這已經是某位司機最後一次開計程車，刻意繞再遠的路也沒人能拿他怎樣。就算他因此被吊銷執照，因為他本來就沒打算未來要以此營生，也就毫無損失。但無論有意或無意，倫敦計程車司機似乎也有辦法解決這個問題。幾年前，我在倫敦市中心搭車，車資 15 英鎊，而我給了那位年輕司機一張 20 英鎊的鈔票。他說：「大哥，這筆錢我不能收，您是我開業載的第一位乘客。」「什麼？真的嗎？為什麼？」「就是個傳統，開業載的第一趟不收費。」當時我只覺得很暖心，但現在想來，就覺得實在太巧妙了；如果我哪天在倫敦搭上某個司機的最後一趟，而他在車資上敲了我一筆，我和整個倫敦計程車業可就說是兩不相欠。

信任的另一種說法

前面提到，認定未來還會再有互動，就能讓企業保

---

* 我覺得，確實有不少人會在工作最後一天偷摸些東西回家，但常常都說那叫做「紀念品」。至於想在上班第一天就偷摸些東西，風險就比較大了。

持誠實。但我們還可以得出另一個結論：如果你投放訊號，讓顧客知道你的商業模式有賴於顧客的重複光顧，就能讓人覺得你是個誠實的企業。

以下狀況有何共同點？

1. 大型肉食性魚類不會吃掉像是裂唇魚這種協助自己清除寄生蟲的清潔魚。
2. 如果你在服飾或化妝品上砸了一筆大錢，會有一個很漂亮的提袋。
3. 你在 Five Guys 點餐的時候，會免費拿到多一勺薯條。
4. 婚禮得花上一大筆錢。
5. 飯店小吧台的費用如果不多，飯店可能告訴你不用付。
6. 銀行裝潢常常使用大理石和櫟木。
7. 公司派你參加看來很厲害的培訓課程。
8. 奢華的廣告行銷活動。
9. 餐廳在餐後免費贈送一杯檸檬甜酒。
10. 投資做品牌營造。

如果從簡單的短期經濟邏輯來說，以上沒有任何一

項有道理。銀行建築就算只用活動貨櫃屋，業務也能順暢運作。那些華麗的提袋雖然很貴，但可能根本不防水。檸檬甜酒並不便宜，而且很多人都不愛。至於那些培訓課程，真的值得 5,000 英鎊那麼貴嗎？

　　要說這些事有道理，肯定只能是因為這些事都投放出某種訊號：這種行為在短期內看似代價高昂，但長遠來看就有可能得到更高的回報。這些訊號讓我們知道（當然也可能有其他意義），這些人、動物或企業會放眼長期的自身利益，而不只在意短期的當下利益。這兩者的區別非常重要。相較於短期的當下利益，長期的自身利益正如演化生物學家羅伯特・崔弗斯所言，常常就等於和他人互利合作。大魚之所以不會吃掉那些清潔魚，並不是因為利他主義，而是因為就長遠而言，這些魚活著比死掉更有價值。反過來說，清潔魚也可以作弊，不吃寄生蟲而去咬掉那些大魚的鰓；但長遠來看，還是讓大魚成為自己的老主顧比較好。[*]這種關係能夠維持誠實、互利，原因就在於預計未來還會持續互動。

　　在賽局理論裡，這種預計未來會重複的機率稱為

---

[*] 而且這是真的。魚類似乎會有自己愛用的清潔魚，牠們的忠誠度高到難以想像。

「持續的可能性」（continuation probability），美國政治學家羅伯特・艾瑟羅德（Robert Axelrod）還給了它一個充滿詩意的名稱：「未來的陰影」（The Shadow of the Future）。無論是賽局理論家或演化生物學家都同意，相較於單次交易，如果預期未來還會重複互動，合作的可能性就會高得多。克雷・薛基（Clay Shirky）甚至說社會資本就是一種「全社會規模的未來陰影」。我們取得社會資本作為訊號，代表自己對於長期互惠行為的承諾，但有些企業幾乎完全不會考慮這些因素。像是在採購的時候，總是會把約期訂得愈來愈短，於是在不經意間其實是減少了合作。

　　然而，講到要做生意，其實有兩種截然不同的方式。一是「遊客餐廳」的方式，針對只會來一次的顧客盡可能大敲竹槓。二則是「本地酒吧」的方式，雖然顧客每次上門的時候賺的錢比較少，但時間一久，他們成了老主顧，整體賺到的錢就會比較多。而第二種做生意的方式，就比第一種更容易營造信任。

投放「持續的可能性」的訊號

　　我們要怎樣才看得出來是第一種或第二種做生意的方式？你在 Five Guys 多拿到的那一勺薯條，就是一種

訊號：店家當下付出（一點點）支出、希望以後能得到回報，這也能讓人覺得店家願意投資讓顧客再次造訪，而不是只想一次宰掉這頭肥羊。同樣的，你每個月從公司那裡收到薪水，只代表公司認為你當下有這個價值。但如果公司派你去上昂貴的培訓課，放出的訊號是公司願意在你身上再花個至少幾年來培養。*

　　如果魚類（甚至是某些共生植物）都能夠演化到足以判斷這種區別，那麼人類直覺能夠做這種判斷也就似乎完全合理，會更願意與有意長期合作的品牌發展業務。如果這項理論屬實，也就能用來解釋某些似乎違背直覺的顧客行為。長期以來，有件事總讓觀察者想不通：如果某個品牌出問題、但最後得以用令人滿意的方式解決，顧客的忠誠度不但會提升，甚至會高過品牌從不出錯的情形。這件事乍看之下沒有道理，但想通之後也就不足為奇：願意負擔成本為顧客解決問題，等於是投放出訊號，表示希望未來繼續合作。根據「持續的可能性」這套理論也可以知道，如果某家企業只想把短期利潤提到最高，在顧客眼中值得信賴的程度就會降低，

---

* 提供培訓的人都知道，公司付出培訓成本，最大的收穫就在於員工忠誠度。

而這一切再合理不過。

　　請不要忘記，人與人間每次互動都在問一個沒有說出口的問題：「我知道自己想從這次交易裡得到什麼。但你在這次交易中，又想得到什麼利益？我能相信你會實現承諾嗎？」我們並不需要知道對方究竟是否誠實；只需要知道他們在交易的時候，是否會表現出誠實的行為。如果在一些比較緊密的社群裡，你沒有別的選擇，必須得要面面俱到，隨時保持誠實。像在 1950 年代，任何銀行經理都不敢冒險欺騙客戶，因為只要有一個人發現自己被騙，整個鎮上都會知道這個經理不可信。

　　有許多金錢或是心力的付出，如果是為了營造長期關係就很有道理，但如果只是為了單次交易就完全沒有道理。如果能稍微放出一點小利小惠，像是買錯火車票的時候不用補票，或是在餐後免費贈送巧克力，都是在釋放訊息，讓顧客覺得值得信賴；而相對的，如果沒有放出這些訊號，我們就會覺得似乎有什麼問題。

　　客服之所以會成為我們評價企業的重要指標，原因之一正是我們意識到這得花費許多金錢與時間。在你已經花錢購買產品之後，如果這間公司還願意花時間確保你能夠滿意，絕對比那些一拿到錢就翻臉不認人的公司更值得信賴。人際關係也是如此；為人粗魯與為人禮貌

並不見得有太大不同,但粗魯需要耗費的精力比較少。想要有禮貌,我們就得遵循幾百種小小的禮節,從幫人開門到有人進房的時候要站起來,這一切都比為人粗魯更耗心力。於是,透過「有禮貌」這種隱晦的方式,我們表達出自己在意他人的意見——也在意自己的名聲。

為什麼投放的訊號愈貴愈好?

　　20 年前,我和一位同事負責某項規模不大但十分重要的廣告提案。當時微軟的 Windows NT 32 位元伺服器尚未正式推出,我們要寄信給幾千位資深 IT 專業人員,請他們先試用相關軟體。當時,我們可以選擇用平信寄出郵件,告訴他們這項產品的內容、我們又要請他們做什麼。然而,這種做法雖然能夠傳遞資訊,卻無法讓人覺得意義重大。因此,我們製作一個精美的盒子,裡面放進各種配件與贈品,包括一個免費的滑鼠墊、*一枝筆,而且還用了一個非常昂貴的包裝。

　　這樣一來,我們不但讓收件人知道有這項產品,更讓他覺得這肯定是件非常重要的產品,才讓微軟如此不

---

* 可別忘了那是 1990 年代。

惜重本。而且，我們還得讓他們知道一項重要事實：只
有極少數人獨享尊榮，能夠免費測試這項軟體。我們雖
然可以直接寫在信裡，但這樣不會有多大意義。那種做
法稱為「空口白話」（cheap talk），為了賣東西給你、
什麼話都可以說，雖然有白紙黑字，但實在無法證明什
麼。事實上，如果把這種「專屬邀請」用平信寄出（大
宗交寄還更糟），就會放出一種自相矛盾的訊息：「我們
正在向許多人發出專屬邀請。」（所以，那些真正尊榮
專屬的私人俱樂部絕不會在大眾媒體上放廣告。）

　　因此，我們用的包裹做得十分精緻，精緻到如果要
量產絕對不划算（那個設計還得了獎）。但我之所以提
到這件事，主要是因為我們當時與史蒂夫‧巴頓（Steve
Barton）這位來自美國中西部的業務總監（account
director）合作，他在介紹這項專案的時候講了一些很有
啟發性的事。他說：「我希望你們能做出與眾不同的傑
出創意。如果做不到，至少希望你們寫出一封只有一頁
的優秀信函，咱們再把這封信用聯邦快遞（FedEx）寄
出去。」他說的其實就是生物學家所謂的「昂貴訊號理
論」：我們認定某事物具備的意義和重要性，與傳遞這
項事物時需要的費用成正比。

　　假設你是收件人，收到一封用聯邦快遞寄來的信，

有可能會拆都不拆就丟掉嗎？我覺得應該不會。我們想傳遞給收件人的不只是信件的內容資訊，而是一種關注、堅定與重要的感覺，如果光用一般「合理」的平信郵資做不到這種感覺，但花費十英鎊的聯邦快遞信封就做得到。最後，那次廣告活動極其成功。幾乎所有收件者都打開包裝、閱讀內容；而且有超過 10％的人真的試用產品（這件事絕不輕鬆）。時間來到 2018 年，如果是個數位理性主義者，肯定會覺得如果要聯絡幾百位資深 IT 專業人員，最好的辦法就是透過臉書或電子郵件；而我只能說，還好這兩種選項在 1990 年代中期都還不存在。這些做法在理智上絕對正確，但在情感上卻是大錯特錯。*

　　那些文字與位元傳遞的是資訊，但「昂貴」這件事傳遞的是意義。就像是想請人參加婚禮的時候，我們不

---

* 有一次，英國某家公司就運用這套昂貴訊號的理論，雖然目標客群只有兩、三百人，卻還是決定在電視上投放廣告。當時想瞄準的客群是大型美國跨國企業英國子公司的執行長，在 1980 年代晚期，這種人幾乎都是美國人，所以這家公司決定在英國第 4 頻道轉播超級盃的時候買下廣告時段來做宣傳；英國當時對美式橄欖球並不熟悉，所以廣告時段還非常便宜。但對那些美國人來說，這絕對會是一年中必定收看的英國電視節目。在那些美國人心中，這可是「超級盃的廣告」；但對我們英國人來說，這就只不過是在轉播某個不知道在玩什麼的運動，而空檔時間插播一則廣告罷了。

會用電子郵件，而會把所有資訊（絕對都能寫在電子郵件裡、甚至發簡訊也不難）印成有燙金浮雕的卡片，成本可不便宜。想像一下，如果你同一天接到兩封喜帖，其中一封用了昂貴的信封，有燙金邊條和壓紋，另一封（就資訊而言完全相同）則是一封電子郵件。可別說謊，你應該比較可能選擇參加第一對新人的婚禮，對吧？†

效率、邏輯、意義，只能選兩個

　　聖奧古斯丁曾說「Credo quia absurdum est」，意思是「因為這太荒謬，所以我相信。」他當時說的是基督教，但生活有許多面向也都是如此。有許多事情之所以會為其賦予意義，正是因為它們和一般合理的事物相去甚遠。並不令人意外，許多日常事件看來早就習以為常，與背景噪音無異，於是人類在經過演化之後，更會注意到那些不尋常、令人意外、未曾預期的刺激與訊號。到頭來，一如其他社交物種，如果我們希望把某些

---

† 就別裝了，肯定是這樣。如果收到電子郵件喜帖，一定會讓你懷疑，搞不好婚禮宴會上還會看到那種得自己付錢才有得喝的酒吧櫃台；畢竟，如果這對新人連郵資都吝嗇，不太可能會花大錢準備多好的酒水吧？

意義確實傳遞給同物種的其他成員，就得靠一些看來
「愚蠢荒謬」的行為。

心理物理學家馬克・常逸梓（Mark Changizi）提
出一項簡單的演化理論，解釋人類為什麼覺得「水沒有
味道」。在他看來，人類的味覺經過演化校正，無法感
受到水的味道，這樣一來，一旦水遭到任何汙染，就能
立刻察覺。要是人喝水的感覺就像喝可樂，很容易就會
感官超載，難以察覺似乎有一絲絲「死羊味」，也就難
以警覺可能上游幾百公尺正有一頭死羊在汙染水源。正
是因為「水沒有味道」，我們才能察覺各種最小的不同。
你可以用小小孩來做個類似的實驗。給他們吃他們最愛
的食物，但加一點點其他香草或香料。只要加這麼一
點，小小孩就會十分反感，因為只要與期望的口味略有
差異，就會讓他們感覺食物可能不安全。*

而我認為，人類的感知也經過這樣的校正，而且範
圍更廣。有些事物，就是因為偏離狹隘的經濟常識，於
是就會得到我們的注意，並覺得這肯定有些與眾不同的
重要意義。而這樣的結果就是，如果只遵循狹隘的經濟

---

* 在學爬的年紀，幼兒發展出的食物口味十分保守，讓他們不會亂
　吃食物造成風險。

理性主義，整個世界雖然能夠有豐富的商品，似乎都不會有什麼特別意義。在建築領域，這種思想催生現代主義風格，特色就是沒有裝飾、沒有「虛華」的細節，但也就因此失去了「意義」。† 我心中暗自希望隨著建築的3D列印成為可能，21世紀的建築可以重新展現某種像是高第（Gaudí）的風格。‡

創意也是一種昂貴訊號

如果你實在沒錢讓喜帖使用更好的紙或燙金，還有另一種稀缺資源可以讓它看來價值非凡，我稱為「創意」。創意包括各種才能：設計、藝術感、手工技術、美感、攝影才能、幽默感、音樂性，甚至是一點調皮的勇氣。比起直接買來的昂貴卡片，手工製作的生日賀卡雖然可能比較便宜，但很可能讓人更感動，畢竟這可得

---

† 我有一位經濟學家朋友尼古拉斯・格倫（Nicholas Gruen）最近去了巴塞隆納，看到高第的聖家堂（Sagrada Familia），他的看法是：「老天啊，要是沒有現代主義，整個20世紀本來可以是這個樣子！」

‡ 對了，而且現代主義這種建築風格效率也不是特別高。說到負重，拱形結構的效果比橫樑更好，而平頂屋頂在工程上根本是個糟糕的設計。然而，現代主義建築就像經濟學和管理顧問業，很善於打造貌似高效率的外觀。

付出相當的心力。[*]就算是一樣以電子郵件寄出婚禮邀請，如果郵件內容是一首自己創作錄製的歌曲影片（在有足夠的才能、相當的製作水準前提下），就是會大有不同。相較之下，直白、無趣的文字邀請就是毫無創意，只是陳述事實。

　　這些事物之所以有意義，是因為也用上了一些昂貴的資源：雖然可能不是花錢，但花的是才能、心力、時間、技術或幽默（至於有些人的笑話總踩在大家容忍的邊緣，那可能用的就是勇氣了）。[†]然而，總之就是有些昂貴的成分，否則感覺起來就只像背景噪音。

　　想要「有效」溝通，總需要有一定程度的非理性，因為如果一切合情合理，就會變得像水，完全沒有味道。這也就解釋為什麼和廣告商合作讓人心累：想做出好廣告十分困難，而且正是因為製作起來十分困難，最後才會好。整個溝通過程的強度與意義，會與整個製作的昂貴程度成正比；而這裡的昂貴，指的是創作和發行過程所投入的種種痛苦、努力與才能（而如果沒有才能，就得靠昂貴的名人代言，或是砸大錢買下電視時

---

[*]　只要在四歲以後，可不能在紙上隨便塗塗寫寫就算數。

[†]　像是杜象（Marcel Duchamp）1917 年的作品《噴泉》（*Fountain*），大概就是因為勇氣而成了藝術品。

表 4

懇請於 5 月 5 日前回覆
＿＿＿＿＿＿＿＿＿ 十分樂意參加
＿＿＿＿＿＿＿＿＿ 可惜需要婉拒
＿＿＿＿＿＿＿＿＿ 可惜需要參加
＿＿＿＿＿＿＿＿＿ 十分樂意婉拒

勇氣與機智都可以算是一種昂貴訊號。

段）。這期間種種或許效率不高，但就是因為這一切，才讓它能夠有效。簡單說來，任何訊息想要有力，都必須帶有一些些的荒謬、昂貴、稀缺、困難、奢侈、不合邏輯、不成比例或是效率低落；原因就在於，雖然理性的行為與言語具備各種優點，卻無法展現出意義。Nike 在 2018 年的廣告活動看板人物挑了卡佩尼克（Colin Kaepernick），這就是一種屬於勇氣的昂貴訊號。卡佩尼克當時發起一項活動，拒絕在賽前播放美國國歌時起立的傳統，改為單膝下跪。Nike 挑上卡佩尼克，昂貴的成分不在於金錢（他的職涯正處於低潮），而在於勇氣：他代表的是國家美式足球聯盟（NFL）對警察暴行的抗

議。正如這場廣告活動所示，想傳達意義，就得讓人看到我們所做的事情並不符合自身的短期利益，可能是付出成本、又或是承擔了風險。

本書想點出的其中一大重點概念，就是我們必須先跳出狹隘、短期的個人利益，才能讓人覺得我們不只是空口白話。因此，如果光靠著一切符合理性經濟理論的做法，就不可能產生信任、感情、尊重、名聲、地位、忠誠、慷慨或是性方面的機會。要是理性真的在演化上那麼重要，會計師就該是個再性感不過的職業了。然而，男脫衣舞者扮的是消防員，可不是會計師；勇敢是種性感，但理性不是。這套理論能否繼續延伸？舉例來說，詩歌比散文更動人，是不是因為比較難寫？*音樂比一般說話更能令人感動，是不是因為唱歌比說話更難？†

---

* 抱歉抱歉，我該換種說法：「散文比詩歌更容易寫，所以說服力也就比較差。」雖然現在詩歌受歡迎的程度似乎節節下滑，但我很高興最近聽說英國足球明星魯尼（Wayne Rooney）還會給太太科琳（Coleen）寫情詩。如果用的是電子郵件，實在很難讓人感受真心。

† 抱歉抱歉，我該換種說法：「只要把文字加上音調，就會出現一種重要影響：即使內容根本不通，我們也會設法給它找出點意義」；背景音樂請搭配貝多芬的《歡樂頌》。

人行道上的椅子

幾年前，距離我家一、兩公里的大街開了一家咖啡店，店裡有大約 20 個座位，而外面人行道上則設置幾張固定式的長凳。那家咖啡店的咖啡並不差，但後來就是倒了。新業者接手，似乎繼承了前人的配方，但後來也倒了。

第三位業者接手的時候，居然還用一樣的配方，似乎實在是太大膽，但一切就如同奇蹟一般，他們成功了。無論食物或價格，似乎都與前面兩任業者沒什麼不同。他們唯一改變的似乎只是一件小到不能再小的事：買了比較好看的桌椅，每天一早就擺出去，再加上一排及腰的圍籬，弄得像個露台。這種做法的效率絕對比不上舊的長凳，這些新的活動式（所以可能被偷的）家具必須在每天關店的時候收起來、早上再擺出去。

但在我看來，這項改變正是新店成功的原因。前面說過，這家咖啡店位在大街上；如果是專心駕駛的人，很難發現開了一家咖啡店。就算看到寫著「咖啡」的招牌，如果外面沒坐人，就很難判斷這家店是不是開著。你可能花了五分鐘找停車位，最後卻發現店根本沒開。‡

---

‡ 只要熟悉英國的地方茶館和咖啡店，都會知道這些店的營業時間可說是全宇宙最古怪。

至於店門口那些固定式的舊長凳，平常也可能有人坐，所以無法用來判斷咖啡店是否營業中。相較之下，新買的這些椅子和圍籬只要沒人看管就可能被偷、被風吹走，能夠保證這家店一定開著；絕不會有人在關店之後還把這些家具留在街上。

我可以聽到有人會說：「拜託喔，理論上講得很合理啦，但真的開車在大街上的時候，怎麼可能還有意識去計算是因為外面放的桌椅能不能移動，再拿來判斷店有沒有開？」就某種層面上這麼說也沒錯，但這並不是什麼有意識的判斷：一切就是本能直覺。這些計算的過程屬於心理程序，而非有意識的處理範圍。無論我們到哪裡，都會從各種環境提示做出潛意識的推論，渾然不覺我們正在做這種事；也就是說，這是一種「沒有發現自己在思考」的思考。

這些心理程序屬於心理邏輯而非傳統理性邏輯，雖然也會用上一般有意識推理時的法則，但根據人類大腦演化，不見得都會合乎理性。舉例來說，人類的大腦演化至今，仍然很難依據最精確的數學來做出最完美的決定；畢竟在非洲大草原，要用到數學的情況並不多。相反的，人類演化出的能力是要依據有限、非數字的資訊（有些可能會騙人），做出一些還算好、至少算不上災難

的決定。像是我們看到咖啡店外的椅子之後所做的推想，雖然不是當下做了什麼理性推算，但找出背後道理之後，卻會讓人覺得實在巧妙。

在這裡，門上掛個「營業中」的牌子並不會有什麼幫助，因為誰都有可能忘記把牌子翻成「休息中」，而且開車的時候本來就很難讀到這個牌子。至於用霓虹燈招牌亮出「營業中」會是個比較可靠的指示，因為最後離開店的人應該會為了省電而把開關關掉。*但是說到底，那些輕便、可堆疊、放在擋風圍籬後的椅子，就是個你能信賴的訊號。換言之，這些椅子就成了有效的廣告；所有的購置成本、每天要在開店和關店時搬進搬出的勞力成本，都釋放出一種可靠的訊號，讓人知道咖啡店正在營業中；而且這一切透過直覺就能體會，無須透過理性推理。我已經從事廣告業超過 25 年（而且通常客戶都是有著大筆預算的大公司），但仍然會感到驚嘆，只要用這些無意識的訊號，就能讓小企業的命運產生多大的不同。但除此之外，我也感到十分膽顫，看著許多原本絕對應該成功的企業，就因為少了幾個這樣的

---

* 只不過，霓虹燈這種風格比較適合美式餐廳，實在不適合英國咖啡店。

小訊號，最後只能倒閉作收。*

廣告不一定是廣告的樣子

如果是規模相對較小的企業，或許很難負擔一般傳統意義上的廣告，但只要稍微多注意一下心理邏輯的作用，應該就能改變命運。這裡的重點，其實只是要了解營運時的各種行為系統（behavioral system）。例如咖啡店可能改善菜單設計就能提升業績。許多小店照明不足，讓路人還以為沒開門，這樣會損失多少生意？† 也有許多酒吧的窗戶用了毛玻璃，顧客進門前看不到裡面的樣子，結果就是令人卻步。而在送餐服務競爭激烈的情況下，某間披薩送餐公司想脫穎而出，可以考慮除了快遞披薩，也能順便快遞茶、咖啡、牛奶和衛生紙。至於餐廳想提升業績，除了可以增加免下車外帶取餐服務，也可以考慮加個標語，寫著「後方有停車場」。‡

讓我們假設一種幾乎不可能的情形：在咖啡店快要

---

* 像是我知道英國高檔百貨 John Lewis 有某家分店，只要在停車場入口處加一張標語，絕對可以讓銷售額翻上一倍。

† 連鎖超市 Sainsbury's 的創辦人桑斯博里（J. Sainsbury）的臨終遺言就是：「店面的燈一定要夠亮。」

‡ 以我為例，有次發現某家地方餐廳的後面有個隱密的公共停車場，結果上這家餐廳的頻率就增加了一倍。

3   心理奇襲策略 1：投放訊號原則　241

倒的時候，他們決定向管理顧問公司諮詢，希望能解決
業績不振的問題。我想顧問公司應該不太會建議他們該
換掉家具，卻無疑會著重在人類左腦對業務的想法，列
出長長的建議：定價、庫存管理、員工人數等，總之就
是能夠列上試算表來分析、量化、最佳化的那些項目，
一切就是要提升效率。反正不會有人提到椅子。§

　　我現在要把這個概念再進一步延伸。從店外的桌
椅，除了能推算咖啡店正營業中，我相信我們還會想得
更深入，從潛意識就認定，如果這家店不辭辛勞在街上
設置桌椅，這裡賣的咖啡再怎樣也不該差到哪裡去。這
種說法似乎是無謂的浪費著精神能量；畢竟，想知道咖
啡好不好，最好的辦法不就是買一杯來試試看？「我從
那些椅子知道這裡的咖啡會不錯」聽起來似乎很蠢，但
先別急，透過心理邏輯和一點社交智慧，或許我們還真
能找出一點連結。

　　首先，有人願意花錢買新椅子、每天大費周章擺到
人行道上，他肯定不是個懶惰的人，也已經對這份生意

---

§　我從未任職於麥肯錫（McKinsey）、貝恩（Bain）或波士頓顧問
　　公司（Boston Consulting Group），所以這裡的說法可能對他們
　　並不公平。但我應該可以肯定的說，如果你提出的建議是關於家
　　具，在這些技術專家組織裡不會有太多人把你當回事。

下了投資。此外,這個人應該希望自己的生意能夠成功,否則不會投入這些資本。光從椅子並無法保證咖啡能有頂尖的水準,但應該至少能判斷有一定的程度。如果老闆連防風圍籬和椅子都買了,應該也會投資買一台像樣的 Gaggia 咖啡機、好的牛奶和咖啡豆,而且也會提供員工訓練。這一切都暗示著,這位老闆追求的不是在短期內立刻實現利潤最大化,而是要用長期建立名聲與忠實的客群,這樣一來,至少點杯卡布奇諾的時候不會差到哪吧?

當然,你也得小心不要過度投放這種訊號。如果店外放的是太昂貴的扶手椅,就有可能讓人心裡浮現一個也很合理的結論:這家店一定賣得很貴。這件事在超市設計造成嚴重的難題:民眾覺得這間超市的東西賣得有多貴,最大的影響因素並非實際的價格,而是裝潢有多奢華。

像這樣說一切都是廣告,如果你覺得這有點過度、是帶著私心,我也能夠體會。事實上,我自己也是這麼認為。然而,這又得看你如何定義廣告。在本質上,如果想要說服人、而且又不是靠說謊,我們就是需要廣告手法。資訊是免費的,但真誠不是。而且並不只有人類會以傳輸資訊時的昂貴程度來判斷資訊的重要性;蜜蜂

也會這麼做。*

蜜蜂怎麼打廣告？

　　蜜蜂對某個可能築巢地點的評價，是用跳舞來表示：跳這隻舞用的體力愈多，代表評價愈高。然而，蜜蜂同時也會運用昂貴的「廣告」，讓同伴知道該把時間心力花在哪裡。

> 蜜蜂會幫花朵打廣告；而如果我們仔細想一
> 下，所謂的一朵花，其實也就是一種雜草是
> 再加上廣告預算。

　　花朵會運用手中大量的資源，說服客戶這裡值得一訪。花的目標客群是有助於授粉的蜜蜂與其他昆蟲、鳥類或動物，而授粉這件事甚至可以上溯到恐龍時代。† 花

---

* 科爾・波特（Cole Porter）也有句歌詞就是「bees do it」（蜜蜂也這麼做）。
† 花朵與蜜蜂的關係，技術上就是一種互利共生（mutualism）。抱歉這本書裡老是用蜜蜂當例子，但從互利共生的關係，特別能夠看出如何催生與維繫雙方的誠實合作。

朵為了有效授粉，就得說服顧客相信花朵有價值。如果用《米其林指南》的星級評等，某朵花的價值可以分成「vaut l'étape」（值得順路一訪）、「vaut le détour」（值得繞道前往）或「vaut le voyage」（值得專程造訪）。為此，這朵花會投下昂貴的賭注，大量提供花蜜來獎勵那些造訪的蜜蜂，也鼓勵蜜蜂再停久一點，好讓花粉能沾在蜜蜂身上、散播到其他地方。然而，蜜蜂一開始根本看不到花蜜，必須得花上時間體力真正造訪，才能確認這些獎勵真實存在。花朵是用了什麼辦法，才能從遠端說服這些蜜蜂？*

　　答案是：花朵也會運用「廣告和品牌塑造」，用的就是獨特而難以複製的花香，以及大片而鮮豔的花瓣。確實這些很能引起注意，但同時也會帶來風險，可能引來食草動物大快朵頤。不論如何，獨特的花香和花瓣就成了一種可靠（但也並非萬無一失）的訊號，讓蜜蜂知道附近應該有花蜜值得一訪。

　　如果某株植物的資源足以生產出花瓣和花香，顯然健康狀況也就足以生產出花蜜；然而，花了這麼多資源

---

* 畢竟，如果我不能肯定某家餐廳美味無比，絕不可能開幾小時的車專程造訪。

做展示，如果蜜蜂只來一次、或是不願鼓勵其他蜜蜂來訪，還是很不划算。只打算做一次生意的時候，沒有必要下這麼重的廣告成本。在你造訪的時候，一切都會顯示「我賭你一定會再回來，否則我的努力就都白費了。」

　　此外，在花朵與蜜蜂之間的資訊共享系統也十分可靠：花瓣的大小與花蜜的供應量通常會呈正比。這樣一來就能省下大量時間，讓蜜蜂從遠處就能判斷某株植物是否「值得專程造訪」。這同時也要求植物必須運用資源，讓自己變得又獨特、又引人注目。如果有某種花具備更好的花蜜來源，也必須讓蜜蜂能夠學會如何判斷、選擇重複造訪、形成「顧客忠誠度」，才能帶來好處。如果所有的花都有著相同的外表與氣味，因為蜜蜂分不出哪些花的蜜更多，所以無論哪朵花能夠提供高出多少的獎勵（或許也就是更多的花蜜），也不會有用。一朵花必須能讓自己與眾不同，才能提升交換價值，[†]增加讓蜜蜂重複造訪的機會。

　　我在這裡刻意用了一些行銷術語，是因為花朵需要

[†]　雖然是說「引人注目」，但絕不只是視覺的問題。在此，香味可能更重要，而且其他植物要模仿香味也比較困難。但是顯然，「蜜蜂不只是靠花朵的顏色和香味來識別花朵；蜜蜂還能感受到花朵的微小電場」，這是最近才發現的一種機制。

在蜜蜂心裡建立的正是「品牌」的概念。花朵其實也可
以騙人：雖然有巨大的花瓣廣告，最後卻不會提供昂貴
的花蜜。例如蘭花似乎就是植物界的詐欺犯，常有各種
不實廣告。至少有一種蘭花會模仿雌性昆蟲生殖器的外
觀（和氣味）；許多蘭花會模仿食物來源，也有些會模
仿其他植物。然而，這只能在小範圍內發揮作用，*太常
玩這種把戲，昆蟲就會學會避開。

廣告傳遞的信任訊號

　　換句話說，如果蜜蜂有可能拒絕再訪、甚至鼓勵其
他蜜蜂進一步杯葛抵制，這些在花香或花瓣顏色所投入
的廣告資源就無法回收。然而，蘭花就是花卉界的遊客
餐廳：靠的都是一次性的遊客，本來就不期待會有人再
訪，也就不擔心對訪客大敲竹槓會有什麼不良後果。然
而，如果還希望有回頭客、或是希望能有好口碑吸引未
來可能的其他客群，†不要作弊才會有好結果。這套機制
並不完美：就像人類的情形，必須是雙方會定期重複互

---

* 或許正因如此，這些蘭花並不常見，而且也只有在季節交替、蜜
　蜂還沒學聰明的時候得以繁衍蓬勃。

† 然而，像是 TripAdvisor 之類的評價機制，已經讓相關局面有所改
　變。

動、或是有評價交換機制的時候，才能運作順暢。如果是某些偶爾才會購買的類別、‡或是我們不會彼此討論滿意度的類別，這種機制就無以為繼。

經濟學家並不喜歡品牌這種概念，覺得這種做法效率不高，但這樣一來，花朵也就只是一種效率低落的雜草。經濟學家不會了解花朵為什麼要浪費資源來製造香味與顏色，那是因為他們不了解花朵真正的目的，也不了解花朵所在的決策與資訊傳輸情境。

蜜蜂喜歡去拜訪那些下重本「打廣告」的花，就像是人類消費者喜歡砸大錢去買那些下重本打廣告的商品。如果某家公司真的覺得自己的產品不行，應該不太可能再浪費稀缺的資源來大力宣傳，否則只會讓壞名聲流傳得更快。此外，如果某公司長期以來產品品質過人、聲譽卓著，相較於還沒有名聲的公司，如果讓顧客失望，損失也更為慘重。加勒比海有句諺語：「信任上升的速度就像椰子樹，而下降的速度就像椰子。」就像蜜蜂一樣，這種機制之所以奏效，是因為我們能夠讓作弊者得到懲罰：可能是個人永遠不再回購，又或是傳出

---

‡　又或者是某些我們根本只會購買一次的類別，像是退休金或喪葬方案。

壞口碑而形成集體的共同抵制（蜜蜂當然就不是用講的，而是用跳的）。*

　　在廣告這個領域，投入大筆廣告預算並不能證明產品多麼優秀，但確實可以證明這位廣告主有一定信心，認為產品未來應該能夠流行，於是願意投下這些資源來宣傳。就在你要決定是否購買的當下，廣告主對產品的了解必然比你多，所以如果這位賣方不惜重本展現信心，或許正是一個最可靠的指標，能讓人知道這項產品至少值得考慮（可以再次回想倫敦計程車司機知識訓練的例子）。此外，這也能夠證明這位賣方至少財務健全、能買得起廣告。然而，這種機制的運作如果要順暢，就必須擁有穩定、一致的身分，並且有法律禁止製造商仿冒他人商品（這在商業領域稱為仿冒，在生物學則稱為「貝氏擬態」）。†

---

* 蜜蜂有一種複雜的舞蹈，向同伴指示花蜜和花粉的位置，而舞蹈的方向就指向值得造訪的方位。

† 無毒的王蛇模仿毒性足以致命的珊瑚蛇。英文有首打油詩來分辨兩者的區別：「Red touching black, safe for Jack. Red touching yellow, kill a fellow.」（紅色碰到黑，活到一百歲；紅色碰到黃，咬到死光光。）

圖9

東方珊瑚蛇（Eastern Coral Snakes，有毒）

紅色碰到黃，咬到死光光

紅色碰到黑，活到一百歲

佛羅里達猩紅蛇（Florida Scarlet Snake，無毒）

貝氏擬態的例子。

昂貴訊號與性擇

昂貴訊號理論是由演化生物學家阿莫茲・扎哈維（Amotz Zahavi）首先提出，而我相信這是社會科學數一數二重要的理論。[‡]要解釋許多演化結果的時候，總會

[‡] 如果這個世界真的公平公正，扎哈維應該要更出名才對。

用到訊號投放以及訊號對於性擇（sexual selection）的影響，但似乎有時又會有些例外，就連達爾文也無法解釋。在給朋友的一封信裡，達爾文就表示「看到孔雀尾巴上的羽毛」會讓他「身體不適」。他之所以會有這種詭異的厭惡，是因為雄孔雀似乎活生生的駁斥演化論自然選擇的觀點。這種生物如此美麗、卻又如此無用，比較像是神的創造，而不是什麼自然選擇的結果。畢竟，不管用什麼標準來看，華麗的尾羽都無法提高孔雀的適應或生存能力，反而讓牠容易被掠食者盯上，而且要逃跑的時候也是種負擔。不論是做為掠食者或獵物的角色，如果能夠隱藏在暗處都非常有利，至於孔雀如此顯眼則是都非常不利。

　　我們必須補充提出一點：除了打廣告求偶之外，動物確實也會因為其他原因而演化出某些獨特的顏色或奇怪的特徵。像是「警戒色」（aposematic colouration），就是為了警告掠食者最好放下攻擊或捕食的念頭。舉例來說，如果你是一隻有毒或氣味噁心的甲蟲，看起來十分顯眼就會是個優點：鳥類很快就能學會可別動你的腦筋。*

---

* 像瓢蟲被吃的時候會釋放一種惡臭的化學物質，而牠們背上鮮豔的斑點就是在為這種「不宜食用」的特色打廣告。

像是獅子魚（還記得牠們嗎？）就用了這種策略。相對的，水果和花朵的外觀之所以如此顯眼，則是為了要鼓勵老主顧重複造訪，希望動物吃了水果協助傳播、昆蟲造訪花朵協助授粉。

　　達爾文在 1867 年 2 月 23 日寫給華萊士（Alfred Russel Wallace）的信裡提到：「我在星期一晚上給貝茲（Bates）出了一個難題，他答不出來。而就像以前的類似情況，他的第一個建議就是：『你可以問華萊士。』我的問題是：為什麼毛毛蟲的顏色有時候會如此華麗、帶著藝術感？」根據達爾文的性擇理論，獨特的顏色是為了成就性吸引力。但這一點並不適用於毛毛蟲，畢竟在牠們變態成蝴蝶或蛾之前並沒有性交的能力。華萊士隔天回覆，認為既然有些毛毛蟲「有噁心的味道或氣味來保護，對這些毛毛蟲來說，不被誤會成那些可口的毛毛蟲就會是一項優勢。畢竟只要被鳥喙啄出什麼小傷口，我相信對於還在長大的毛毛蟲幾乎都會致命。所以，如果能用任何鮮豔、顯眼的顏色，讓牠們與那些可食用的棕色或綠色毛毛蟲大不相同，就能讓鳥類輕鬆判斷牠們不宜食用，好避免自己被鳥類啄起，畢竟那跟被

吃實在一樣糟糕。」*

　　由於達爾文對這個想法十分熱衷，華萊士拜託倫敦昆蟲學會（Entomological Society of London）驗證他的假設。昆蟲學家約翰・威爾（John Jenner Weir）用自己鳥舍裡的毛毛蟲和鳥類進行實驗，在 1869 年提出第一項關於動物警戒色的實驗證據。在 20 世紀的自然主義者看來，演化出「警戒色」這種事情十分不可思議，因為如此顯眼的訊號應該會增加遭到捕食的機率。只不過你也可以換種解釋說法，認為警戒色就是種昂貴訊號：「像我這樣躲都不躲，代表應該有什麼充分理由，告訴你該打消吃我的念頭。」†

---

*　如果你覺得拼字或文法不好的人該被開除，請別忘了華萊士的文法拼字也不行。華萊士是生物學界數一數二的思想家，但他 14 歲就已經輟學。在他 1858 年投稿林奈學會（Linnean Society）的著名論文裡，他對演化的說法是：「這項原理的運作就像蒸汽引擎的離心式調速器，會在任何不規則現象變得明顯之前就加以檢核校正。同樣的，動物界裡任何不平衡的缺陷都不會達到太明顯的規模，因為光是在缺陷剛開始出現的時候，就會讓存活變得困難，幾乎肯定會迅速導致滅絕。」雖然控制論專家葛雷格里・貝特森（Gregory Bateson）只把這看成是一種比喻，但還是在 1970 年代就指出，華萊士「或許說出 19 世紀最有力的一句話。」而如果用複雜系統的話來說，就是他已經了解自我調節系統與回饋的原理。

†　我們甚至可以用同一套道理來分析 18 世紀英國軍隊的紅色軍裝外套：「我這麼強、這麼猛，可不用像美國佬那樣躲在灌木叢裡。」

　　對於動物來說，避免捕食顏色鮮豔的動物應該算是很好的經驗法則。這些動物既然無須發展出保護色就能存活下來，顯然是運用隱蔽以外的策略，再去捕食牠們應該不會是個好主意。從這個例子我們再次看到，有些事雖然表面上不合理，傳達出的意義卻比那些合理的事情更多。在這裡，也正是因為這件事的難度讓它有了意義。想假冒並非做不到，但卻得冒著風險；舉例來說，某些無毒蛇就採用擬態策略，於是牠們雖然無毒，但十分鮮豔。這裡所冒的風險在於，一旦掠食者學會分辨你和你所模仿的危險物種，要捕食就輕而易舉，而這代價你只能自己承擔。

　　如果一個男性在洛杉磯中南部穿金戴銀走在路上，將會是個雙倍的昂貴訊號：一方面需要你買得起這些金飾，另一方面也代表你膽子夠大、本事夠高，不擔心在公共場合被搶被偷。像是我自己，雖然也能買得起一些閃亮亮的精品配件，但不論在倫敦或我住的七櫟樹鎮上，身為一個發福的中年男子，可沒有足夠的信心戴上這些配件。

必要的浪費

　　達爾文之所以寫出第二本重要著作《人類源流》（*The Descent of Man*），是為了解釋他的性擇理論，以及捍衛他認定物種起源於自然選擇、而非智慧設計（intelligent design）。*書中提出一套性擇理論來解釋各種異常現象，包括解釋了為何「適者生存」的原則會產生出一些顯然不適於生存的特色，像是華麗無比的羽毛。

　　這個概念很簡單，但並不明顯。如果某個基因要延續，帶有這個基因的身體除了得存活、還得繁殖，否則總有一天這個基因會死亡。正如某些特色能夠帶來生存上的優勢（例如敏銳的視力或聽力、快速行動的能力），某些特色則能帶來繁衍上的優勢；這些特色就能讓人把自己的基因與大量、或是擁有更高品質基因的伴侶結合。在人類與許多其他物種當中，兩性對另一半質與量的要求可能會有不同。就人類而言，女性能夠生育的下一代數量天生受限，隨意交配的做法並無法帶來多少優勢，所以必須考慮其他因素，例如基因的品質、男性能夠為後代提供的資源多寡。

---

* 這本書完整的書名是《人類源流與性的選擇》（*The Descent of Man, and Selection in Relation to Sex*，1871 年）。

　　然而，女性能怎麼選擇呢？在沒有基因定序儀的情況下，女性只能依賴各種感官線索評判配偶，希望選定的人能讓自己產下最有可能健康成長的下一代；這時，年齡、體型、對寄生蟲和疾病的抵抗力都可能是有用的指標。如果一個生物活得夠久，能夠長成巨大的體型或是享有高齡，顯然就具備生存的條件。於是，牛蛙靠著鳴叫來展現自己的體型大小與健康狀況，鳴叫聲的低沉程度能表現體型大小，而鳴叫的持續時間則能表現是否健康。雌蛙經過隨機選擇，發展出的偏好會選擇聲音低沉、鳴叫較久的雄蛙，而因為這些特色與雄蛙優質與否高度相關，整體而言就能產出適應力更高的後代。於是，「雄蛙聲音低沉」與「雌蛙偏好這種特性」這兩種特徵同步成長，偏好這兩者的基因也愈來愈會同步出現。

　　但這裡就有一個問題：原本只是個關於健康狀況的可靠指標，接著就可能演變成軍備競賽。如果你是一隻健壯的牛蛙，求偶的叫聲到底該維持多久？這個問題唯一安全的答案就是「比附近的其他牛蛙再久一點」。於是，這件事原本只是能夠拿來做為健康指標，接著就被誇大到荒謬的程度；這稱為費希爾失控選擇模式（Fisherian runaway selection）。就動物而言，這件事可能非常浪費。看起來似乎就是為了比拚鹿角的大小，讓

愛爾蘭紅鹿（Irish elk）的鹿角長到瘋狂的比例，最後導致滅絕。

　　講到人類，如果演變成透過各種極端行為、表現出不受限制的競爭，也可能會造成同樣嚴重的損害。有些學者就認為，復活節島（Easter Island）有可能就是因為部落之間比拚誰能建出最大、最多的石像，最後才導致島上人類文明遭到滅絕。現代人類並不會比拚誰能建出更大的石像，*但說到車輛展示中心、DIY 中心、女裝店與購物中心裡的種種舉動，以及大家爭著花更多錢去度假，這些究竟是僅僅出於消費主義的表現，又或是出於同樣不受控制的競爭動機？

　　當然，競爭性消費主義早就不是新鮮事。1759 年，亞當斯密就在《道德情操論》裡提出以下看法：「如果有一隻手錶每天會固定慢 2 分鐘；而某個愛錶人士對此很不滿。他或許會用 2 堅尼（guinea）的價格把這隻錶賣了，再用 50 堅尼的高價買一隻新錶，新錶走了兩星期也不會慢超過 1 分鐘。手錶的唯一用途就是讓我們知道現在的時間，好讓我們不要失約、或是因為不知道現在的時間而遭受各種不便。然而，如此重視這種裝置的

---

* 至少在我住的地方附近沒這回事。

人並不一定總會比其他人更守時，也不一定會更想知道現在到底幾點。他真正關心的不是能不能得知這些事，而是用來得知這些事的裝置是否完美無缺。」

現代環保主義者還表示，人與人之間對於地位訊號的競爭正在摧毀地球。他們認為，如果大家都能過著有節制的生活，地球其實擁有足夠的資源，能夠輕鬆支持目前的人口數；然而人類本性的競爭就讓我們對生活的期望不斷升高，於是消費也不斷升高。就許多方面而言，這種競爭並不健康，也不一定有助於人類幸福。在某些時候，這會讓人類為了想要維持與他人的相對地位，於是花費超出原本自己會選擇消費的額度。

在這裡，業界與環保主義者肯定會有一些耐人尋味的辯論。而在我看來，只要了解潛意識動機之後就會知道，雖然理論上人類最好可以滿足於平等的生活、不去爭奪地位，但在心理上就是不可能。

沒效率不等於沒有效

不過話說回來，我們所爭奪的地位象徵不見得需要對環境造成破壞；除了自私的消費之外，人類也能從慈善事業取得地位。舉例來說，正如傑佛瑞‧米勒（Geoffrey Miller）所言，假設有一個部落，男性在狩獵

之後要在眾人面前分贈所得的肉塊、藉以宣揚自己的狩獵長才，像這樣經濟上的不理性行為，將能夠使部落繁榮。相較之下，假設有另一個部落，其他客觀條件都相同，但男性是以激烈的互搏來展現自己的強健，這樣的部落就會衰亡：因為即使是勝出的人，也有可能受傷嚴重，而且預期生命也只會較短。第一個部落是個正和賽局（positive sum game），而第二個部落則非如此。* 極端的悲觀主義者可能會認為，雖然爭奪財富象徵可能對地球來說既浪費又有害，但比起其他形式的個人或群體爭鬥，造成的傷害還是小多了。†

想追求身分地位的時候，不同的方式就會對大眾形成不同的影響，有可能極度有利於大眾、也有可能就是個徹頭徹尾的災難。有件事我總是想不通，政府針對各種消費形式課稅的時候，究竟為什麼不依據消費的外部性（externalty）是正面或負面來訂出不同的稅率？（就像政府對菸草、酒類和汽油的措施。）由於我身處廣告業，各位或許可以想像，我對於多數形式的消費主義都

---

*　某位俄羅斯寡頭統治者似乎就表現出某些類似於這第二種好鬥部落的特徵。

†　舉例而言，如果是個有輕度社交問題的男性，渴望擁有一艘大遊艇，顯然比渴望執掌特務部隊來得更好。

非常寬容，但還是有些活動（像是為了珠寶首飾開採鑽石）在我看來是百害而無一利。這或許只有我這麼想，但我並不覺得自然選擇的演化是達爾文最有趣的想法。從魯克萊修（Lucretius）到派翠克・馬修（Patrick Matthew），有些更早的思想家都已經看到自然選擇的基本原則，另外也有許多實務人士（像是養鴿或是養狗人士）早已掌握基本原理。就算達爾文與華萊士都不存在，看來也總有一天會有別人提出類似的理論。

然而，性擇理論就是一套真正與眾不同、跳出框架的概念，至今仍然獨樹一格。一旦了解這套理論，許多以前難以理解、看似不合理的行為，都會突然變得再合理不過。從性擇理論所浮現的概念不僅能解釋像是孔雀尾巴之類的自然異常狀況，也能解釋為何有許多看似瘋狂的人類行為與口味會大受歡迎，從像是魚子醬之類的炫耀財（Veblen goods）‡，到打字機這種比較平凡的荒謬商品。

有大約一世紀，沒有多少人懂得如何打字，而打字機在這段時間對企業來說肯定嚴重影響生產力，因為這代表企業或政府的每次溝通都得做兩次：先由發起人手

‡ 炫耀財這種商品的需求會隨著價格一起上漲。

寫草稿，再由打字員或打字部門來打字。一旦需要簡單的修改，就可能讓一封信或一份備忘錄拖上一週；儘管如此，擁有並使用打字機就代表你是個認真的企業，而堅持手寫則像一隻孔雀沒有尾巴。

請注意，寫到關於性擇的段落時，我也犯了和其他所有人一樣的罪：我舉的都是情況很誇張、而且會嚴重影響效率而增加成本的例子，像是打字機、法拉利、孔雀的尾巴。[*]但這並不公平。

任何重大創新的早期階段都可能有個尷尬時期：新產品並不見得比打算要替代的產品更優秀。舉例來說，早期的汽車在大多數方面其實都不如馬匹。早期的飛機異常危險，早期的洗衣機絕不可靠。這些產品之所以有吸引力，除了實用性，其實也等於是一種地位的象徵。

這裡真正的重點可能就在於性擇與自然選擇之間的張力（與兩者的互動）。要不是人類有著想要投放地位

---

[*] 各位可能就曾發現，世界上有名的比利時人並不多。原因在於，大家都以為那些有名的比利時人是法國人。例如畫家雷內·馬格利特（René Magritte）、作家喬治·西默農（Georges Simenon）、或是歌手雅克·布雷爾（Jacques Brel）。同樣的，很少有性擇的例子廣為人知：在性擇成功的時候，大家都以為這就是自然選擇。

訊號的本能，可能許多創新根本無法上路，[†]而或許自然
界也一樣？換言之，正如傑佛瑞・米勒所言，性擇會不
會就是為自然界的最佳實驗提供「早期資金」？舉例來
說，會不會是因為鳥的側邊有更多羽毛，在性擇訊號上
就有優勢，[‡]於是最後讓鳥類得以飛翔？而人腦之所以發
展出處理大量詞彙的能力，或許最初的主要目的也是為
了吸引異性；但各位現在也是因此才能讀懂這句話。在
性擇發揮作用的時候，大多數人並不會說原因是出於性
擇，而會說是由於自然選擇。

　　為什麼我們不願意相信生活除了狹隘的追求效率，
其實也想追求奢華、追求一些表現？確實，昂貴訊號可
能造成經濟效率低落，但這樣的效率低落卻能同時帶來
一些寶貴的社會特質，像是信賴與承諾；至於禮貌與客
氣的舉止，也是一種人在面對面時的昂貴訊號。為什麼
我們願意接受自然界也有類似會計的職能，卻不願意接
受自然界也有類似行銷的職能？難道，因為花朵的效率

[†]　有大約十年左右的時間，汽車作為交通工具還不如馬匹。真正催
　　生出福特汽車公司的原因，其實是出於人類想追求新鮮、展現地
　　位，而不是真正講究「實用」。創辦人亨利・福特小時候就是個
　　愛現的小夥子。
[‡]　而不是像孔雀一樣，過度投資在後方的擾流板（spoiler）。

比不上青草，我們就該輕視花朵嗎？就連華萊士這位與達爾文同時代的精英分子暨合作對象也很不喜歡性擇的概念；不知為何，大多數人（尤其是知識分子）就是不願意相信這個概念。

身分的重要性

　　請不要忘記，如果沒有獨特性，不論花朵產品的品質再怎麼提升，也無法相應的提升蜜蜂的忠誠度，蜜蜂與花朵的共生互利關係就無法運作。如果沒有身分以及由此而生的差異性，一朵花再怎麼提供更多花蜜也不會有好處。蜜蜂下次造訪的時候，很有可能飛往隔壁那朵沒那麼慷慨、卻長得一模一樣的花。於是隨著時間過去，花朵最後就會落入「向下競爭」（race to the bott-om），盡量節省用來製造昂貴花蜜的成本，轉而靠著長相類似於那些願意慷慨提供蜜蜂花蜜的花朵，而讓蜜蜂願意徘徊於花叢之間。

　　我們必須想想，在商界是否也出現如同自然界一般的情形。如果想讓資本主義運作順暢，品牌會不會是必要的關鍵？

失敗的懸浮滑板

　　本書許多讀者可能年紀還太小，並不記得當年捲心菜娃娃（Cabbage Patch Kids）或是巴斯光年（Buzz Lightyear）玩偶引起搶購的風潮，但讓我們以 2015 年耶誕節為例，雖然當時的瘋搶情形並不那麼嚴重，卻給我們上了寶貴的一課，了解品牌廣泛的經濟重要性。

　　我要說的案例就是懸浮滑板。當時，懸浮滑板有各種英文名稱，有 Hoverboard、Swagway、Soarboard、PhunkeeDuck，或是 Airboard。這些產品一直沒有一個公定的名稱，原因是深圳有好幾家廠商在製造這些產品，而且取名的並非製造商、而是當地經銷商。這項商品並非由某家大公司委託製造，似乎是實驗出的產物。這種不尋常的起源就成了一個罕見的測試案例，讓我們了解沒有品牌的創新會發生什麼情形。

　　懸浮滑板確實是個有趣的產品，我相信不少人一看就可能會想試試看。但你沒買，對吧？首先，你不知道該買哪一個；有些有燈光或藍牙喇叭，* 有些的輪子比較大，每項產品的價格也有落差。而且在缺少知名品牌的狀況下，我們很難理解這整個產品類別。正如神經學家

---
* 到底是為什麼？

所言，很多時候與其說我們是選擇品牌，不如說是用品
牌來協助選擇。然而如果實在想不出該怎麼選的時候，
我們就會挑最安全的預設選項，也就是什麼都不做、什
麼都不選了。

圖10

這項產品就是少了一個品牌。沒有獨特的品牌形象，
就不會有動機想改善產品，也無法讓顧客選擇優秀的
產品、或是鼓勵最佳的製造商。

其次，如果這個產品得花上幾百英鎊，卻又沒有一
個知名的品牌名稱來背書，我們會感到不安。英國廣告
人羅賓・懷特（Robin Wight）把這種本能稱為「名聲
本能反應」（the Reputation Reflex）；雖然這種反應就
是種直覺、大致上並非出於意識，但卻完全合乎理性。

我們憑直覺就知道，如果某人擁有卓著的品牌身分而販賣劣質產品，他蒙受的損失必定會高於那些完全沒有名聲能夠失去的人。[*]到最後，就在我們還在考慮要不要冒險嘗試的時候，已經傳出新聞，有幾塊懸浮滑板在充電時起火，其中一個案例還把房子燒了。雖然只有幾家製造廠有這項問題，但因為大家無法得知該避開哪幾個特定品牌，到頭來就是把整個產品類別都賠了進去。

　　沒有品牌回饋機制的情況下，做得再好也無法獲得回報，於是任何製造商都沒有動機去製造更安全、更好的懸浮滑板。到最後，整個市場開始向下競爭，產品的創新與品管雙雙崩壞。畢竟，如果不會有人知道是你做的，又何必製造出更好的產品呢？於是，沒有人製造出更好的懸浮滑板，整個產品類別最後多少也正是因此而消亡。要是能有更好的懸浮滑板上市，又或者有某個像三星這樣精明的企業，讓市面最佳的產品冠上自己的品牌，整個產品類別就可能起死回生。值得注意的是，原本電子菸的市場也是同樣一片混亂，但現在已經開始出現像 Juul 和 Vype 之類的品牌。

---

[*] 如果當時市面上有三星、LG 或戴森的懸浮滑板，你很有可能就會買一塊。

品牌的功用

　　就許多方面來說，之所以會出現昂貴的廣告和品牌，是為了解決喬治・阿克洛夫（George Akerlof）1970年在《經濟季刊》（*Quarterly Journal of Economics*）的〈檸檬市場〉（The Market for Lemons）一文所提出的問題。這個問題是「資訊不對稱」（information asymmetry），也就是賣家對於這項待售商品的理解，要超過買家對於這項待購商品的理解。由共產主義統治的東方集團（Eastern Bloc）國家就學到慘痛的教訓；當時它們認為品牌的概念違背馬克思主義，因此所有的麵包都只能標記是「麵包」。顧客不知道麵包是誰製作的，也不知道如果麵包運來的時候長滿了霉該找誰算帳，而且因為所有包裝看來都一模一樣，甚至也無法在未來避免再次發生這種情形。有些顧客一肚子不滿，卻無法發動制裁；也有些顧客十分滿意，卻無法靠著重複光顧來獎勵生產者。於是，麵包愈做愈差。共產主義下的鉚釘生產也出現類似的模式。一般來說，每座工廠都會有必須達成的每月產量要求；製造完後，所有鉚釘完全不會標上任何品牌，一律送到中央的鉚釘集中存放處，因此與其他工廠的鉚釘混合在一起。到這時候，所有鉚釘（目前已經完全無法判斷由誰生產）再運往各個需要的地

方。蘇聯很快就發現，產品上沒有製造商名稱的時候，沒有人有動力想生產高品質的產品，於是產量提升，但產品品質下滑。如果每個月需要生產 100 萬根鉚釘，最簡單的方法就是隨便做，於是製造出 100 萬根品質低劣的鉚釘，很快也就會讓船舶解體。而且因為所有鉚釘沒有掛名，就連該歸咎哪間工廠也無從查證。到最後，蘇聯才終於放下對意識形態的自尊，重新讓工廠在鉚釘印上工廠名稱；回饋機制得以恢復，而鉚釘品質也恢復到可接受的水準。

　　我最近認識一位曾在共產羅馬尼亞生活的婦女。當時羅馬尼亞有一種很熱門的巧克力棒，有三間不同的工廠生產製造，但品質差異極大。雖然品牌名稱一樣，但根本就像是三種完全不同的巧克力。當時可能是出於安全因素，如果把包裝的一部分翻起來，可以看到一排字母數字碼，顯示這條巧克力棒是由這三間工廠的哪一間製造。我這位朋友當時還是個年輕女孩，而媽媽對這件事的規定非常嚴格：必須把包裝翻起來看到有寫字母「B」才能買，如果是其他字母就直接放下。

　　要是沒有足以區辨不同花瓣或品牌的差異，就無法形成回饋循環，事情也就不會有所改善提升。有了這些循環，昆蟲或人類才能學會區分哪些植物或品牌能帶來

更多獎勵，進而相應調整行為。沒有這種機制，就不會有動機去改進自己的產品，因為就算改善了、也是所有人都一同受益。而且甚至還會有讓品質下滑的動機，因為節省下的成本就會是一筆立即的收益，而名聲受損的後果也是由所有人共同承擔。從這點就能解釋，為什麼市場必須容忍某些明顯的效率低落，也必須支持各種競爭產品以昂貴的方式區分彼此的差異：一切都是為了鼓勵品質控制與創新。

　　幾年前在英國，號稱經過認證的牛肉竟被偷偷混入馬肉，於是肉品供應出現全國性的信心危機。*雖然沒有民眾因此喪命（其實連生病都沒有），卻讓民眾對食物業者的信任大受打擊，而且這確實是罪有應得。當時受影響的並不是那些有品牌的牛肉（麥當勞在這件醜聞當中完全不受影響），而是那些一般會標上「來自各種來源而經認證」的牛肉。牛肉業者如果知道自己提供的肉品會和其他人的肉品混合在一起，就不用擔心自己的名聲會受損，也就沒有任何理由阻止他們在裡面混進一些馬肉。

---

* 事實上，如果在法國，大概並不會掀起什麼危機風波。但對英國人來說，光是想到要吃馬肉就會覺得有點噁心。

　　這件事之所以重要，是因為品牌行銷的重點常常就是在一群已經很不錯的產品之間，刻意強調那些其實極微小的差異。我們常常會忘記，要是無法保證品質，整個市場無法具備足夠的信任、也就無法運作，這種時候再完美的創意也無法成功。

> 品牌不只是在優質產品上錦上添花，而是要讓優質產品得以存在的重要關鍵。

　　在人類祖先還住在樹上的時候，演化就已經解決花朵和蜜蜂之間資訊與信任不對稱的問題。蜜蜂已經存在至少 2,000 萬年，而花卉植物還能追溯到更早。點出「生物界的訊號投放」與「商業界的廣告」有諸多類似之處，或許就能解釋我多年來注意到的一種現象：和經濟學家聊天，會發現他們常常很討厭廣告，而且對廣告幾乎一無所知；但和生物學家聊天，他們卻很能了解廣告的精義。幾十年來，在倫敦《經濟學人》最能了解我的人並不是他們負責行銷專題的通訊記者（那位記者似乎很討厭行銷），反而是負責科學專題的通訊記者，背景是位演化生物學家。

4

心理奇襲策略 2
潛意識駭客原則

安慰劑效應

前面已經提過，如果想改變他人行為，常常得靠一些間接的方法。而我現在還要再說，就算是想改變自己的行為，其實也得靠著類似的方式。

我們先來談談安慰劑的作用。我的祖父曾經從 1922 年當醫生當到 1950 年代中期，而他說在盤尼西林問世之後，自己才真的稱得上是個醫務人員。在抗生素發明之前，可以說他就是個有著現代光環的巫醫，對病人來說，「有醫生來看診」的心理價值，其實與他開出藥方的實際藥效有著不相上下的重要性。

說到安慰劑或順勢療法之類的安慰療法，究竟算不算是科學？大概算、也可以說不算。這些療法有效嗎？大概可以說有時候有效。安慰劑並沒有直接的藥效，但某些時候對人類心理的影響力可能有不亞於藥效的重要性；特別是對某些病症來說（例如慢性疼痛或憂鬱症），心理比生理更重要。*

我想講的事情十分簡單：就算某種方式的作用並非

---

* 同樣的，本書提到要用心理邏輯的方式來解決一些社會或商業問題，這些問題也就是偏向心理、而非實際問題。如果發生實際的飢荒，並無法從心理邏輯來處理；但如果只是暴飲暴食的症狀，就或許可以用心理邏輯來治療。

透過已知的邏輯機制，我們還是應該要願意試試看。人類用阿斯匹靈止痛由來已久，但有長達一世紀根本不知道為什麼它能止痛。就算我們相信阿斯匹靈是用獨角獸的眼淚製成的，雖然相信這種事很蠢，但並不會讓藥比較沒用。

為什麼阿斯匹靈應該賣很貴？

幾年前，澳洲競爭與消費者委員會（Australian Competition and Consumer Commission, ACCC）有一群理性而掃興的人，對全球消費產品製造商利潔時（Reckitt Benckiser)提告，目標指向利潔時的四種產品：Nurofen 偏頭痛藥、Nurofen 緊張性頭痛藥、Nurofen 經痛藥和 Nurofen 背痛藥。ACCC 指控「這些產品聲稱各自針對特定疼痛，但實際上發現，每款所含活性成分異布洛芬離胺酸（ibuprofen lysine）劑量都相同」。問題在於，雖然這些藥物在藥理上與同品牌基本款止痛藥完全相同，卻賣得比較貴。

雖然我很確定 ACCC 提出的都是正確的化學事實，卻認為他們對心理上的論述還有問題。在我看來，Nurofen 根本做的還遠遠不夠，而是該推出更明確、特

定的藥品，解決更明確、特定的痛苦：「Nurofen 我找不到車鑰匙藥」或是「Nurofen 我的鄰居喜歡雷鬼音樂藥」。同樣的，這些藥品也不用加進其他成分，只需要改變承諾與包裝。我可不是在瞎扯開玩笑：關於安慰劑作用的研究指出，止痛藥如果掛著品牌，就會更有效。此外，如果像 Nurofen 那樣指明本藥物是針對某種極特定的病症，或是提高價格、又或是改變顏色，也都能提高安慰劑的功效。總之，只要公司做點什麼，就可以增加產品功效。

　　在英國，阿斯匹靈賣得並不貴。但把這種奇蹟藥品放在無趣的包裝裡，還只賣 79 便士，實在是對不起它；比較好的做法是用華麗的包裝、做成紅色的藥丸，*再把售價大幅提高。有時候，我覺得自己有的是價值 3.29 英鎊的頭痛，而不是個 79 便士的頭痛。我手上也會特地存一些從美國買來、比較貴的止痛藥，覺得藥效更好。

　　我知道這些都是胡說八道，但正如我們所見，就算明言這就是安慰劑，仍然會有藥效。或者換句話說，英國民間認為酸模葉（dock leaf）能夠消減碰到異株蕁麻（nettle）時的刺痛，而就算是演化生物學者理查・道金

---

* 止痛藥如果做成紅色藥丸，藥效也更好。

斯（Richard Dawkins），不管他手中有沒有科學證據，
這種民間療法也有可能對他有用。

安慰劑背後的演化機制

　　心理學家尼古拉斯・漢弗萊（Nicholas Humphrey）
認為，安慰劑的作用在於鼓勵身體投入更多資源恢復健
康。[†]他相信，我們的免疫系統經過演化的校準，本來是
為了適應比當前更嚴峻的環境，所以我們需要讓自己的
潛意識相信現在是個特別適合康復的情境，才能讓免疫
系統放心全速運轉。而如果能有個醫生（不管是個女巫
或是來自英國國家健保局的醫生）、看來很厲害的藥水
（不管是順勢療法或是抗生素）、或是親朋好友的關懷，
都有助於營造這種想像；只不過政策制定者就是不喜歡
任何像這種談到潛意識的解決方案。有鑑於安慰劑的效
果，目前投入的研究經費實在還是太少太少。[‡]

　　了解安慰劑的作用之後，就能開始看到如何以其他
形式來影響潛意識。從這裡可以了解為何我們常以某些

[†]　他在這個主題的著作可參見：'The Placebo Effect' in R. L. Gregory
　　(ed.), *Oxford Companion to the Mind* (2004).

[‡]　如果你建議英國國家健保局該花錢讓藥品包裝更漂亮，他們肯定
　　會覺得你在說什麼瘋話。

看來不合理的方式做事希望影響潛意識，而且除了影響他人，還會影響自己。此外，我們不肯好好運用安慰劑效應，或許也能看出背後有一種更廣泛的抗拒，不願意採用心理邏輯的方式來解決問題（特別是有時候這些方式有點反直覺、不符合傳統理性邏輯）。請容我解釋。

　　正如許多其他形式的鍊金術，安慰劑效應想做的是影響身心某些全自動的程序。我們的潛意識、特別是心理學家提摩西・威爾森（Timothy Wilson）在《佛洛伊德的近視眼》（*Strangers to Ourselves*, 2002 年）所稱的「適應性潛意識」（adaptive unconscious），注意或處理訊息的方式與我們的意識不同，而且說的也不是與意識相同的一套語言，但我們的行為卻有很大一部分是由它所掌控。這代表我們無法以直接的意志、邏輯行動來改變潛意識的程序，而要控制那些「能控制的」事物、才能影響那些「不能控制的」事物，或者說就是操弄環境、營造出特定情境，希望能在這樣的情境中，自然達到無法刻意追求的情感狀態。

　　讓我們想一下。以下這些句子，我們似乎就是不會這麼說：*

---

* 不論什麼語言，通常都是這樣。

1.「我選擇不要生氣。」

2.「他計畫在明天下午 4:30 墜入愛河。」

3.「她決定，在他出現的時候不再感到不安。」

4.「從那一刻起，她決心不再怕高。」†

5.「他決定要喜歡蜘蛛和蛇。」

　　這些事情都不在我們的直接掌控之中，而是本能和自動情感的結果。像這些強烈而非自願的感覺，在演化上有個很好的解釋：感覺可以透過遺傳而傳承，但邏輯推理就得要靠著教導，也就是對演化來說，感覺比邏輯推理更可靠。為了確保人的生存，演化上比較可靠的做法是讓人在一出生就對蛇有本能的恐懼，而不用依靠每一代教導後代要懂得避開蛇。像這種事不是存在我們的軟體裡，而是存在我們的硬體中。

　　同樣的，我們都知道有許多身體機能並非我們能夠直接控制。舉例來說，我無法刻意控制瞳孔的收縮擴

---

† 我有個朋友不但怕高，還怕蕃茄。至於我則和已故的賈伯斯一樣有鈕扣恐懼症。我的情況不算嚴重，我長大之後，只要鈕扣都縫得好好的，穿有鈕扣的衣服並不成問題，但沒縫緊的鈕扣就會讓我很不安。至於賈伯斯的問題就比較嚴重，他絕不會穿上任何看得到鈕扣的衣服。有些人認為這還影響他的設計理念：一直要到能避開按鈕鍵盤，才願意投入生產手機。

張，也無法刻意讓心跳加速或減慢；至於其他身體機能
更不在話下，像是消化、性慾、胰臟分泌、內分泌系統
的作用、或是免疫系統的運作。這些功能出於完全合理
的演化因素，運作並不是靠意識為之，＊可以想成現代相
機上的「自動」模式。每次想照相的時候，不用自己調
整光圈、焦距和快門，就能拍出還算像樣的照片。

怎麼處理那些無法控制的反應？

　　人體的自動系統也像自動相機，雖然無法直接控
制，卻能靠著刻意營造出適合的情境、「駭」出你要的
自動結果。讓我們繼續用照相打比方，假設你有一台全
自動相機，而你想照出一張過曝的照片。雖然相機上面
沒有轉盤能讓你延長快門速度或放大光圈，還是有辦法
達到一樣的效果：先朝向某個黑暗的物體，按鈕啟動自
動曝光機制，再移向你真正想照、光線更好的目標。

　　我一直是自排車的忠實愛好者（這在歐洲不是一件

＊　如果得靠意識，就會有點奇怪：「親愛的，再等一下好嗎？我已
　　經調高睪固酮設定值，也把腫脹程度調到8了喔。」

時尚的事），†而只要曾經開自排車一段時間的人都知道可以很快學會只用油門踏板來控制或避免換檔。駕駛逐漸摸熟自動變速箱的運作機制之後，就會不自覺發展出這種技巧，讓機器做你想做的事。舉例來說，我們在開到快到山頂的時候會直覺放開油門，以免只剩下一小段爬坡把變速箱換到低速檔。開手排車的人不會懂，因為這是在不斷開著同一台自排車之後才會培養出的技能。事實是，你就是可以控制自排車的變速換檔，但也得透過一些間接的方式。人類的自由意志也是如此：在一定程度上，我們確實能夠控制行為和情緒，但不能那麼直接；所以我們得學著怎樣間接控制（就像開自排車的時候，想控制換檔不是用手、而是靠腳）。

　　所有複雜系統都適用於這種間接影響的過程，自動變速箱和人的心理只是其中兩個例子。‡我們在政策上面對問題的時候，其實也像是手排車的駕駛被問到如何換檔，一心以為只能直接用排檔桿，卻沒想到可以用油門

---

† 有些純粹主義的車迷朋友（特別是德國人），總是笑我這件事。他們說：「對啦，但操控的手感就是不一樣。」雖然情況已經不再如此，但我還是得幫日耳曼朋友說說話：在 30 年前，歐洲的自排車確實不怎麼樣。

‡ 當然，蒸汽引擎的調速器（還記得上一章的華萊士嗎？）也是另一個例子。

踏板來間接解決。但這裡的重點在於,其實開自排車要比開手排車更有創意:開手排車的時候,只要告訴變速箱該做什麼就行,但開自排車的時候,就得靠點引誘的手法。[*]

假設你現在希望讓瞳孔放大或縮小、心跳加速或減速,或是增強免疫系統,這些事情還是無法直接靠意志操縱,但卻能透過一些有意識的機制、產生無意識的效果。舉例來說,看著點亮的燈泡、瞳孔就會收縮;走進黑暗的房間、瞳孔就會放大。[†]慢跑可以讓心跳加快,做瑜伽或冥想則能減慢。如果尼古拉斯‧漢弗萊沒說錯,你也可以用這套方式來增強免疫系統:做法就是創造某些情境,讓你的免疫系統相信現在是個絕佳時機,可以放心投入資源來治癒傷口或抵抗感染。想創造出這樣的情境所需的行動,有可能某些時候看來就是在亂搞;但如果你能了解原因,就知道那只是表象。

正因為一切是以間接的方式駭入潛意識情緒與生理機制,常常就會讓人對安慰劑效應與其他各種形式的鍊金術有所質疑。本質上,我們總愛認為自己擁有自由意

---

[*]　如果是英國讀者,可能會覺得我有點像在模仿電視上一個二手車業務的角色史威斯‧托尼(Swiss Toni)。

[†]　或者,情色畫面顯然也有類似效果。

志（雖然實際上的自由意志並不多），於是也就喜歡採用各種直接做法，以維持那種個人能夠自主的幻想，而比較不願意採用那些看來相對不合理性邏輯的間接做法。

意識會自己找藉口

　　人類的意識思維會很努力維持一種錯覺，讓你以為自己所有行動都是出於意識。而實際上，意識很多時候頂多算是個旁觀者，甚至多半根本沒有發現已經做了決策。雖然如此，意識還是會編出一套故事，把自己塑造成決定性的角色。舉例而言，意識會說：「我看到巴士開過來，於是跳回人行道」，但實際上，你可能根本還沒意識到巴士過來，就已經先跳回人行道了。

　　用強納森・海德特的話來說：「意識思維以為這是白宮橢圓形辦公室，但這其實是白宮的新聞辦公室。」[‡6]他的意思是，我們以為自己在發號施令，但其實多數時候只是很匆忙的在編造一些聽來可信的事後藉口，解釋為什麼其他地方做了什麼決定，而我們其實根本不知道原因。然而，即使我們能在事後找出理由解釋自己的行

‡　出自 2012 年的《好人總是自以為是》（*The Righteous Mind*）。

為，並不代表那真的是一開始行為的原因，也不代表用理性就真的能找出原因。

　　讓我們假設有一種外星物種，能夠用意志決定是否要入睡。他們會覺得人類就寢時的行為實在很荒謬。某個外星人類學家會說：「人類不會直接入睡，而會透過一種奇怪的宗教儀式。先關燈、把所有噪音降到最低，再拿掉那七個看不出來為什麼要放在床頭的裝飾用軟墊。*接著，人類會躺在一片寂靜與黑暗之中，希望睡眠降臨。此外，人類不會直接在想醒來的時候醒來，而是會設定一種奇怪的機器，在指定的時間響起鈴聲，把他們拉回有意識的狀態。這看起來太荒謬了。」同樣的，假設有種外星物種，可以決定自己要多快樂。對他們來說，整個人類的娛樂產業就是種巨大的經濟浪費。

　　我們並不會假裝自己能夠用意志控制睡眠或快樂程度，但在很多時候，我們會假裝意志是各種行為背後唯一的原因，而貶低其他那些比較不明顯、我們用來駭進潛意識的行為，以為這些行為比較沒理性、浪費或荒謬。喜歡開手排車的人第一次開自排車的時候，也會感

---

*　就這一點，我跟外星人所見略同。有沒有別人也這麼覺得？這實在太莫名其妙了。

受到一樣的挫敗感。駕駛人還沒掌握到間接操控的技巧，於是以為只能靠著直接干預達到所需的效果，就如同以下例子：

1. 如果想換檔，就必須移動排檔桿。
2. 如果希望員工更努力工作，就必須付更高的薪水。
3. 如果希望民眾戒菸，就必須告訴他們吸菸會致命。
4. 如果希望民眾把退休金領出來，就必須提供稅賦優惠。
5. 如果希望消費者花更多錢來買你的產品，就必須在各項客觀條件上有所提升。
6. 如果要改善火車旅程的品質，就必須讓火車速度提升。
7. 如果要改善自己的快樂程度，就必須消耗更多資源。
8. 如果希望病患健康好轉，就必須提供有活性成分的藥物。

我對於安慰劑理論的解釋，要歸功於尼古拉斯・漢弗萊這位作者。在我看來，他的理論可說是心理學領域最重要的一項。有鑑於這對人類健康的潛在價值，我實

　　在難以想像為何目前這套理論還沒有廣為應用、或至少廣受研究。這有可能讓整個行醫方式改頭換面，但我懷疑，大家之所以不去積極應用漢弗萊的理論，是因為這似乎有種鍊金術的風格。

　　2012 年《新科學人》（*New Scientist*）雜誌有一篇文章探討安慰劑效應的本質，以新證據提供一種可能的演化解釋。[7] 這套理論認為，免疫系統有一種「由頭腦控制的開關」，最早就是由心理學家尼古拉斯‧漢弗萊在大約十年前提出。布里斯托大學生物學家皮特‧崔默（Pete Trimmer）也發現，西伯利亞倉鼠抵抗感染的能力會因為籠子上方的光照時間而有不同，光照時間較長（類似於夏季）時會激發更強的免疫反應。崔默解釋認為，因為免疫系統的運作十分消耗資源，因此如果感染沒有致命危險，就會先暫時放著不管，等到有訊號表示處理感染不會帶來其他危險的時候再處理。而這樣看來，西伯利亞倉鼠似乎在夏天會從潛意識就更積極抵抗感染，因為夏天食物供應充足，足以維持免疫反應。崔默的模型指出，在危險較高的環境裡，動物最好是先別處理感染，盡量保留資源。

　　漢弗萊認為，人們會在潛意識裡對假治療（sham treatment）有所反應，是因為覺得這既能減輕感染，又

不用增加人體資源的負擔。就理論而言，在食物充足的地方，我們隨時都能啟動完全的免疫反應，但漢弗萊認為我們的潛意識開關還沒能適應目前的情況，所以才需要用上安慰劑，說服心智現在就是對的時間、可以開始進行免疫反應了。

安慰劑如何協助我們適應環境？

有趣的是，漢弗萊認為我們的免疫系統經過演化校準，原本是要應付遠比目前更艱苦的環境。*我父母那一代經歷過第二次世界大戰期間的食物短缺，以及在那之後長期的食物配給。我的阿姨到了晚年，就算冰箱裡的食物已經腐爛到足以成為生化危機，仍然無法狠心丟棄食物。她這種無法浪費食物的態度，就是經過一段極度缺乏食物的時間才形成。

同樣的，人類的免疫系統隨著時間慢慢校準，準備面對的也是遠比目前嚴峻的環境。在過去，如果因為身體的免疫反應而讓你一時無法動彈，隨時都得小心餓

---

* 有時候，我們也會用類似的理論來解釋人類為何會過度肥胖：在人類演化的過程中，多半時候可靠的直覺就是：如果找到什麼好吃的，就努力多吃一點。

死、凍死之類的問題，所以不能冒然投入資源。*如果想把我們的免疫反應重新校準，調整成適合現代日常生活這種比較安全的環境，就可能需要一些善意的哄騙。†我猜，這也正是我祖父在抗生素問世前所做的事：用言語給病人打氣，鼓勵他們穿暖一點、躺著休息、吃營養的食物、喝些威士忌來治療，或許再開一些其實並沒有藥效的藥丸，但這一切都能營造出一種樂觀的幻象，讓病患的身體進入一種「康復模式」。

　　我在倫敦的一家印度餐廳和尼古拉斯・漢弗萊見面的時候，‡他的理論已經有所延伸，不再限於健康與免疫系統：除了要駭進免疫系統，他也相信人類會定期運用這種間接的方式來調整身體與情緒的狀況。雖然這就像是免疫反應，我們無法直接用意志來控制，但卻能靠著哄騙使它啟動。他特別提到勇氣安慰劑的手段，能夠將人類的勇敢程度提升到光憑意志無法抵達的水準。

---

* 疾病有許多不愉快的症狀（例如高燒）並不是由疾病本身所引起，而是人體正在和疾病搏鬥的跡象。
† 如果這代表要用順勢療法，那就用吧。
‡ 如果有興趣進一步了解這項理論，YouTube上可以找到《理性之敵》（The Enemies of Reason）的系列影片，而尼古拉斯・漢弗萊在這系列中的影片非常值得一看，片中駁斥化約論理性的權威人物理查・道金斯。

　　讓我們來談談這點，對大多數人來說，勇敢並不是一種能夠靠意識來決定的狀態，只能自動、無法手動。[§]雖然媽媽或許曾在你上小學的時候叫你「要勇敢」，但老實說，我們實在很難自己達到這種狀態，就像是我們很難「決定要睡著」一樣。於是，就如漢弗萊的解釋，軍隊所用的許多裝備和做法（像是旗幟、鼓、制服、隊列、勳章和吉祥物等），其實就是各種勇氣安慰劑，用這些環境訊號來激發勇氣與團結精神。

　　正如入睡這件事，想產生勇敢的訣竅，就在於有意識的創造出能夠導向這種情緒狀態的條件。如果要入睡，或許就該準備鬆軟的枕頭、黑暗與安靜的環境；[¶]而如果是要勇敢，則可能是要準備喇叭、小鼓、旗幟、制服或同袍情誼等。士兵生活在一起，互稱「兄弟」，以一致的步調行軍，穿著相同的衣服，而且分配成像是排、團、師等模擬親屬關係建立的團體；這一切會形成一種幻象，讓人願意為了團體裡的人做出終極的犧牲。

[§] 特種部隊可能是例外；有些隊員之所以入選，有可能正是因為有能力關閉恐懼，而部分隊員也有強烈的精神病跡象。只不過對於我們這些普通人來說，「會不會被嚇到」並不是個能夠選擇的問題。

[¶] 及／或四分之一瓶的威士忌。

　　許多原本看來荒謬的行為，在這種理論下就變得有意義。一旦接受這個想法，它就會在你的腦海長長久久，讓你能以全新的觀點來看人類的行為。而其中最奇特的一點在於，我們其實都會投入大量時間與金錢向自己投放訊號：我們做的許多事其實並不是要向別人打廣告，而是向自己打廣告。*演化心理學家強納森・海德特把這種活動稱為「向自己投放安慰劑」（self-placebbing）。等到了解這項概念，許多看來離奇的消費也就有了道理。

為什麼要買名牌、鮮花或遊艇？

　　觀察人類的行為，能讓我們學到一項重要教訓：除非找出某項行為真正的目的，否則不要輕易把這種行為歸類為非理性行為。舉例來說，如果花 25 萬英鎊買一台法拉利來當作日常交通工具顯然並不合理；畢竟只要花一小部分的金額，就能買到一台完全足以代步的汽車。但另一方面，如果是為了做為催情的工具、或是侮

---

* 像我們購買萊雅（L'Oréal）產品的時候，或許是在向自己廣告著「我值得」。

辱商業對手的手段，法拉利的效果肯定要比 Honda Civic 好得多。我不是個法拉利車迷，†但很能理解這大概能給車主帶來一些自信心。我常常會為各種產品私下想一些廣告標語，把它作為一種有趣的思想實驗，我想的標語特別著重在能夠完全誠實吐露顧客購買的理由。大概就像是「鮮花：便宜的賣淫行為」這樣的標語。這些標語很像是 2009 年的電影《謊言的誕生》(*The Invention of Lying*)‡會提到的標語，這部片的設定就是大家都要對一切完全誠實。「百事可樂：沒有可口可樂時喝的東西。」§

　　我會想出這些誠實到殘酷的標語是想點出一種觀點：大多數產品除了有那些表面上的「官方」功能，其實還有一些不可告人的功能。像我就認為，洗碗機的主要價值並不在於能把髒碗盤洗乾淨，而是讓你有個地方可以眼不見為淨。在家裡有一座游泳池，主要價值不在於能游泳，而是讓你能穿著泳衣在院子裡走來走去、而

---

† 只不過，如果我離婚了，有可能會買一台！

‡ 老實說，這部片的設定比實際拍出的成品有趣多了。

§ 還真的有些廣告偶爾會玩這種手法。「你是小屌男嗎？我們的車正適合你！」這是加拿大一間保時捷車行的廣告（我想應該不久之後保時捷就會取消經銷權）。

不會像個白痴。我有位朋友曾受邀到豪華遊艇過了一星期。他向我解釋為什麼自大狂都如此喜歡遊艇：「你可以邀請朋友和你一起度假，然後整個星期都過得像布萊船長（Captain Bligh）一樣。」就算你坐擁全世界最宏偉的莊園，朋友或對手還是有可能叫車逃跑；但到了超級豪華遊艇上，他們只能是你的俘虜。*

　　蘇聯式管制經濟諸多問題的其中一項，在於這種經濟要成功有個必要前提：民眾必須很清楚自己想要什麼、需要什麼，而且還要能充分定義與表達自己的需求。然而這是不可能的，民眾不但不知道自己想要什麼，甚至連自己為什麼喜歡買下的東西也不知道。想知道民眾真正想要什麼（也就是經濟術語「顯示性偏好」〔revealed preferences〕），唯一的辦法就是看他們在各種情境、各種情況下實際支付哪些費用。而這會需要透過反覆試誤，也就需要競爭性的市場與行銷。

　　Uber 做為一項創新的有趣之處在於，在 Uber 存在

---

* 如果你不是個自大狂，就別買超級豪華遊艇了。我有個朋友從事超級豪華遊艇銷售業務多年，他說自己從遊艇學到的一項主要教訓，就是遊艇只要超過一定的噸位，能提供的樂趣會與遊艇的噸位多寡成反比。而且，超級豪華遊艇能停泊的港口並不多，也就是到頭來你常常得停在比自己更豪華的遊艇旁邊。

之前，從沒有人提出我們需要這項產品。[†] Uber 的成功是靠著幾項巧妙的心理駭客技術，而其中最強大的一項就是車程當中沒有金錢交換的動作：這讓搭 Uber 像是一種服務、而非交易。[‡]

　　以電梯裡的控制面板為例。面板上有個「關門」的按鈕，這個鈕頗為耐人尋味，因為在許多（或許是大多數）電梯裡，這其實是個安慰劑按鈕，按了也根本沒有效。之所以設置這個按鈕，只是為了讓不耐煩的人有事做，並讓他們有控制什麼的幻象。實際上，這就是一個文明版的沙包替代品。但我很難說這究竟是不是件壞事；這肯定是個謊言，但或許可以說是善意的謊言，只是為了讓人感覺好一點。而既然這個「關門」按鈕的唯一目的就是讓不耐煩的人放輕鬆，無論是靠著心理或機械手段達到這項目的，或許也沒什麼差別。[§]

　　安慰劑按鈕的使用比我們意識到的更為普遍。例如

---

† 事實上，我曾經這麼說過。不過那是因為我花了許多年研究「等待」的不確定性會有何影響。但我每次和別人分享這種看法，他們大多就是不置可否的聳聳肩。

‡ 此外，我們也發現信用卡交易會比現金交易便宜15%以上。

§ 我可不建議在飛機駕駛艙設置安慰劑按鈕。只不過，線傳飛控（fly-by-wire）的飛機確實有類似的機制，機上電腦並不會直接聽從飛行員的指示，而是會去解讀飛行員的意圖。

許多人行道的按鈕其實根本沒有作用，燈號變化都是依照原本的時間設定。*但設置這個按鈕可以說是個比較善意的哄騙：畢竟如果沒有按鈕可按，願意等小綠人出現才過街的人數難道不會大減？而如果能有秒數顯示還要多久就能過馬路，又怎麼可能不會有更多人願意等到小綠人出現？在韓國與中國在內的一些國家光是顯示距離綠燈還有多少秒，就已經讓十字路口的事故減少。†

　　原因在於，哺乳動物的大腦對於「控制」和「確定」有著深深的偏好。講到要提升旅客滿意度，倫敦地鐵史上最好的一項投資並不是花錢購入更快、能讓車班更緊密的列車，而是在月台增加點矩陣螢幕，讓旅客知道下一班車還有多久會到。

　　讓我們把這種見解應用到更重要的事情上。如果我們知道人類討厭不確定性，也知道男性不想接受體檢的

---

* 至於各種披薩快遞應用程式，也常常會提供一步一步的現況更新，從披薩的揉製、烘烤、品管、裝盒到運送。然而，其中究竟有多少是真正的即時資訊？又有多少只是讓你以為有進度、好讓你放心？我自己是頗為懷疑，但不論如何，我還是很喜歡能看到有進度的幻象。這些功能其實是在告訴我們：「別擔心，我們並沒有忘記你。」

† 在韓國，他們甚至還曾經測試相反的想法：顯示綠燈還剩下的秒數，讓路上的駕駛知道還有幾秒就會變成紅燈。而你只要想一想就會知道，這實在是個很糟糕的主意。

比例遠高於女性，該怎樣結合這兩種見解、提出解決方案？有沒有可能男性之所以不喜歡接受體檢，只是因為潛意識裡不喜歡等待報告出爐時的那種不確定性？他們無法告訴我們這種事，因為他們根本就不知道（還記得壞掉的雙筒望遠鏡那個例子嗎？）。而且，這種事情靠著邏輯推理也無法得知結果。然而我們可以測試看看，如果做出一項承諾：「如果您來體檢，我們會在 24 小時內以簡訊告知結果。」這會有什麼影響？直到目前，從沒有人認為這種承諾可能會有影響：從來沒人想過，從做了體檢到取得結果之間這種延遲的不確定性，有可能會影響民眾一開始去做體檢的意願。

然而，信用卡公司已經發現這一點，於是推出「現在申請，12 小時內核卡」的承諾，經過測試、意外或是實驗後，他們發現這會大大改變民眾回應的意願。但不論你是採用市場研究、或是透過新古典經濟學的假設，都無法意識到「那段覺得不確定的時間」可能是個重要因素。

在此，一項簡單的思想實驗可能會有所幫助。如果有一種醫療設備，只要按下按鈕就能立刻顯示某個讀數，預警是否有攝護腺癌的風險，我認為多數男性應該都會很歡迎。相較之下，現在得要先掛號預約、靜脈抽

血、再等上兩個禮拜才能得知結果，我們接受檢查的意願就非常低了。

給自己安慰劑

　　前面已經提過，講到像制服、喇叭、小鼓和勳章這些軍事裝備，可以看成是「激發勇氣的安慰劑」。然而，運用這種類似的「漢弗萊安慰劑」駭入心理之後，我們還會想激發其他哪些情緒？我立刻就想到兩種：對自己的信心，以及對他人的信任。

　　我有一對 17 歲的雙胞胎女兒，我深愛著她們，除了她們要出門的時候。她們的化妝儀式實在太荒唐：不論參加什麼聚會，花上一個半小時都是稀鬆平常，用來畫臉、畫眉毛之類。我光是每天早上刮鬍子就已經覺得夠麻煩了；她們究竟為什麼能夠忍受這樣的冗長繁瑣，實在超出我的理解範圍。如果用演化心理學，我女兒這些惱人的行為有幾種解讀方式：她們可能是想改善自己的外貌，並向異性投放出適合繁衍的訊號。她們可能是希望在同性中能夠維持或提升地位。又或者，她們這些作為可能是想給自己訊號。

　　不論哪一種才對（而且這些彼此間並不互斥），顯

然我的後代在這種行為上並不孤單。我曾經參加一場關於全球美容業的簡報，內容包括有服飾、香水與化妝品。簡報上有個圖表讓我呆了一下，那張圖表用的單位是十億美元，但圖表上顯示的年度支出數字卻都到了千位數，我還得再冷靜一下，才想清楚這裡談的一年支出單位是數「兆」美元。事實是，人類在女性美貌所投入的金額，還超過在教育上投入的金額。*

　　一旦了解安慰劑效應後，我想你就會同意，在這用於美化女性的兩兆美元裡，有一大部分的目的並非吸引異性。老實說，女性如果真的只是想吸引男性，根本不那麼困難，只要穿少一點就行了。†而有些女性時尚（像是高腰褲）其實也不受男性喜愛。‡看來似乎很有可能，人之所以要花兩個小時打理妝容，很大一部分原因是要給自己來一劑增進信心的安慰劑，產生一些無法靠自身

---

* 在我看來，女性在這件事上被太輕易放過了。如果是男性每年把兩兆美元花在什麼完全不理性的事情上（像是火車模型），肯定會被釘到死。

† 請注意，成人片並不需要投入高額預算購入當季名模伸展台的服飾，也能讓男性色心大作。而且，絕不會有哪個男人是看到要價2,000英鎊的包包就情慾高漲。

‡ 關於這點觀察，要歸功於諧星暨高明的演化心理學家莎拉・芭絲可（Sara Pascoe）。

意志取得的情緒。*

　　當然，男人也有些壞習慣是出於同等的安慰劑效應。像是前面說過對汽車與小工具的熱愛，其實就推動開發了許多有用的產品。但說到對天價紅酒的迷戀，在我看來似乎就完全是出於自我安慰或展現身分，很少真的是為了享受。畢竟，難道那些天價紅酒真的有比一般優質紅酒好喝很多嗎？†

　　Netflix 有部紀錄片《酸葡萄》（*Sour Grapes*），精彩呈現了這個世界的一樁假酒案。一個狡詐但極為聰明的印尼紅酒鑑賞家魯迪・庫爾尼亞萬（Rudy Kurniawan），靠著混合便宜紅酒來仿製頂級勃艮地紅酒，而且就連軟木塞和酒標也仿製得唯妙唯肖。一直要到他開始仿製出某些酒莊根本沒有出產紅酒的年分，一切才終於曝光。有人告訴我，如果分析酒標，可以判斷是不是庫爾尼亞萬的假紅酒；但光靠品酒，則根本真假難辨。

　　我很不願意承認，但魯迪就是個鍊金術士。幾位高檔紅酒業的專家告訴我，他們認為紅酒就是個安慰劑市

---

*　或許可以說，男性如果給自己灌下四大杯濃啤酒，應該也會有一樣的效果。

†　如果天價的羅曼尼康帝（Romanee-Conti）酒莊也需要一個口號，或許會像萊雅只說「因為我值得」。

場。其中一位承認他根本對自己賣的這種商品不感興趣，就算參加一瓶要價數千英鎊的頂級勃艮地品酒會，他也會偷溜出去喝瓶啤酒。另一位則說自己像是「妓院裡的太監」：他的價值就來自於對自己要推廣的事物如此沒興趣。‡

安慰劑怎樣才有效？

　　講到怎樣才能讓安慰劑有效，尼古拉斯・漢弗萊提到其中一項規則：不是很貴、就是很少，或是得很努力才能拿到。許多民間療法安慰劑之所以有效，其實只是因為原料植物不易取得。如果要說有哪個領域值得在未來投入科學研究，一定就是它了。我們目前每年投入幾十億美元想改善藥物，但至少就我所見，很少有經費是希望讓我們更了解安慰劑，畢竟這實在太像是鍊金術了。就我來說，我會很想知道，為什麼如果病床窗外可

---

‡ 我們對紅酒的痴迷很有可能就是炒作出來的。現在只要哪個人想當個紅酒鑑賞家，都必須假裝真的很在意什麼風土或氣候之間的微小細節差距，但這並不見得真那麼重要。曾有人問名廚茱莉雅・柴爾德（Julia Child）：「您最喜歡的紅酒是哪一款？」，她回答：「琴酒。」

以看到樹，病患的預後就會比較好。也想知道，醫師該和病患講什麼故事，才能把安慰劑的功效發揮到最高？

　　寫這本書前一章的時候，我得了一場很嚴重的的流感，*為了在晚上減輕症狀，我吃了一種名為「Night Nurse」（夜晚護理師）的藥，†這種藥的起源很有趣，而且也正能讓我們了解，產品不該把所謂的成功定義得太狹隘，而該給創意留點發揮的空間。設計這種藥物的科學家當初得到的指示是要研發一種有效的感冒與流感藥物。他們確實做到了，但發現這種藥有個麻煩的副作用：嚴重嗜睡。他們原本已經感覺走投無路，以為只能重新開始研發，但這時行銷部來了個鍊金術士，提出一個想法：「如果我們把這項產品定位成專門用於夜間感冒與流感的治療，嗜睡不但不是問題，還會是個賣點！不但能減少感冒與流感症狀，甚至還能讓人一覺到天亮。」這就是 Night Nurse 的起源：可說是「重新定義」這種魔法的大師班典範。

　　就在我得流感的期間，我太太得出門幾天，但她知道我肯定不會去讀那些藥物指示，所以很擔心的一直提

---

* 希望各位看書的時候沒感覺到。
† 致美國讀者：急著想買到 Night Nurse 嗎？通常就放在 NyQuil 旁邊喔。

醒我 Night Nurse 上面的說明。‡ 她緊張的說：「這裡有
寫，這種藥不能連續吃超過四天。」但是，這些說明讓
我感覺到的安慰劑功效又立刻加倍！要說這種藥「不得
大量服用」，正證明它的藥效。§ 因此這又讓我再次想到
紅牛的例子。

紅牛的安慰劑效應

　　說到史上最成功的安慰劑商品，紅牛絕對是箇中翹
楚。這項商品駭入潛意識的能力如此強大，全世界心理
學家與行為經濟學家都曾反覆研究，其中知名學者還包
括歐洲工商管理學院（INSEAD，歐洲一流商學院）的
皮耶・夏東（Pierre Chandon）。這款飲料的聯想威力驚
人，似乎光是看到它的商標，就足以改變人類的行為。
然而，不論是管制經濟或是官僚結構的大型跨國企業，

---

‡　更有可能發生的是我可能會為了「保險起見」，乾脆一次吃個兩
　倍的建議劑量。

§　而我也很懷疑，所有口服成藥其實都是為了這種效果，才故意讓
　味道有點奇怪。至於塗在皮膚上的東西，如果能有刺刺或痛痛的
　感覺，也會讓你覺得更有效。有個朋友就告訴我，在 Sanatogen
　這種藥酒的生產過程最後會加進一種化學物質，唯一目的就是讓
　它帶點難聞的氣味。同樣地，健怡可樂比普通可樂苦一點，才能
　讓民眾覺得這比較健康。

都不可能生產出紅牛。要創造紅牛這種商品，需要的是創業家。

想解釋紅牛為何得到如此令人難以置信的成功，最合理的角度就是從安慰劑效應出發。畢竟，紅牛有許多特質都像是出色的安慰劑：價格昂貴、味道古怪、而且有「限制用量」。早期還有一則流傳再三的謠言，也為紅牛推波助瀾，那就是談到其中的有效成分牛磺酸遭到禁用。而有效的除了價格與口味之外，就連小罐包裝也有幫助。如果今天要推出一種新飲料，你可能認為它至少會像可樂一樣使用標準的 330ml 包裝。而看到紅牛包裝的小錫罐，我們就可能在潛意識裡認為：「這玩意效力一定很強，喝到 330ml 會興奮到瘋掉，所以才會用這麼小的罐子。」

2017 年，維若妮卡・葛林伍德（Veronique Greenwood）在《大西洋月刊》（*Atlantic*）的一篇文章建議，飲用混有咖啡因與酒精的飲料之所以容易造成危險，有可能主因不在於飲料本身，而在於我們對這種飲料的認知。[8] 葛林伍德解釋道，美國食品藥物管理局由於擔心咖啡因會掩蓋酒精的作用，已自 2010 年起禁止銷售此類包裝飲料。在 2013 年的一項研究似乎證實這種理論，研究發現，喝了這種飲料而發生酒駕事故或性

侵的可能性，是只喝酒而未混用咖啡因的兩倍。

　　葛林伍德更近期的研究則認為，這種影響可能在於心理而非化學。INSEAD 與密西根大學的研究人員詢問154 位巴黎年輕人，是否認為能量飲料會增強酒精的作用。接著請這些受訪者喝下一杯調酒，雖然內容完全相同（都是相同比例的伏特加、果汁與紅牛），但分別標記成「伏特加調酒」、「果汁調酒」或「伏特加紅牛調酒」。

　　再接下來，所有人都要進行三項任務。首先是一場賭博遊戲，慢慢將氣球充氣，每多充一點、獎金就會高一點，但如果氣球爆了，就一無所獲。第二是請他們看一些女性的照片，並詢問這些年輕人，覺得自己在酒吧裡有沒有辦法拿到她們的電話號碼。第三則是請他們完成一份問卷，請他們描述覺得自己有多醉、又會等多久才敢開車。結果，趨勢十分明顯：雖然每個人都喝了一模一樣的飲料，但「伏特加紅牛組」覺得自己更醉，願意承擔的風險比其他組更高，而且在追求女性這件事也更有自信。此外，對於那些相信把能量飲料拿來混酒能夠讓人更大膽、減少抑制作用的人來說，這種效果似乎就更強；這顯示他們行為之所以有所不同，原因並不是飲料的成分，而是你認為這會對自己有什麼影響。但講

到開車這件事，這一組人就顯得比其他組更為小心、想要規避風險；這再次讓我們看到，這種態度是出於對飲料的感知效果、而非飲料的實際效果。

根據皮耶・夏東的說法，透過像「Red Bull 給你一對翅膀」（Red Bull gives you wings）這樣的口號，或是贊助極限運動競賽，紅牛的品牌營造不但會影響民眾購買紅牛的意願，甚至還會影響民眾對於名稱有「紅牛」二字的調酒有何反應，又會如何詮釋紅牛的影響。製藥業者可以從紅牛學到什麼嗎？舉例來說，除了把藥放在有安全瓶蓋的藥罐，是不是還應該堅持藥罐用金屬材質、再加個密碼鎖？畢竟，就算藥物成分沒什麼特別的毒性或效用，我們心中的那隻原始猴子也會覺得有這回事；別忘了，前額葉皮質根本不會參與這項決定，只有那隻猴子會決定安慰劑是否有用。

目前有五大產業是靠著販售改變情緒的物質而存在（酒精、咖啡、茶、菸草、娛樂），但這裡是不是該再加個安慰劑產業？畢竟，我們除了能用這套理論來解釋人類為何要購買化妝品，我認為有很大部分的消費主義都是為了達成同樣的目的。而且事實上，很多奢侈品支出更是只有用這種觀點才說得通：買奢侈品不是為了讓別

人印象深刻，就是為了讓自己印象深刻。*會不會到頭來，幾乎所有事物都是一種改變心情的工具？

有點荒謬才更有效

目前看來，無論是取得健康的好處（提升免疫力）、化妝（提升信心）、或是購買奢侈品（提升地位），像這些向自己或他人投放訊號的行為，從邏輯來說似乎總是些毫無意義的行為。但這些並不是什麼巧合、也不是什麼令人遺憾的副產品，就是一種必需。

想要像這樣給自己安慰劑而又能有效果，一定就得有些不合邏輯、浪費、令人不快、需要努力或昂貴的因素。如果需要一定程度的犧牲，正因為在邏輯上沒道理，似乎能對潛意識產生更大的影響。畢竟，如果是吃些美味營養的食物，並不會讓人覺得有什麼異常，應該

---

* 畢竟我就是個廣告人，你可能覺得可信度不太高。但是，如果你讀過傑佛瑞・米勒（Geoffrey Miller）2000 年的《求偶心靈》（*The Mating Mind*）或 2009 年的《花用》（*Spent*），又或是羅伯特・法蘭克（Robert H. Frank）2001 年的《達爾文經濟學》（*The Darwin Economy*）或 2000 年的《奢侈病》（*Luxury Fever*）等（這兩位作者都是傑出的演化心理學家），你會發現他們的結論也大致相同。關於這種現象，加德・薩德（Gad Saad）也說得很好，特別是他的《消費本能》（*The Consuming Instinct*）這本書。

也就不太可能對免疫系統發出任何訊號；相對的，如果喝些有怪味的飲料，就會覺得這是件只有在特殊情況才會做的事，於是覺得意義非凡。

　　想想前面的內容。我們的身體經過演化校準，不會注意到純水的味道，是因為這樣有演化上的好處，讓我們能夠注意到各種異常的味道。我們會注意到的特質、以及最常影響我們的事物，都是那些邏輯上說不通的事。某種程度上，或許就是需要偏離標準理性，做些顯然不合邏輯的事情，才能吸引潛意識的注意、創造出意義。像大教堂就是以一種極為浮誇的方式，讓人避免淋雨；歌劇就是用一種效率低落的方式來講故事；就連禮貌其實也是運用大量不必要的力氣來做到溝通。至於廣告則是要用一種極為昂貴的方式，告訴別人你值得信賴。

　　在我看來，安慰劑這種東西就是需要有點荒謬才能發揮作用。* 紅牛正是靠著三大因素駁進人類心理、† 達到非凡的成就，但這些因素就邏輯而言都毫無道理。民眾不都是肯定想要便宜、量大划算、美味可口的飲料嗎？但紅牛的成功證明並非如此。似乎這三項不合邏輯

---

* 換個說法：如果理查‧道金斯覺得這是個好主意，那這當作安慰劑的效果大概就不好。
† 這三大因素是：價格高、容器小、口味怪。

的事情就是有某種魔力，讓紅牛在人的潛意識裡深具魅力，做為安慰劑的效果驚人。如果我們想要在潛意識裡相信某種飲料有藥用或精神治療的功效，或許這種飲料就是不能符合傳統認為美味的定義。想像一下有位醫生告訴你：「你得了侵略性極高的癌症，這裡有些藥可以治療，你想吃多少就吃多少。那你想要草莓口味還是黑醋栗口味？」也不知道怎麼回事，最後一句話就是怪怪的。

　　如果看看那些可以駭進潛意識的行為，似乎都會有些浪費、令人不悅，或是蠢到不行的元素。化妝品的訂價簡直瘋狂，而且化妝就是得耗上大把時間。老實說，葡萄酒真的有那麼好喝嗎？如果是個大熱天，你覺得口渴，到底會想挑伊更堡（Château d'Yquem）酒莊的甜白酒，還是想來杯覆盆子雪泥？像順勢療法這樣的安慰劑就得有大量的儀式、沒有道理的要求。至於藥物，那種味道總令人退避三舍。

　　到某種程度，我們就是得問一個至關重要的問題：這些事物究竟是「雖然不合邏輯，但有用」，還是「正因為不合邏輯，所以有用」？如果正是因為這些事物不符合經濟上的最佳情境，而讓我們潛意識天生本能做出回應、產生行為，可能是為了什麼演化上的因素？這似

乎就像是在記者養成過程中都會上到的一課：「狗咬人」不是新聞，「人咬狗」才是新聞。那些難以預料、不合邏輯的事物能傳達出高到不成比例的意義，而那些完全符合狹義邏輯的事物則幾乎表達不出多少資訊。而這又讓我們回到一開始對昂貴訊號的解釋。

5

心理奇襲策略 3
夠滿意原則

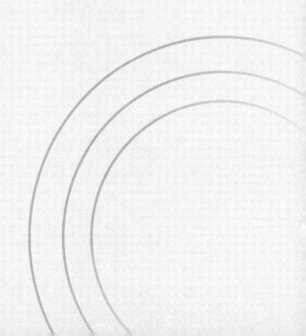

爲什麼「大概對」比「一定錯」來得好？

現代教育系統教的多半是在一切條件完全確定的情況下做決定的方式。但只要一離開學校或大學就會發現，我們要做的多半都不是這種決定的方式，做決定時總會缺些什麼，可能就是得不到某項重要事實或數據，又或是連想都沒想到的某件事。教育和演化所重視的智慧，似乎就是非常不一樣。此外，許多學術環境所重視的技能，多半都是那些最容易自動化的技能。但別忘了，GPS 的計算能力實在比我們都強上太多。

讓我們來看一個典型的學校數學問題：有兩輛公車中午從同一座公車站出發。一台以穩定的 30 英里時速向西行駛，另一台以穩定的 40 英里時速向北行駛。請問在幾點的時候，兩台公車會相距 100 英里？ *

讓我們再看一個典型的現實問題：我要搭早上 8 點從蓋威克機場（Gatwick）起飛的飛機。我該搭火車、計程車，還是開車去機場？我幾點該出門？

人類思維奇怪的地方在於，很多人會覺得第一個問題很難、第二個很簡單，但其實第二個問題的計算要複

---

* 在理論數學界，答案會是下午兩點。但在實際上，可能會有一台爆胎、一台塞車，無法在兩點達成題目中的條件。

雜得多。從這裡可以看出的，與其說是問題的難度，不如說是人腦的演化。原因在於，第一個問題就是特定設計來「算」的，可以說是一種「狹隘情境」下的問題。這種問題假設出一種經過人工簡化、一切符合規範的世界（公車居然能以穩定的速度行駛，根本是奇蹟），考量的因素非常少（而且都能量化表達、毫無疑義），並且會有某個唯一、絕無爭議的正確答案。

　　然而，怎麼去蓋威克機場就會是個所謂「開放情境」的問題。這種問題會帶著一些模糊地帶，可能有許多正確答案，而且並不需要絕對遵守任何明確的規範。這裡的解決方案沒有公式，各種「大概對吧？」的答案都可以試試，而且過程中也可以考慮許多不同的資訊。

　　而這樣的問題，似乎就是我們能夠靠本能直覺處理，但電腦會覺得比較困難。如果我們能潛進自己的潛意識，看看要去機場時考量哪些因素，可能會包括「在下雨嗎？」「有多少行李？」「這趟出國多久？」「走 M25 高速公路或走 A25 普通道路，平均各要花多久？」「走 M25 或走 A25，所需時間的可能落差會有多大？」、[†]另外還有「我的班機是從北航站還是南航站起飛？」

---

† 這樣的第二層考量問題，常常會在簡單的最佳化模型被忽略。

多數問題都是「開放情境」

　　如果你把去蓋威克機場當成一個狹隘情境下的問題（GPS 就是這樣），會覺得某些因素根本不需要考慮，答案自然是愈快到愈好。但這些因素似乎在現實生活都很重要。天氣會影響交通。如果我要出國兩週、而不是一晚，就該考慮停車費，也就要考慮搭火車、開車或計程車的相對成本，以及帶了多少行李。至於在 M25 高速公路上的車程時間可能會差到多少，也會影響是否值得冒這個風險。如果拖著沉重的行李，大概就比較不想搭火車；特別如果是從北航站起飛，離火車站就更遠。

　　耐人尋味的是，解決這麼複雜的問題對人腦來說卻似乎很容易，顯示人腦的演化過程中面對的常常是這種「開放情境」問題，才演化出這種解決的能力。在此，相較於精確的邏輯，事實證明那種有點模糊、「應該還算不錯」的決策會更有用。我承認，現在需要解決的「狹隘情境」比 100 萬年前多得多；我也不否認理性邏輯在生活的許多面向都貢獻良多（例如工程、物理、化學等）。但我也要指出，人類的環境其實改變得沒那麼大：人類要面對的多數重要問題，以及大多數的商業決策，仍然都是「開放情境」的問題。

　　但是面對「開放」的問題，一旦想用「狹隘」的思

維去解決，就會出現問題。凱因斯曾說：「『大概對』比『一定錯』來得好」，而演化似乎也同意他的說法。人類愈來愈依賴便宜的運算能力，但這麼做的風險在於鼓勵我們只去看複雜問題當中那些簡單、可用數學量化的部分，用某種精確的數學方式解決那個部分，然後就以為自己解決整個問題。於是，我的 GPS 很能回答狹隘的問題，像是「開車到蓋威克機場要多久？」；然而像是「我該怎麼去？幾點出發？」之類的開放問題卻仍然存在。GPS 設備就是這樣，雖然可以答出一個很好的答案，但回答的是個錯的問題。同樣的，企業可以把自己的數位廣告支出算得十分精確，但仍然不一定代表已經回答行銷上更大、更開放的問題，像是「為什麼民眾要對我有足夠的信任，願意買我賣的東西？」

我們迷戀那些精確的量化數字答案，是因為這讓我們以為自己很科學，而我們也很喜歡確定性的假象。然而，人類真正的獨到之處在於我們可以找出「大概對」的答案；人類之所以不會表現出經濟學家認定的理性行為不一定是因為愚蠢。有部分的原因，可能是因為人腦有一部分演化成不會去看地圖，又或者是用另一個問題代替原本的問題：與其說是要找到唯一正確的答案，不如說是想避開那些大錯特錯的答案。

　　潛意識的問題不是我們通常會提出的問題，而且在我們想要為決策過程找出合理規則的時候，常常就會忽略。以廣告公司向客戶提案的過程為例。通常在這種情況下，客戶手上會有評估表格或記分卡，確保流程透明客觀。原本的用意是列出像是策略品質、創意概念、文化契合度、產業知識、成本競爭力等項目，讓客戶能針對每家廣告公司一一給分。設計這些表格或卡片的時候，他們認為這些項目經過獨立評分，最後加總就能選定由哪家廣告公司勝出。然而如果去問參與評選的人，他們常常承認自己只是在最後決定到底想選哪家公司時再回頭去編造那些數字。在這種情況下，大家做的其實是把原來的問題換成另一個完全不同的問題，而改為回答新的問題。就是因為人類會這樣「改成回答另一個簡單的替代問題」，才導致諸多「非理性」的行為。這種做法或許算不上完全理性，甚至我們根本沒有意識到有這種做法，但並不能說它不聰明。

你想找誰買二手車？

　　在找出背後真正的目的之前，先別急著說某種行為不理性。大學畢業後幾年，我和一群朋友住在倫敦，每個人都存到剛好夠買各自人生中第一輛二手車的錢。不

知道為什麼，大家都做了一模一樣的事：回到自己長大的小鎮，從父母勉強算是熟的親戚或朋友那邊買了車。如果有個外星人在看，可能會覺得這種行為很難以理解，特別是這些二手車如果在倫敦買其實更便宜。然而，我們在潛意識裡問的問題其實不是「應該在哪裡買車，又該買怎樣的車？」而是「誰才值得信賴，應該會賣給我一台真正划算的車？」我們並不是想買到全世界最好的車，而是想避免買到一台地雷車。

而這個「誰才不會騙我？」其實是個很聰明的問題：手頭很緊的時候，絕不能被騙，所以我們才會去找那些還算有名聲的賣家。所以，如果是想買到優質產品，把問題改成「我覺得要買 XXX 的時候，誰值得信賴？」就會是個完全合理的替代問題。找到某個在相關領域已經有名聲需要維護的人，徵求他們的意見，再向他們購買。*就像是蜜蜂和花朵的情況，我們會注意到那些帶著誠實意圖的可靠訊號，也會選擇和這些對象互動。從這裡就能夠解釋，為什麼我們會向店家買電視，而不是向

---

*　這又是另一個原因，告訴我們為何許多關於合作的理論模型（像是「囚徒困境」〔Prisoner's Dilemma〕）實在很蠢。在現實世界裡，我們能夠選擇要和誰做生意。你會與高采烈和某個小巷裡的流浪漢買車嗎？顯然不會吧。

街上的陌生人買電視：店家已經在庫存商品投入資金，有跑不了的店面，而且不希望名聲受損。我們做這種判斷是出於直覺本能；我們打算為某件物品支付多少費用，除了是根據物品本身的價值，也會考慮賣家是否值得信賴、名聲又如何。

讓我們試試一個簡單的思想實驗。假設你去某個人家裡，想買他的二手車。車子停在路邊，你看了一下，覺得應該值 4,000 英鎊；接著你按了門鈴，打算出這個價錢。接下來分成 A、B 兩種情境。情境 A，開門的人是一位教區牧師；* 情境 B，開門的是個只穿一條內褲的裸男。車子本身並沒有改變，但車子的主人變了。理論上，教區牧師應該是經過一番努力，於是現在大家都會覺得他是個誠實的人；至於第二個男人，顯然羞恥心並不會對他造成任何影響。難道你真的不認為你會願意對第一位出價高一點、而對第二位出價低一些嗎？

對於這些其實很聰明的行為，如果一概打成「不理性」，似乎並不是個聰明的選擇。我已故的母親對汽車一無所知，但看人卻看得很準。† 我可以想到一個有趣的

* 而且你還不需要自己信上帝，只要相信他會信上帝就可以了。
† 當然，她看穿騙子的能力絕對遠遠超過看穿車子被動過手腳的能力。

測驗：假設我們要買十輛車，一邊是請她依直覺判斷該
向哪些人買，另一邊則是找來十位汽車工程師，請他們
上拍賣會買車。我很有信心，母親買到的車應該會和工
程師買到的一樣可靠，甚至更可靠。

只要「夠滿意」

在 1950 年代，經濟暨政治學家司馬賀（Herbert
Simon）將「滿意」（satisfy）和「足夠」（suffice）這
兩個詞結合在一起，創造「夠滿意」（satisficing）一詞。
這個詞通常與「最大化」（maximising）一詞相對；所
謂的「最大化」，指的是要解決特定問題的時候，希望
得到（或是假裝得到）唯一最正確、最理想的解答。

維基百科把這個詞解釋得很清楚：‡「賽門以『夠滿
意』一詞，解釋決策者在無法判斷最佳解決方案時的行
為。」他認為，許多自然的問題就是難以運算、或是缺
少資訊，而這兩種條件都會讓數學的最佳化程序無用武
之地。所以，他在 1978 年諾貝爾獎得獎演講就提到：

---

‡ 我知道引用維基百科簡直是種專業上的自殺行為，但既然這一章
　談的是「夠滿意」，似乎剛好很適合。維基百科並不完美，但已
　經非常、非常好了。

「決策者要做到『夠滿意』的方式，不是在一個簡化的世界裡找到最佳解決方案，就是在一個比較接近現實的世界裡，找到還算令人滿意的解決方案。大致來說，這兩種方式並不會有任何一種占主導地位，而在管理科學領域，兩者都會繼續並存。」但我敢說，在那之後，兩者間的平衡已經改變。目前的危險在於前一種方法（創造一個簡化的世界模型，再套用理性邏輯）已經很有可能壓倒另一種比較細緻的方法，而這造成的結果有時候十分危險：正是因為大家用井井有條的數學模型呈現一個人為的簡化現實，而又對此深信不疑，最後才出現 2008 年的金融危機。

　　大數據常常讓人以為可以代表全部的資訊，但實際上，它提供的通常只是某個狹隘知識領域的大量資訊。對超市來說，或許能夠知道顧客向自己購買的所有商品，但還是不知道顧客在其他地方買了什麼東西。而且或許更重要的是，他們不知道為什麼這些人要向自己買這些商品。如果某家公司只追求利潤，卻不考慮過程中是否影響顧客的滿意度、信任感或長期的復原力（resilience），或許短期能有不錯的業績，但長期前景堪慮。*舉個簡單的例

---

*　於是，現代上市公司的壽命短到令人擔憂。

子，如果所有人買車的時候都只考慮馬力和油耗，或許頭幾年過得還不錯，但慢慢的，車廠就會開始占這個系統的便宜，生產出的車款雖然在馬力與油耗都有亮眼的數字，但都很難看、不安全也不舒適。

放棄效率的好處

　　蜜蜂也有一種類似的行為，雖然演化出一套收集花蜜和花粉的系統，卻不會完全照這套系統來運作。蜜蜂靠著搖擺舞（waggle dance）就能夠有效表達出方位、告知同伴哪裡絕對有食物，但整個蜂群卻有一大部分蜜蜂會完全無視，自己去隨機探索。如果所有蜜蜂都乖乖追隨搖擺舞的指示，蜂群在短期之內確實能過得比較好；這也讓科學家有一陣子十分困惑，想不透為什麼過了 2,000 萬年，演化還沒有讓蜂群更懂得遵守規則。但科學家最後有了絕妙的發現：要是沒有那些不聽話的蜜蜂，蜂群最後就會陷入複雜理論（complexity theory）稱為「局部極大值」（local maximum）的困境；雖然能極有效的從已知來源收集食物，但等到已知資源枯竭，就不知道下一步該往哪走，整個蜂群最後只能餓死。所以就某種意義而言，那些不聽話的蜜蜂等於是蜂群的研發部門，雖然平常效率低落，不過一旦發現新的食物來

源，就等於是得到了豐碩的回報。正是因為不只著重短期效率，才讓蜜蜂得以存活數百萬年。

　　如果一心朝某個方向最佳化，就可能掛一漏萬、在其他地方形成缺點。但有趣的是，人類目前的癌症治療就反過來利用這種方式對付癌細胞。我最近曾和一些做癌症醫療前端研究的人聊過，知道癌細胞會發生突變、因而迅速發展。如果用某種單一藥物試圖殺死癌細胞，往往會引發突變，對該藥物產生高度抗藥性。而目前研發出的療法是希望鎖定癌細胞投入某種化學藥物，讓癌細胞對這種藥物產生抗藥性，卻因而犧牲對其他藥物的抗藥性。於是，第一輪治療只是為了刻意誘使癌細胞產生弱點，接著到第二輪才抓緊機會將癌細胞徹底清除。這可是重要的一課。*

　　在任何的複雜系統裡，太過強調某些指標的重要性，都會讓其他被忽視的指標產生弱點。我更喜歡賽門所提的「夠滿意」的想法；與其為一個不存在的世界找到完美的解決方案，不如為這個現實世界找出已經足以令人滿意的解方。只不過，把「夠滿意」批評為「非理性」

---

* 隨堂小考：股東價值運動（shareholder value movement）是否正在毀掉資本主義？

實在太容易了。但光是因為不符合理性，並不代表就是
錯誤的選項。

品牌的力量

　　喬爾・拉斐爾森（Joel Raphaelson）和太太瑪麗凱
（Marikay）曾在 1960 年代為大衛・奧格威撰稿。我們
最近約在芝加哥奧黑爾機場（O'Hare Airport）附近的
逸林飯店（Doubletree Hotel）吉布森牛排餐廳（Gibson's
Steakhouse）[†]共進晚餐，聊到拉斐爾森在這 50 年來的品
牌偏好理論。這項概念簡單說來就是：「民眾之所以選
擇品牌 A 而非品牌 B，並非真的覺得品牌 A 更好，只是
比較確定品牌 A 還不錯。」[‡]這項洞見本身極為重要，但
同樣重要的一點在於我們這麼做並非出於自覺。做出決
定的時候，我們總以為自己會對各項因素加權評分，但
我們會這麼認為是因為有意識的大腦只能理解這樣的計

[†]　一般來說，機場飯店是種壟斷市場，常常是避之唯恐不及。但凡
　　事總有例外，像這對夫妻總是能做到這點，選到可能是全世界機
　　場飯店裡絕無僅有的一流餐廳。那頓晚餐美味無比。

[‡]　這項討論相當類似丹尼爾・艾爾斯伯格（Daniel Ellsberg）的艾爾
　　斯伯格悖論（Ellsberg Paradox），兩者的提出時間也相仿。

算方式。雖然這種方式能夠透過論證假設，讓自己相信某個選項「最好」，但從人類的實際行為看來，我們很少會真的這樣做事。

選擇品牌 A 而非品牌 B 的人會說，自己認為品牌 A「更好」，但實際上他們心裡想的可能完全是另一件事。他們之所以選擇品牌 A，有可能是因為潛意識裡判斷品牌 A 爛到不行的可能性只有 1％，而品牌 B 的風險可能是 2.8％ 之類。這種區別非常重要，而且在決策科學的許多領域都得到證實。為了希望消除小小的不確定性，人類願意付出不成比例的高成本；這點之所以如此重要，是因為可以從這裡解釋為何消費者願意支付品牌溢價（brand premium）。雖然光是有個品牌名稱，很少真的能保證讓你買到同類最棒的產品，但通常至少大致可以認定，這項產品不會糟到太誇張。前面提過，品牌如果已經為了自己的名聲投入大量前期投資，一旦售出不良產品，面臨的損失會遠高過那些毫無名氣的品牌或個人。因此如果說到要保證「不太爛」，品牌確實是個有效的指標。這基本上是一種經驗法則。如果賣方可能損失的名聲資本愈高，我就會對賣方的品管愈有信心。總有些人會恥笑別人：「你花那麼多錢只是買個商標品牌啦！」但看來我們可以很合理的回答：「沒錯，這有

什麼問題嗎？」

　　假設你正在看兩台電視。兩台的尺寸、畫質和功能似乎都相等。其中一台是三星製造，另一個則是某個你沒聽過的品牌，讓我們就假設叫「旺威」吧，而且售價便宜 200 英鎊。理想情況下，你會想挑到「最好的電視」來買，但更重要的一點或許是要避免買下某一台到最後才知道爛到不行的電視。而這才是三星能多賺 200 英鎊的原因，在這種情況下，你為這個品牌多付 200 英鎊，絕對是對的選擇。

　　相對於知名品牌，旺威就算賣出一台爛電視也沒有什麼損失。他們的品牌名稱並不足以讓他們要求溢價，但也就代表這個品牌名稱一文不值。如果旺威製造失誤，生產出兩萬台有問題的電視，公司最好的辦法就是傾銷給毫無戒心的消費者。相較之下，如果是三星生產兩萬台品質低於標準的電視，就得面臨更大的兩難：賣出爛電視所造成的名聲損害會蔓延，讓所有帶著「三星」品牌的產品銷售都遭到重挫，代價將會遠超過他們賣出這些電視的所得。三星這時有兩種選擇：把這批電視銷毀，或是轉賣給比較不在意名聲的廠商；甚至也可以賣給旺威，但要求不可以掛上三星的名稱。這樣說來，花錢買個品牌有什麼不對嗎？

妥協的藝術

　　人類之所以會發展出「夠滿意」就好的獨特要求，主要就是因為這個世界充滿不確定性，在這種情況要做決定，會與在擁有完整、完美資訊的世界做決定完全不同。如果要計算三角形的斜邊，只要知道一個內角、另外兩邊的邊長，就能算得半點不差，而許多數學、工程、物理和化學的許多問題也都可以達到這樣的精確度。然而，我們生活中必須做出的大多數決定並非如此。不論是該跟誰結婚、在哪裡生活、在哪裡工作、該買豐田（Toyota）還是捷豹（Jaguar），又或是研討會上該穿什麼衣服，這些問題都無法用數學來解決。未來的未知數與因素都太多了，而且許多時候也無法用數學來表達或計算。講到主觀決定，另一個很好的例子是在買車的時候，到底該挑經濟省油的車款、還是挑性能好的？大致說來，這兩種特性需要妥協。你是願意為了省油而犧牲性能、還是為了性能犧牲省油？*

---

* 還有另一項因素會大大影響你的決定：你是不是已經有車了？我想應該可以說，很少人會買一台布加迪威龍（Bugatti Veyron）頂級超跑作為日常代步。勞斯萊斯的車主有80％同時會有一台賓士。還記得一次招募一群員工的例子嗎？你如果擁有愈多輛車，選擇的差異就可以愈大。如果有人已經擁有三輛雪佛蘭的Corvette超跑，就確實該買台小電動車了。

　　假設你生活在野外，發現有棵樹上的高處有些令人垂涎欲滴的櫻桃，但你也知道，雖然櫻桃美味又營養，可是如果真爬上去採，有個很小的機率可能會摔死。我們假設這個風險是千分之一，也就是 0.1%。照這樣粗略的數學模型看來，這項風險就只會讓櫻桃的好處降低 0.1%，†但如果是在現實生活裡，套用這個模型實在是太愚蠢了。真讓自己常常暴露在這樣的風險下，應該不出一年就會命喪黃泉。你一定只有在非常餓的時候才會冒著這樣的風險；要是不吃櫻桃就會死，這時去爬樹才能算是有道理。然而，要是你根本就沒那麼餓，也知道還有其他地方能夠以較低致死率的方式取得同樣有營養（就算沒那麼美味）的食物，你應該就會轉身離開，前往更安全的營養來源。‡要記得，在不確定的狀況下做決定，就像是要前往蓋特威機場，得考慮兩件事：除了要考慮預計的平均結果，也不能忘記考慮最壞的情況。光

---

† 也就是將櫻桃的淨值減去你無法活著吃櫻桃的機率。

‡ 幾乎所有成功的文學作品、每部有趣的電影（不管是愛情喜劇還是動作片），片中都會有些特別緊張刺激、讓人腎上腺素爆發的橋段，逼得角色只能冒險做些蠢事。而到了科技時代，為了還是要有這些橋段，好萊塢有時候也被逼得只能來些老套，例如讓主角舉起手機咒罵：「該死，沒訊號」，以免觀眾一想到「為什麼不報警就好？」而對電影情節失去耐心。

是考慮平均預期狀況、而不考慮可能的差異程度，算不上是個良好的判斷。

此外，只要看看 eBay 上的資料數據，就能發現人類在決定要買什麼的時候，也會有類似的心理機制。在一個極度簡單、一切符合邏輯的世界裡，如果某個賣家有 95％的好評，*只要售價能比好評 100％的人低個10％，應該肯定能把商品售出。然而只要瞄一眼數據，就知道情況並非如此。只要是好評低於 97％的賣家，幾乎得把價格降成好評 100％賣家的一半，才有可能售出同樣的商品。

如果就邏輯而言，你可能覺得用「降價 15％」換「有5％不到貨的風險」應該是個可接受的妥協。但就統計數據來看並非如此：只要承擔風險的可能性超過某個門檻，似乎不論以任何代價我們都不願意承擔風險。如果Amazon 在某個國家固定會有大約 10％的商品被竊或遺失，基本上無論再怎麼打折，都不足以讓 Amazon 做成生意。

這項例子告訴我們，人類做決定的時候，除了會考慮預期的平均結果，還會希望將可能的變異減到最小；

---

*　就eBay的標準來說，這個評價相當低。

在這個不確定的世界上，這就是種合理的做法。某種程度上也就能解釋為什麼麥當勞仍然是全球最受歡迎的餐廳。如果相較於米其林餐廳，麥當勞的平均品質實在不高，但麥當勞的可能變異也不大：我們能夠清楚知道自己會得到什麼，而且每次都能符合期待。絕不會有人說他們在麥當勞吃到這輩子最美味的一餐，但造訪麥當勞的人也永遠不會失望、永遠不會被坑、永遠不用擔心吃壞肚子。相較之下，米其林三星餐廳有可能給你帶來一生難忘的體驗，但讓你失望和吃壞肚子的風險也更高。†

在一個擁有完美資訊、無限運算能力的世界裡，從這樣的經驗法則來做判斷或許並非最佳做法。但在現實世界裡，由於我們的資訊可信度、時間與運算能力都有限，經驗法則已經是比其他選項更優秀的選擇。

舉例來說，板球球員想接住高飛球，並不會用二次方程式來計算飛行軌道，而是會用稱為「凝視角」（angel of gaze）的經驗法則，也就是向上看著球、再以不改變

---

† 2011 年，英國就有一間享有米其林三星盛譽的頂尖餐廳爆發單一餐廳史上最嚴重的諾羅病毒疫情。但奇怪的是，這件事似乎並未影響餐廳評價。大概只要那些 jus（肉汁）和 tapenades（橄欖醬）都是精心手作，米其林評分員並不認為上吐下瀉三天三夜會對這場美食體驗有所影響。

仰角角度的方式向球靠近。以這種方式，雖然可能得小小繞出弧形而非直線前進，但應該能讓自己來到球可能落地的位置。我們會採用這樣的經驗法則有幾種原因。首先，守備球員就算有計算機也沒空進行數學運算；第二，就算真有那時間與運算能力，也必須知道擊球手擊球時的速度與角度，才能精確計算出軌道。至於這種資料，大概連擊球手也不會知道。*

他不笨，只是夠滿意了

　　2009 年 1 月 15 日，「薩利機長」切斯立・薩倫伯格（Chesley Sullenberger）駕駛的客機遭到鳥擊，兩具引擎同時熄火，而他展現出豐富經驗的個人價值，迅速做出反應，平安的降落在哈德遜河上，史稱「哈德遜奇蹟」（Miracle on the Hudson）。現在 YouTube 還能聽到薩利機長和塔台之間的應答：在幾次試圖重啟引擎之間，他與起飛的機場溝通對話。他在第一時間否決重返拉瓜迪亞機場（LaGuardia）的可能性之後（事後證明是正確的選擇），塔台再問他是否能轉降當時位於飛機

---

* 而且就算知道，他也不會告訴你。

右前方紐澤西州的泰特伯勒機場（Teterboro Airport）。不到 20 秒，薩利機場再次判斷這個選項同樣不可能；這項判斷也是出於經驗法則，而非機器運算的結果。他並沒有從公事包裡拿出科學計算機、輸入飛行速度、高度和下降率，再計算距離泰特伯勒機場一號跑道的可能距離，而是做了更快、更簡易、但也更可靠的事情。

薩利機長是前美國空軍戰鬥機飛行員，閒暇時也開滑翔機。而所有滑翔機飛行員都會學到一條簡單的直覺規則，讓他們能夠判斷滑翔機是否能抵達地面上某個可能的著陸點。這裡的做法就是先讓滑翔機採用盡可能最平緩的下降率，再從擋風玻璃向外看：視野範圍內看起來正在向下移動的地方就是能夠安全著陸的地點；而地面上看起來正在向上移動的地方則是遠到飛機無法抵達的地點，因此不適合降落。靠著這條規則，他才在幾秒鐘內確定哈德遜河是唯一可行的著陸點。

就這起事件來說，沒有更好的決定了。全機無人喪生，只有少數輕傷。確實，如果他能夠成功降落在泰特伯勒機場，有可能救下這架飛機，但如果嘗試失敗，還能否有人倖存就十分難說。

到底哪些經驗法則是學習而來、又有哪些是天生而來，有時候並不容易判斷，但可以肯定要是沒有經驗法

則，日常生活都會難以維繫。像是大卡車司機能將連結車轉進某條狹窄的車道，應該也是靠著經驗法則的判斷，而不是真的做了什麼運算。我們不論是開車的時候、選房子的時候，都是靠經驗法則；而且搞不好連選伴侶也是靠著同樣一套標準。* 此外，就算真能有一套運算公式，經驗法則也是個簡單、迅速、與人體感官搭配良好的選擇；而在大多數根本無法運算得知最佳方案的情況下，經驗法則更是我們唯一的選項。

　　對於一切都想找到「最佳選項」的人來說，經驗法則似乎只能算是第二好的選項。但在這個我們必須接受「夠滿意原則」的世界上，經驗法則常常不但是最簡單、而且也是最好的選項。

體育教我們的事

　　一直以來，講到各種體育賽事的計分系統，以及這些系統能讓觀看比賽變得多麼有趣，我一直是深感興趣。有個朋友說，如果網球的計分就像籃球，打起來就

---

*　我幾乎可以肯定，氣味對吸引力的影響肯定比我們意識到的要多得多。一項實驗顯示，我們如果喜歡某個人的氣味，這個人的免疫系統會和我們形成互補。

很無趣、看起來甚至更乏味：瞄一眼電視，看到喬科維奇以 57 分領先穆瑞的 31 分，然後你就聳聳肩轉去看一些比較刺激的節目了。[†]

　　網球計分並不像社會主義，仍然可能出現一面倒的情形。但在這種情況下，幸好比賽很快就會結束。只不過，網球計分系統仍然像是一套社會安全制度：在一場比賽裡，就算是輸家，也能感覺到可能有贏的機會。老實說，這套制度真的非常天才。

　　在這一套妙不可言的制度下，無論一局是讓對方掛零就拿下、或是經歷多次平分才拿下，都仍然只是一局。至於一盤，無論是以 6-0 拿下、又或是 7-5 拿下，也一樣只是一盤。這代表著，就算球員目前居於下風，也永遠不會面對某個太過難以跨越的山峰。這套計分系統也可以確保在一局裡的緊張程度有所不同；在 30-0 的時候，發球相對比較沒有壓力，但如果來到破發點，大家可都緊張得要站起來了。像這樣會有不同的刺激程度，也就讓比賽無論打起來或看起來都更有意思。[‡]

[†]　舉例來說，或許像是沒字幕的老電影《去年在馬倫巴》(*Last Year at Marienbad*)？

[‡]　但請注意，如果你不了解這套計分系統，看網球比賽其實還真是件滿無聊的事。

　　在許多扣人心弦的遊戲裡，計分系統還有另一項特色：想爭取高分的時候，也會有極高的風險。英國酒吧的彈硬幣遊戲（shove ha'penny）和酒吧臺球（bar billiards）都是如此，而撞柱遊戲（skittles）最高分的目標也會在某根黑色蘑菇狀的柱子後面，要是不小心把這根柱子撞倒，你的所有分數就會歸零。像這樣的風險就能解釋，為什麼看人射飛鏢很有趣、但看人射箭卻很無聊。射箭比賽裡，計分系統就是一個同心圓，重點就是要瞄準能得到 10 分的靶心，而如果稍微錯過，就只能得到 9 分。錯過 9 分、就只能得 8 分，以此類推。所以，這種比賽的唯一策略就是瞄準 10 分、接著開始祈禱；雖然這套計分系統完全合乎邏輯，但在電視轉播上就相當無趣。相較之下，射飛鏢的規則在邏輯上大有問題，但就是這樣而有趣得多。20 分的區塊，竟然在 5 分和 1 分這兩個低分區塊之間。

　　玩飛鏢的人，多半都會學著專業選手的做法，瞄準 20 分的三倍區。但除非你是那群頂尖選手，否則這會是個錯誤的策略：如果你根本沒那麼行，*最佳的策略絕對不是去瞄那 20 分，而是要瞄西南角，試著射向 19 與 16

---

* 又或者你已經喝醉了。

分的三倍區。雖然這樣你不可能拿到滿分 180 分，但至少也不會落得只有 3 分的下場。飛鏢比賽裡的一個常見錯誤，就是以為自己應該盡量瞄準高分；但這裡可得記得，如果射偏會有什麼下場。

避開最糟的選項

而在現實生活裡，許多決定的評分機制其實都比較像是射飛鏢、而不是射箭。舉例來說，要決定該跟誰結婚的時候，「挑到最好的」可能不見得比「避開最壞的」來得重要；這裡指的最好策略不見得是追求結果的最大值，而是得到一個整體不錯的結果，並盡量避開發生重大災難的可能。如果某個飛鏢玩家一直瞄準飛鏢盤的西南角，旁邊的觀眾可能會覺得他真是太笨了：「你該瞄準 20 分的三倍區啊，那才是整個飛鏢盤上最高分的地方」；像這種希望盡量減少差異或不利因素的做法，對於不了解箇中道理的人來說，常常就會覺得實在無法理解。

同樣的，有些人認為度假就是要一輩子不斷追求新的體驗，所以每年都回到同個度假勝地似乎很荒謬。但就另一方面而言，如果想避免假期遇到不開心的事，這就會是個很好的辦法。許多所謂的「習慣」常常看來不

太理性，但如果目的就是想避免不愉快的意外情形，一切就會變得很有道理。

　　所謂的社交複製（social copying），也就是購買熱門的產品、或是學習流行的行為與時尚，其實也是另一種安全的行為方式。畢竟，如果是全英國最暢銷的汽車，不太可能糟到哪裡去。而面對不確定性較高的情境，還有一種策略能夠可靠的降低風險：先想想傳統邏輯會認為你該問什麼問題，接著試著提出不一樣的問題。這樣一來，你就不會問：「我該買什麼車？」而會問：「我可以信任誰來賣車給我？」不會問：「最好的電視是哪一台？」而會問：「如果賣出的電視很差勁，哪個賣家會承受最大的損失？」不會問：「我該穿什麼衣服，看起來最好看？」而會問：「其他人都會穿什麼？」一般來說，如果要招募員工，通常會請在職員工推薦；事實上，對於一般的中型企業，多數的基層員工都是這樣找進來的。這似乎像是在一個很小的池子裡釣魚，但靠著目前在職的員工推薦，確實是個避免雇用到地雷員工的好辦法。雖然大家都會幫親朋好友說話，但沒有人會想賠上自己的名聲，推薦酒鬼、小偷或縱火犯來上班。第三方推薦雖然不是什麼完美的辦法、也實在算不上科學，但就是很少會造成災難性的後果。

　　消費者有許多看似矛盾的行為，從類似的心理機制就很能加以解釋。幾年前，我們發現男性之所以在酒吧裡不喜歡點調酒，有部分原因在於不知道裝調酒的杯子會長什麼樣。只要他們覺得有一點點可能性、酒杯可能是個挖空的鳳梨，就會寧願點杯啤酒就好。解決方式之一，就是在酒單放上調酒的插圖或照片；也有一些時髦的酒吧乾脆用梅森玻璃罐來裝所有調酒。也因為這樣的心理因素，雖然明明另一家銀行的利息比較高、另一家寬頻業者的條件更優惠，但要人跳槽就是很困難。只要有 1％的可能會發生災難，就會讓 99％的人不願意去追求 5％的獲利。

怎麼幫老闆買機票？

　　我有次在推特上問，如果要飛到紐約，選擇甘迺迪國際機場（JFK）比選擇紐華克國際機場（EWR）有什麼明顯的好處。*有一串紐約客的回覆，顯然是天生就討

---

* 我一直無法了解甘迺迪國際機場為何如此受歡迎，總覺得是不是自己漏了什麼優點沒看到。

厭任何與紐澤西相關的事，*但除此之外，實在找不出該
選擇甘迺迪國際機場的理由：紐華克離曼哈頓更近，路
上也比較不容易遇上施工或延誤。理查・塞勒這位世界
頂尖的決策科學家倒是在推特上向我強力推薦紐華克。†
要是所有民眾都能得到完整的資訊，紐華克肯定是比較
受歡迎的機場；但現在甘迺迪卻是比較熱門的選項。而
諷刺的是，甘迺迪比較受歡迎的原因，有可能正是因為
它比較受歡迎。如果你覺得這聽起來實在太像廢話，請
再忍耐一下，聽我慢慢道來。

　　因為甘迺迪國際機場比較受歡迎，一般來說似乎就
會是比較正常的選擇。說要飛甘迺迪國際機場，就像在
1978 年說要買 IBM 大型主機：這就是預設選項，沒什
麼好討論的。而「預設」選項這件事了不起的地方在於
這完全不像是在做決定，而這正是政商部門員工的最
愛：只要明顯不是由你做的決定，最後出錯的時候也就
無需負責。要飛紐華克需要合理的理由：「為什麼我要
飛紐華克？為什麼不飛甘迺迪？」相對的，如果聽到：
「我幫你訂了飛甘迺迪的機票。」很少有人會問：「為什

---

* 身為英國人，這兩個叛亂的前殖民地究竟有什麼差別，通常我是
　不太在意。

† 只不過，既然他是紐澤西出身，有可能還是會對家鄉有些偏愛。

麼飛甘迺迪？紐華克怎麼了？」

　　所以，假設你是一位特助，老闆是個脾氣暴躁的倫敦人，要你幫忙訂機票去紐約。現在你有兩種選擇：

1. 幫老闆訂一班飛往甘迺迪國際機場的航班，交出機票，老神在在。
2. 幫老闆訂一班飛往紐華克國際機場的航班，交出機票，接著開始祈禱。

　　如果你選了選項 2（也就是比較好的選項），很有可能結果會很不錯。這位脾氣暴躁的老闆很有可能會發現，飛紐華克的行程比較輕鬆，海關員工很親切。他或許會跟你道謝，甚至說：「這次選得不錯，下次提醒我一樣飛紐華克。」只不過，如果你希望老闆給你一瓶有精裝木盒的年分香檳、再送上大紅包一個，就也太不切實際了；能得到一聲謝謝，已經很了不起了。

次要選項的潛在危機

　　然而，如果碰上航班延誤或取消，麻煩就來了。選擇選項 2 會需要祈禱，原因就在於一旦出了問題（有時就是難以避免），選擇選項 1 或 2 就會出現明顯的不同。

如果飛甘迺迪國際機場的航班延誤三小時，你的老闆會怪航空公司；但如果飛紐華克國際機場的航班延誤一小時，你的老闆會怪你。原因就在於選項 2 並非預設選項，顯然是你刻意做了偏離預設值的選擇。他可能會說：「如果你訂的機票是飛甘迺迪不就沒事了嗎？那裡根本不會延誤。你這個笨蛋到底在想什麼？為什麼要飛這個莫名其妙的機場？」

　　責怪與獎賞不一樣，要責怪人總是能找到目標。而從來沒有助理會因為訂了飛甘迺迪國際機場的機票而被開除。如果選了預設選項，雖然整體而言是個比較差的決定，但同時也能避免承受某種災難性的個人後果。德國心理學家捷爾德・蓋格瑞澤（Gerd Gigerenzer）在 2014 年的《機率陷阱》（*Risk Savvy*）把這種心理過程稱為「防禦性決策制定」；潛意識做出這種決定的時候，目的不是要把整體福祉提到最高，而是要在一旦出現負面結果的時候，把對決策者的損害減到最小。有很多被嘲諷為「非理性」的人類行為，其實是證明人類的明智，本能直覺就會追求「夠滿意」的結果：重覆過去的行為與模仿多數人所做的事雖然不見得是最佳的選項，但至少不太可能會帶來一場災難。現代人的祖先，都是因為成功避免犯下致命錯誤，才得以繁衍我們這些後代，所

以人類大腦以避免致命災難為本能，也就不足為奇。

　　而在以機構為考量的情境下就需要注意，「對公司有利」與「對個人有利」是兩件相當不同的事。諷刺的是，某些我們用來激勵員工個人表現的措施，或許會導致他們不願承擔任何可能對個人造成不利影響的風險；但他們所避開的選項可能正是對公司最好的選項。舉例來說，員工或許寧可讓業績穩穩上升 5％，而不願冒險讓業績有一半的機會成長 20％。要不是這樣，為什麼管理顧問能夠如此油水豐厚？

6

心理奇襲策略 4
心理物理學原則

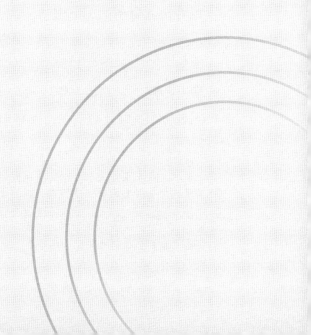

客觀性是不是被高估了？

你可能從未聽說「心理物理學」（psychophysics）一詞，這個學科研究的是不同物種的感知神經生物學有何不同，以及我們透過視覺、聽覺、味覺、觸覺的種種感知又與「客觀」現實有何不同。像是我很快就會提到，如果物種不同，眼睛內的受體也會對光譜的不同區域有反應，於是對顏色的感知會非常不同。更重要的是，雖然我們不會意識到這一點，但我們的各種感官會共同行動：我們看到什麼，就會影響耳朵聽到什麼；我們感覺什麼，就會影響舌頭嘗到什麼。*

幾年前，英國巧克力製造商吉百利（Cadbury）收到大量客訴，聲稱他們的牛奶巧克力（Dairy Milk）口味變了。吉百利一開始覺得莫名其妙，因為配方多年來並未改變。但他們做的其實是改變巧克力塊的形狀，設計成掰下巧克力塊的地方變成圓角。而形狀比較光滑的時候，嘗起來就會比較甜。這件事千真萬確。

---

* 我有位朋友住在國外，很不幸喪失聽力。但我們最近一次見面的時候，我完全沒有感覺到這件事，原因就在於她學會讀唇語，而且讀得十分精準。但真正令人讚嘆的事情，是她一直到後期才發現自己的聽力正在衰退，因為她完全是無意識的學著讀唇語，那些她以為自己聽到的聲音，其實是「看」來的。

關於感知，一切都不是客觀的，只是我們假裝這很客觀。在我們抱怨房間很熱的時候，或許這裡的「熱」根本就沒有共識；可能說的只是「比我剛才待的房間熱了幾度，但我已經習慣那個溫度了」。至於「快樂的時光總是過得特別快」也是我們很早就發現的一種心理物理學洞見。對你的手錶來說，一小時就是一小時，不會因為你現在是在喝香檳或是關在水牢裡而有所不同。但對於人的大腦來說，時間的感知其實很有彈性。†對某些企業來說，心理物理學比物理更有價值；而對許多產業來說，更是兩者都不可或缺。航空業就是一個很好的例子：除了需要與飛行相關的物理學，也需要與味道相關的心理物理學。這個原因在於食物在不同的海拔高度會大不相同，因此在地表上的美味一旦到了高空，就可能變得太過清淡無味。‡對飛機餐的抱怨早已是家常便飯，還曾經成為單口喜劇的一個招牌哏，但這對航空公司來說可能並不公平：其實不是食物不好吃，而是這些食物類型並不適合在三萬英尺的高空食用。

---

† 我曾經在卡達的監獄待過24小時，那感覺就像過了一個月。

‡ 全球航空公司請注意：拜託多放些咖哩口味的菜色，印度咖哩在高空的風味絕佳。

從人性思考策略

在許多方面，新型的波音 787 夢幻客機都是心理物理學的勝利。機上的照明、氣壓與濕度調節，都能協助乘客調整時差。另外，波音 787 還運用視覺錯覺（特別是將入口加寬）營造出寬敞的印象。波音 787 其實比 777 還窄 16 英寸，但許多乘客都會覺得比 777 寬得多。在乘客的登機入口多安排一點空間，就能營造寬敞感，而且這種感覺能夠延續到乘客進入主機艙。於是雖然主機艙與過去機型一樣擁擠，乘客卻會覺得比過去寬敞。在波音公司負責產品差異化的心理學家布雷克・艾默瑞（Blake Emery）表示，他的團隊想「尋找那些民眾就是無法言表的東西」，以改善乘客體驗。沒有人會真正知道客機內部的濕度和氣壓為何，但這些因素對乘客的感受有很大的影響。就歷史看來，設計客機的時候多半考量的都是會計成本、而不是搭機旅客，重點都只在成本與載客量。因此，波音這次想提供與眾不同的乘客體驗，可說是大膽的創舉。*

工程師和會計師在創作時常常會忽略人性。這不見

---

* 就我自己搭了幾次 787 的主觀體驗，覺得這一定會有很好的回響。我上次從英國去洛杉磯，是第一次雖然跨越大西洋卻完全沒有感受到時差。

得總是錯的，畢竟如果是要打造無人太空火箭或蓋出一道橋樑，成功與否就可以有客觀定義。然而，如果要設計的事物牽涉到人類的感知，就該用上另一套遊戲規則。舉例來說，如果某座橋樑能夠支撐事前訂出的交通流量、也能在任何合理的氣候狀況下屹立不搖，就能判定是一座好橋。只不過，如果這座橋的外觀美麗，那就好上加好，但當然這只是次要的考量。講到要設計橋樑，鍊金術的用武之地並不大。

但如果是其他計畫，像是要設計火車服務或稅制系統，或是為圓環繪製標線，所謂的成功與否，就一定只能從人類行為來定義。而在這裡，通常就有鍊金術的發揮空間，畢竟這裡要判定成功與否的是感知而非現實。甚至光是把稅項名稱取一個不同的名字，就已經能讓民眾的繳稅意願天差地別。†

† 正因如此，英國才有人提議該把「inheritance tax」（繼承稅）或「death duties」（死亡稅）重新命名為「windfall tax」（意外之財稅），並且改向遺產接收者徵收，而不是像目前就死者的物業來徵收。

怎麼幫寵物猴子買電視？

你可能沒有察覺電視在騙你。而且，電腦螢幕、*雜誌的彩色圖片也都在騙你。確實，LCD 螢幕有時沒有騙你：螢幕顯示純粹的藍色、綠色或紅色時，多少說的還是真話。藍光產生純粹的藍色光子，綠光產生綠色光子，紅光產生紅色光子。螢幕上的每個像素都會有藍綠紅這三種顏色的 LCD 燈，如果只顯示紅燈，整個螢幕就會是紅色。

但講到電視上看到的黃色，就是個天大的謊言了。雖然看起來是黃色，但實際上是紅光與綠光混合後，駭進我們的光學感官，讓我們以為自己看到的是真正的黃色。這裡的黃色不是創造在螢幕上，而是創造在我們的大腦裡。混色（colour mixing）是一種生物現象，而非物理現象：我們無法實際將綠色和紅色光子混成黃色光子，但只要把混合正確比例的紅色和綠色光子圖像送到大腦，就能得到與黃色光子難以區別的刺激，人腦也就以為自己看到黃色。只不過，要講到說謊，黃色還是不如洋紅色（magenta）。†至少黃色還是個在光譜上

---

*　我希望你可不是在電腦上讀這本書！
†　也有人把洋紅色稱為紫色（purple）。

確實存在的顏色，‡而洋紅色根本不存在。彩虹裡有的是靛色和紫羅蘭紫（violet），而洋紅色只存在於人腦之中。

之所以會如此，是因為人類（其實是所有猿類）都有三色視覺（trichromatic vision），也就是視網膜裡有三種視錐細胞（顏色感測器），分別感應色譜上不同的部分。大腦會再根據這三項刺激的相對強度，推斷完整的色譜。像是紫色的形成，就是只有紅色與藍色感測器受到刺激、而綠色感應器則未受到刺激，這時大腦就會創造出一種顏色來填補這個空白。§這樣一來，只要三種顏色，就能夠重建出範圍更寬廣（但也不真正完整）的色譜。這一切的動作並非在螢幕上，而是在我們的腦海中；有些顏色根本就不存在。

正因為混色是一種生物現象，所以不同的物種（甚至是不同的個人）就會有不同的結果。如果是狐猴和懶

---

‡ 英國小孩記彩虹顏色的順口溜是「Richard Of York Gave Battle In Vain」（約克的理查公爵白打了一場仗），首字分別代表英文的紅橙黃綠藍靛紫（Red, Orange, Yellow, Green, Blue, Indigo, Violet）。另一種記法則是有一首童謠，講著一個叫作「Roy G. Biv」的人的故事。

§ 要是人腦真的客觀一點，就不該讓你看到紫色，而該顯示一片閃爍的灰色斑點，再告訴你「系統錯誤」。

猴要買電視，其實只要幫牠們製造一些便宜的雙色LCD電視就可以了。牠們只能感應到綠色和藍色，用來推斷完整的色譜，所以我們根本不用在電視上產生紅光。

幸好狨猿不會買電視，否則可能會引發家庭革命。母狨猿和公狨猿的顏色感知完全不同，許多母狨猿能看到三種顏色，而公狨猿只能看到兩種。結果就是，母狨猿可能豪擲 800 英鎊，把自家窩裡那台 65 吋 OLED 升級成最新的超逼真三色型號，但她的伴侶會抱怨「這看起來跟舊的沒兩樣啊。」*而最佳的寵物選擇或許就是梟猴，牠們只要看黑白電視就很滿意了：就像其他許多夜行性哺乳動物，梟猴根本看不到顏色。

沒有人在給電視打廣告的時候寫出「專為高等靈長類設計」這種口號，但這句其實說得非常精準。這裡告訴我們的一課在於，某些事可能客觀上並不正確，但主觀上卻完全正確。電視的設計理念，重點在於「人類會看到什麼」，而不是「電視要顯示什麼」。電視的製造需

---

*　這會是個極少見的案例，居然是雄性靈長類動物批評雌性在電視上花了太多錢。

許多母狨猿能看到三種顏色，但公狨猿就只能看到兩種。

要大量巧妙的設計，[†] 但這裡真正天才的並非科技，而是這種心理鍊金術；要不是了解了人類會如何感知色彩，就幾乎不可能生產出電視。

前面已經提過，心理邏輯與心理物理學不但能應用在電視設計，也能應用在各種福利計畫、稅收制度、交通運輸、醫療保健、市場研究、產品定價，以及民主的

[†] 發明藍光 LED 的赤崎勇（Isamu Akasaki）、天野浩（Hiroshi Amano）、中村修二（Shuji Nakamura）於 2014 年榮獲諾貝爾物理學獎。

設計。如果人類就是無法感知某件事，再努力造成客觀現實的變化也不會有意義，所以這一切都該針對人類的感知來加以改進。此外，我們也該記得洋紅色的教訓：只要設計得好，就能讓人感知到某種根本不存在於現實的東西。*

> 實際情況和感覺到的情況可能根本就是兩回事。

　　物理定律和心理定律正是在這種地方有所不同，而也正是因為這種差異，讓鍊金術可以點石成金。

不同語言間的現實與感知

　　有個學科相信能把人類行為模擬得像是一種物理現象，那就是經濟學。但事實明擺在眼前，無論是人類行為的哪個方面，現實與感知就像兩種不同的語言，總有

---

* 我有個廣告業的朋友把家搬到西班牙的馬約卡島（Majorca）。他說：「馬約卡島的位置超棒，如果坐隔夜渡輪，不管到法國或巴塞隆納都只要一小時。」但他說完又停了一下：「好啦，其實是9小時，但反正我8小時都在睡。」

些無法翻譯的地方。[†]

　　至於情緒這種東西更奇怪，就像洋紅色，只會出現在人腦之中。有個著名的問題問的是：「如果有棵樹在森林裡倒下，但沒有人聽見，到底算不算發出聲音？」當然算，因為機械感測器就能記錄到這個聲響。如果是已經轉成綠燈之後，一輛車一直不走，但後面也沒有其他車被擋住，這算不算是一種困擾？並不算，因為困擾是種感知的概念，只有生物才會感受到。當然，感知與現實有時緊密相連，但也有些時候卻完全脫勾，就像是有種語言間的鴻溝。隨便挑兩種語言，很可能會發現兩者間有著巨大的差異，某些概念就是某種語言所獨有。[‡]然而，也有些語言組合十分類似，[§]甚至相像到令人困惑。但不論如何，每種情況都會有各自的問題，也都可能造成翻譯錯誤。

　　因此，設計師其實也就像是個譯者，運用客觀現實的原始資料，希望創造出在概念與情緒上都正確的結果。

[†] 就像是我們沒辦法把感知到的紫色轉換成紫色光子，也沒辦法把紫外線光子轉化成人類看得到的樣子。

[‡] 像是各種美國原住民語言就差異極大。

[§] 像是西班牙語和葡萄牙語。

原子彈、氫彈、髒話炸彈

　　翻譯錯誤除了可能造成嚴重的金錢損失，有時甚至會造成慘重的後果。以下引文來自美國國安局 1968 年秋季的《技術期刊》（*Technical Journal*）中〈默殺：一個詞、兩個教訓〉（Mokusatsu: One Word, Two Lessons）：

　　1945 年 7 月，同盟國領導人在波茨坦舉行會議，以強烈措辭對日本發出最後通牒要求投降，正等待日本回音。其中指出，只要日本有任何不同意，都會引發「立即且徹底的摧毀」。杜魯門、邱吉爾、史達林和蔣介石表示，他們希望日本會同意無條件投降，以避免日本國土遭受重創；接著他們就耐心等待著日本的回答。記者在東京詢問當時的日本首相鈴木貫太郎，日本政府對波茨坦宣言有何回應。由於當時日本政府尚未做出正式決定，鈴木貫太郎就用了政治人物的陳腔濫調來回應，表示目前尚無可奉告。他用的日語單詞是「默殺」（mokusatsu），這個詞衍生自「沉默」的意涵，但也帶著一些

與鈴木貫太郎本意完全不同的涵義。

令人遺憾的是，這些國際新聞機構卻認爲可以告訴世界，日本政府認爲同盟國的最後通牒「不值得評論」。美國官員對鈴木貫太郎這份聲明的語調極爲憤怒，顯然認爲這顯現典型的萬歲突擊（Banzai）與神風特攻隊（Kamikaze）狂熱，於是決定採取嚴厲手段。短短十天內，美國就從決定投下原子彈到實際投下原子彈，廣島遭夷爲平地。

根據不同的上下文，「默殺」可以有許多不同涵義。這個詞有著衍生自「沉默」與「死亡」的意涵，可能是「我現在什麼都不能說」，也可能是「我現在不知所措，不能說什麼」，甚至可能是「你還不配讓我提出回應」。

日語是種非常講究情境的語言，但其實所有語言都是如此。在英式英語裡，如果在正確的語境下、用正確的語調說「You stupid fucking idiot」，有可能代表的是正面的情感。而這會讓許多美國人深感錯愕，因爲美國人雖然講的是大致相同的語言，但通常詮釋方式會比較

偏字面意思。*

翻譯裡的「假朋友」

　　在翻譯中，如果以為翻譯者一定能表達出說話者的意圖，肯定大錯特錯；而在講話的時候，以為對方一定能理解自己的意圖，也同樣是件愚蠢的事。或許最著名的誤譯案例就發生在1977年美國總統造訪波蘭的時候。在專機降落在華沙後不久，卡特總統就在停機坪發表簡短談話，而現場觀眾聽到的口譯內容是卡特總統說自己

---

* 我這輩子都說英式英語，但仍然沒信心能清楚解釋「quite」在什麼時候代表「非常」、什麼時候代表「有一點」。這就是那種在長大過程慢慢學到的事情，就像是可以享受皇室帶來的權利卻不准擁槍，有就是有、沒有就是沒有、會懂的就會懂。我有一次在紐約演講，用了「feel like a bit of a twat」（覺得像個twat）這個表達。在英式英語，這裡的「twat」指的就是「twit」（笨蛋），只是語氣再強一點，但到了美式英語，「twat」或「twot」卻是個關於女性外陰部的髒話。結果，這場演講錄製成的影片還得先編輯過才能公布。

而在演講後，有聽眾告訴我，他覺得我的演講「quite good」，這在英式英語的意思是「還可以，但沒什麼特別的」。我還以為他會接著告訴我哪裡可以改進，但等了一會才恍然大悟，他其實很喜歡這場演講：在美式英語裡，「quite」就是個強調的副詞，代表「非常」或「真的」。但在英式英語裡，雖然有時候也是強調的副詞（quite excellent＝很不錯），但多半就只是加個修飾（quite interesting＝還可以）。

「離開了美國，再也不會回去」，而且「他對波蘭人民的情感如此濃烈，想和他們發生性關係」。[†]

　　這個故事被當成例子的時候，人們常常認為這個譯者是個白痴，不適合這份工作，但事實並非如此。當時的譯者史提芬・西莫爾（Steven Seymour）其實是位出色的譯者，曾將奧登（W.H. Auden）的詩作譯成俄文，而且也是一位波蘭詩歌的行家。但不幸的是，因為他一心研究波蘭詩歌，熟悉的都是 19 世紀（甚至更早）的波蘭語詞彙，而現代波蘭人已經不再使用那些詞彙、或者至少語義已有所改變。[‡]

　　俄語是西莫爾的母語，而波蘭語只是他的第四語言。雖然這本來也沒什麼關係，但波蘭語一方面有許多詞彙和語法實在和俄語太過相似，[§]另一方面卻又有些時候的意義完全不同。像這種看來相似卻有著不同意義的詞，在翻譯上稱為「假朋友」（false friends），常被誤認

[†] 口譯員當時所譯的內容，再回譯成英文的版本常常用的是「I desire to know the Poles carnally」（我希望從肉體上了解波蘭人民）。這實在是太委婉了。

[‡] 就像現代的艾美許人（Amish），應該不會再把賓州的一個小鎮叫做「Intercourse」（性交）。

[§] 但波蘭人或許並不想承認這一點。

為同義、但事實上卻完全不同。[*]而語言之間愈相似，就愈容易出現重大的誤解；像是在拉丁美洲國家，西班牙語詞彙就可能有不同的語義：如果在朋友家作客吃完晚餐，向主人說「太座真是位了不起的妓女」肯定很失禮，但就是有某些國家，西班牙語的「女主人」已經演變出「妓女」的意思。

　　而奇怪的是，最容易造成語言混淆的組合，其實是荷式英語與英式英語。大致來說，荷蘭人幾乎能說一口流利的英語：[†]對片語的掌握非常出色，口音無懈可擊，而且也和英國人一樣有著那種憤世嫉俗的黑色幽默。英國人如果和幾個荷蘭人暢聊一夜，幾乎不會感受到任何語言障礙，也很難相信彼此會有任何誤解。但其實誤解無所不在，因為荷語對話常常非常直接大方，但英式英語則是充滿各種間接表達，簡直像是需要解碼才能理解。在商業情境中，荷蘭人可能會說：「我們試過，但效果很爛，所以我們不會再這樣做了。」而英國人如果

---

[*] 像是西班牙文的「constipado」，對於講英語或法語的讀者來說就很容易是個假朋友詞，誤譯為「constipated」（便秘）。有位法語譯者就犯過這個著名的錯誤，完全忘記這個西語詞彙指的就是「感冒了」。

[†] 英文電影在荷蘭是上字幕而不是配音，或許這也有幫助。

要表達一樣的意思，講的大概會是：「我認為，我們或許要再過一陣子才會再試一次。」

於是，荷蘭最後還編出一套片語手冊，特地把英式英語譯成荷式英語。

現實與感知之間的關係，就像是荷式英語和英式英語：有些方面非常相似，但在某些情況卻又大不相同。從這裡又可以再次看到，「我們想傳達的訊息」與「對方接收到的意義」兩者可能出現鴻溝，而這一點實在不容小覷。我們常常會覺得別人的行為讓人想不通。「我告訴他這樣，但他卻做那樣。」我們以為是對方不理性，但現實是他們聽到的意思並不等於我們以為自己說出的意思。（見表 5）

感覺不一定是現實

同樣的，如果要描述他人的行為，並不能用你看到、或是你以為別人看到的內容當作根據。真正決定某人行為的因素，在於他們認為自己看到了什麼。幾乎所有事物都適用這套區別：如果是某個物件，會由物件本身決定行為；但如果是個生物，則會由生物對於自身的感知來決定牠的行為。

這一點之所以如此重要，是因為大多數的人類行為

表 5

英式英語表達	外國人的理解	英國人的意思
I hear what you say	他接受我的想法	我不同意，而且我不想再多談
With the greatest respect	他在聽我說話	你是個白痴
That's not bad	這並不好	這很好
That is a very brave proposal	他覺得我很有勇氣	你瘋了
Quite good	滿好的	不太好
I would suggest	可以考慮一下他的想法，但可以照我的意思來做	就照我講的，否則你就等著好好解釋
Oh, incidentally/ by the way	那不是很重要	我們這個討論的重點就是……
I was a bit disappointed that	沒什麼關係	我很生氣
Very interesting	他們很喜歡	這顯然是瞎扯
I'll bear it in mind	他們大概會這樣做	我已經忘了
I'm sure it's my fault	他們為什麼會覺得是他們的錯？	這是你的錯
You must come for dinner	我很快就會收到邀請	這不是邀請，只是禮貌的說法
I almost agree	他差不多同意	我完全不同意
I only have a few minor comments	他找到幾個錯字	請整個重寫
Could we consider some other options?	他們還沒有決定	我不喜歡你的主意

模型與經濟模型都沒看到這種區別。你大概不會意外，雖然現在常把「大數據」說得像是一種萬靈丹，但我總對此十分懷疑。科技業常有這種現象，讓人沉醉在某種科技的早期優點裡，結果就是忘了去想想第二層考量的問題。[*]歌詠大數據的人認為「大」就是「好」，但透過更多資料所做出的決定，並不代表一定就更符合道德或公平。[†]

　　讓我們以乾草堆裡的針來打比方，資料愈多，確實針就愈多，但同時乾草也愈多，於是找到假針的頻率也增加；我們以為重要的事其實並不重要。我們一心以為資料能讓我們做出更好的決策，但由於可能出現偽相關、短暫相關、干擾變項、確認偏誤等等風險，最後反而可能做出很愚蠢的決定。

---

[*] 我們之所以擁抱電子郵件的發明，是因為這讓我們能夠立即免費與全世界進行交流。但我們忘了問，如果地球上其他人都能一樣免費自由和我們交流，會有什麼後果。

[†] 人種學專家王聖捷（Tricia Wang）甚至在 2016 年 TEDx 劍橋的演講指出，正是因為大數據造成的量化偏差，讓手機製造商諾基亞（Nokia）瀕臨死亡。當時所有資料數據都顯示，人類買手機的預算不會超過薪水的一定比例，所以智慧型手機在開發中國家的市場相對並不大。但王聖捷發現，等到民眾看到智慧型手機，願意花在手機上的預算就爆增。當時因為她的「資料點太少」，這項發現遭到忽略。但在現實生活中，各種價值非凡的資訊都是從極少的資料開始，像是鐵達尼號的前景其實就只有一個資料點：「前面有冰山」，但這絕對比任何關於冰山頻率的大型調查更重要。

　　有一家大型科技公司最近研發一套 AI 系統來篩選求職申請，但系統很快就產生性別偏見：如果履歷提到曾參加女籃，分數就會大打折扣。當然，我們並不是永遠都能知道 AI 背後的道理：有可能是 AI 發現多數資深主管都是男性，於是將「男性」做為能夠預測成功的指標之一。

　　另一家運用大數據的公司則發現有某個變項比其他變項更能找出好員工。這個變項既不是教育水準、也不是人格測驗結果：結果發現，優秀員工有絕大部分在填寫申請表的時候，用的瀏覽器是 Google Chrome 或 Firefox，而不是電腦上的預設瀏覽器。雖然我可以理解換掉筆記型電腦的瀏覽器確實能看出某些特質（例如勤奮小心、科技能力、延遲享受），但真的能用這項資訊來挑選員工嗎？這家公司最後決定不要這麼做；部分原因在於這可能對某些客觀條件較差的申請者造成不公平，因為他們可能是不得不用圖書館的公用電腦來求職。

　　資料模型的另一個問題在於可能會碰上某種心理物理學的問題。模型把現實與行為互相匹配，以為兩者能夠完美映射，但事實並非如此。舉例來說，資料或許會指出人類不可能用 49 英鎊來買一罐咖啡豆，而事實也多半是如此。然而，一個 Nespresso 膠囊要價 29 便士，

圖 12

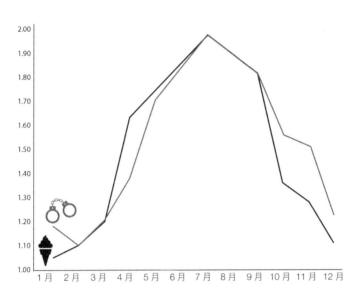

圖為冰淇淋銷量與犯罪率，其中有一個干擾變項沒有呈現在資料中：天氣。而這個變項就能解釋這裡偽相關的情形。但如果是一個愚蠢的演算法，可能就會從這個圖推斷吃冰淇淋會引發犯罪。而真正的原因很簡單：人在天氣晴朗的時候比較會吃冰淇淋，而罪犯在溫暖的夜裡也比較容易犯罪。

其實換算成一罐咖啡豆的咖啡量，總價十分接近 49 英鎊；如果不了解這是人類感知的問題，就無法區分這兩者的不同。會有人花 100 英鎊來買一雙鞋嗎？在沃爾瑪絕無可能，但如果是在像尼曼馬庫斯（Neiman Marcus）這種精品百貨，就大有可能。會有人花 500 英

鎊來買一隻手機嗎？諾基亞的資料認為不可能，但蘋果則發現還真有這種可能。大數據認為現實會和行為形成完美對映，但事實並非如此。

> **「感知」或許會與「行為」形成完美的對映，**
> **但「現實」與「感知」就不一定如此。**

我們也要記得，所有的大數據都來自同一個地方：過去。然而只要情境裡某個單一因素有所變動，就可能讓人類的行為大不相同。舉例來說，如果根據 1993 年所有關於人類行為的資料，都會以為傳真機還有個美好的未來。

太陽底下沒有新鮮事

我們或許可以說，就連古希臘人也懂得心理物理學的原理。如果研究帕德嫩神廟，會發現裡面幾乎找不到一條直線；地板在中間稍微向上彎，側邊向下，而圓柱的中段也會稍微膨脹。*原因就在於，神廟的設計不是要

---

* 勞斯萊斯的散熱器格柵設計也借用這種技巧，行話叫作「圓柱收分線」（entasis）。

達到本身的完美，而是希望如果站在山下距離大約 100 公尺，能夠「看起來」很完美。比帕德嫩神廟更早之前，大自然也有著同樣的把戲。

大自然投入大量資源來做這種事，我們或許可以稱之為「駭入感知」，但在商業術語其實就是「行銷」。想吸引動物和昆蟲來食用的莓果和水果，會在成熟後呈現獨特的色澤、誘人的氣味。相較之下，不想被吃的毛毛蟲則會設法讓掠食者覺得自己很噁心。有些蝴蝶的翅膀上會出現眼紋，因為許多動物看到眼睛的花樣就會變得比較謹慎。在這些例子裡，自然界都無須改變現實、卻能駭入感知。

客觀有時不是好事

如果你是個科學家，工作就是要設法跳脫人類感知的限制，提出普世適用、描述客觀現實的定律。科學已經發展出各種感測器和測量單位，能用來測量距離、時間、溫度、顏色、重力等等。在物理科學領域，我們確實應該選擇這些客觀事實，而不是選擇那些會受到扭曲的感知機制：橋樑看起來堅不堅固並不重要，因為它必須真的很堅固。

　　然而，如果人類科學（像是政治、經濟學或醫學）相信所有科學都該像這樣普世適用，並追求採用一樣的方法，就會出現問題。就像前面提過設計電視的例子，在人類科學這個領域，有時候比較重要的不是客觀事實，而是人類有怎樣的感知。在醫學上，就是因為太執迷於客觀性，才會輕忽安慰劑效應，以為這「只是」在駭入感知。然而，如果像順勢療法就是能讓人相信自己會康復，而這種幸福的想像又確實能夠讓人覺得病痛減輕，究竟有什麼不好呢？在這種時候，與其大加批評，我們不是該好好研究嗎？

　　只不過，還是有那些賣蛇油的、*賣假藥的、純粹的騙子，又該怎麼說？正由於鍊金術不是一門精確的科學，一直不乏招搖撞騙的手段，因此我們也確實該保持警惕。在廣告與設計界，許多人就是會提出錯誤的方案；行為科學家也有許多發現，事後都已經證明或即將

---

* 首先，要說所有蛇油都不好也不公平：在抗生素問世之前，蛇油很有可能正是最好的解藥。純正的蛇油提煉自唐水蛇（Chinese water snake）的脂肪，裡面有 20 % 的二十碳五烯酸（eicosapentaenoic acid），有鎮痛消炎的作用，中醫已經用了數百年之久。然而一般俗稱的蛇油混雜各種物質，常常含有大量酒精或鴉片，只是號稱有蛇油的成分。這種蛇油通常會加入許多草藥，可能是為了要有些奇怪的味道。

被證明並不屬實。就連這本書提到的某些內容應該總有一天也會被證明並非如此。我深知自己是從極度樂觀的角度寫著這本書，但我的重點並不是要說鍊金術永遠那麼可靠、符合道德或有益人民，只是想要提醒讀者，不要因為某些鍊金術解決方案不符合理性邏輯，就拒絕去嘗試。這本書希望能說服讀者，不論我們是否喜歡，鍊金術都確實存在，而且我們可能用這套方法來做點好事。此外，如果民眾更能看到鍊金術的存在，也就更能注意是否有人在濫用鍊金術。†

在物理和工程領域，客觀的模型通常會讓問題變得比較容易解決；但在經濟和政治領域，客觀性則可能反而讓事情變得更困難。對於某些經濟和政治上的問題，只要我們願意放下武斷的普世模型，就能用一些比較輕鬆、便宜的方式來解決。就像在設計電視的時候並無須產生完整的可見光譜，要推出各種決策、設計或做生意的時候，也不見得需要改變客觀現實，而或許應該把更多時間用來研究人類的感知與道德本能。

---

† 目前世界上就有不少濫用鍊金術的方式，我認為應該立法禁止。舉例來說，信用卡的「最低繳款金額」低到驚人，其實就是一種鼓勵人欠債的黑魔法。

不談心理邏輯的代價

　　對於民眾究竟關心什麼，企業與政府每天都做出過於簡化的錯誤想像。美國的兩大零售業者傑西潘尼（JCPenney）與梅西百貨（Macy's）都犯了這個錯誤：為了想要減少依賴優惠券和促銷活動，就決定直接永久降價。這兩種做法都是商業上的災難。民眾要的並不是低價，而是那種省錢的感覺。一種可能的解釋方式是我們心理喜歡競爭，喜歡覺得自己得到的交易比別人更划算。而如果每個人都能用同樣的低價買到商品，那種勝出的快感就會消失；明確看到自己省下多少錢，會讓人覺得自己實在很聰明，但付出和別人一樣的低價，只會讓人覺得自己就是個吝嗇鬼。另一種可能的解釋方式是認為低價與折扣有一點不同，沒辦法在事後講出一套動人的說詞：沒辦法說「我省了 33 英鎊」，而只能說「我花了 45 英鎊」。

　　值得注意的一點在於也可能需要考量昂貴訊號的作用：出於象徵因素，有些事情就是必須貴一點。一件 200 英鎊的洋裝大減價到 75 英鎊出售並沒有問題；但可沒人想穿一件只值 75 英鎊的洋裝去參加婚禮。英國的 TK Maxx 就是很懂人性心理的零售商，[*]那裡是為太太挑

---

[*]　在美國的名稱是 TJ Maxx。

禮物的絕佳去處，但可千萬別告訴她是在 TK Maxx 買的。†

　　所謂的經濟邏輯，其實就是希望根據對理性的假設，打造出一套不談心理的人類行為模型；但這可能會是一個代價很高的錯誤。就像是根據理性去改變訂價之後，不但會大大改變消費者對於「省錢」的感知，甚至還假設每個人對於省錢這件事會有一樣的反應。事實就不是這樣，情境和框架都會造成影響。講到對價格與價值的感知，我最喜歡的一項實驗是來自理查‧塞勒這位「輕推理論」（Nudge Theory）之父。他邀請一群紅酒鑑賞家想像自己在幾年前用 20 美元的價格買了一瓶年分紅酒，而這瓶酒現在市價 75 美元。接著假設現在要喝掉這瓶酒，塞勒請他們從以下選項挑選出最能反映成本的答案：[9]

　　a. 0 美元。我早就付過錢了：30％

　　b. 20 美元。我原本付的錢：18％

　　c. 20 美元，再加上利息：7％

　　d. 75 美元（如果現在賣掉能換到的價錢）：20％

---

† 一件洋裝只要標價是 500 英鎊，就算實際售價是 200 英鎊，穿起來也會有 500 英鎊的感覺（希望我太太讀這本書時不會讀到這麼後面）。

e. 倒賺 55 美元。我喝了一瓶價值 75 美元的紅酒，
而且只花了 20 美元，所以等於是賺錢：25％

從這個結果看來，確實有人會像經濟學家那樣思考，但就是只有 20％的少數。

而且也請注意，這些人喝起這瓶紅酒，也會是最不開心的一群。經濟學也被稱為鬱悶科學（Dismal science），實在其來有自。

文字如何改變餅乾的味道

請注意，用字不但能改變食物的價格，還能改變食物的味道。五年前，一位比利時同事憂心忡忡的打電話來。有個客戶是一家餅乾製造龍頭企業，剛為旗下最受歡迎的品牌改用全新的低脂製程，但產品一推出，銷量就直線下滑。他們怎麼想都想不通。新產品早就經過廣泛的研究和測試，多數人根本吃不出新製程的口味有何差別，但就是沒人肯買。

像這種問題，我甚至不用離開椅子就能解決。我把電話開成擴音，說道：「我了解了，你們是不是在包裝上寫了『全新低脂』？」他們回答：「當然要寫啊，我們

花了好幾個月，才終於讓餅乾的脂肪含量減低，如果不告訴大家不就白費了嗎？」我說：「那就是你們的問題了。重點不是盲測的時候吃起來像不像，而是只要包裝寫了『低脂』或是任何其他表示健康的字眼，都會讓人覺得食物的味道變差。」他們在餅乾測試的時候都已經把包裝拆掉，卻忘了包裝也會影響味道。

包裝就是產品的一部分

　　波蘭裔美籍學者阿爾佛烈特・科斯基（Alfred Korzybski, 1879 ～ 1950）有句名言「地圖不等於疆土」，他創造「通用語義學」（general semantics）這個研究領域，並認為人類對世界的了解會受到生物學、神經系統和人類發展出的語言所限制，而由於一切人類的感知都會受到大腦的詮釋，所以沒有人能真正感知到現實。這說得真是太好了！

　　某天上課的時候，科斯基拿了一包餅乾分給前排的學生吃。一開始餅乾的包裝先用紙包著，學生吃得很開心，而科斯基也說：「餅乾很好吃對吧？」接著把紙撕開，露出本來的包裝，有一張狗頭的照片，寫著「狗餅乾」。有兩名學生開始乾嘔，有些學生把手摀著嘴，也

有些學生立刻衝去廁所。科斯基說：「各位親眼看到，我剛剛證明人類吃的不只是食物，也會吃語言，而且食物的味道還常常不及語言的味道。」[10]

　　這種作用不僅限於食用產品。如果清潔產品的包裝寫著「現在變得對環境更友善」，就會讓人直覺認為清潔效果打了折扣。這裡有個道德和實務的兩難：如果想生產一種更環保的洗衣劑，包裝上到底要不要提環境友善這件事？只要一寫，就會有兩種潛意識的影響：要不是乾脆不買，就是買了之後不必要的刻意增加用量。有些時候，默默行善的結果可能會更好，特別是市場上關心環保的人並不見得比較多。

　　像是維吉麥抹醬（Vegemite）、美祿（Milo）和吉百利巧克力蛋（Cadbury Creme Egg）這些熱賣產品，光是宣布成分稍有調整就會是一大災難。即使實際上根本嘗不出差異，只要有這樣的宣布，消費者就會覺得口味有所不同。卡夫（Kraft）打算改良起司通心麵（Mac & Cheese）配方、讓食物更健康的時候，就很擔心消費者會有反彈。特別是現在的社群媒體與報紙都想炒新聞，光是幾則惡意的推文就足以變成全國性的新聞事件。於是，卡夫把食物配方去掉人工黃色色素，加進辣椒粉、薑黃與其他天然替代物，但一切就是偷偷來。幾

乎沒人注意到發生了什麼改變。卡夫到事後才宣布這件
事，用的標題是「一切變了，但也沒變。」透過這種方
式，既能爭取那些過去因為人工化學成分而不願意購買
的消費者，也不會讓老顧客產生口味改變的想像；畢竟
老顧客是突然才發現，原來自己已經吃這種健康新版本
吃了好一陣子了。*

聚焦的錯覺

　　注意力對我們各種想法與行為的影響，遠比我們以
為的更為深遠。丹尼爾・康納曼與阿莫斯・特沃斯基都
是行為經濟學的重要人物，而康納曼曾提到「聚焦的錯
覺」（focusing illusion）：對於引起我們注意力的事，
會讓我們大大高估它的重要性。他解釋道：

> 想著某件事情的時候，感覺到這件事的重要性
> 會比實際更高。行銷人員就會利用這種聚焦的
> 錯覺。只要讓人相信自己『必須』擁有某種商

---

* 恭喜負責的廣告公司 Crispin Porter + Bogusky 成功施展魔法。當
　初要讓客戶接受這個提案肯定不容易。大家總會覺得，做好事的
　時候為什麼要這麼低調？

品，這些人就會大幅誇大該商品對生活品質可能帶來的好處。而根據商品能夠持續吸引關注的時間長短，某些商品的聚焦錯覺會比其他商品更高。例如皮革汽車座椅的聚焦錯覺，應該就會比有聲書的聚焦錯覺更高。[11]

在行銷上，可以用比較表來欺騙消費者。這裡有個關於道路救援服務的廣告表格，如果編寫表格的人真的打算完全客觀，或許還能再列出 50 項所有廠商都會提供的服務，但他選擇讓讀者的注意力集中在自己想推銷的那個品牌；在諸多服務項目當中，只強調有些項目是由該品牌獨門提供。

廣告業一向相信「獨特賣點」（Unique Selling Proposition, USP）這個概念，正是運用了聚焦的錯覺：如果產品能提供其他產品沒有的特色，就更容易銷售。就算某項特色其實有點多餘，只要強調它的與眾不同，就能讓消費者在買了其他產品時特別感覺失落。一旦陷入聚焦錯覺的控制，購買露營裝備就會成為一件很危險的事。在店裡，你會想像自己在完美的天氣使用這些產

表 6

	ETA	綠旗公司	綠色保險	GEM	AA	RAC
免費零件、免工資	✓	✗	✗	✗	✗	✗
免費二次救援	✓	✓	✗	✗	✗	✗
加錯油救援	✓	✓	✓	✗	✗	✗
快速救援	✓	✓	✓	✗	✗	✗
車輛報銷退款	✓	✓	✓	✗	✗	✗
碳排放補償	✓	✓	✓	✗	✗	✗
每年救援次數上限	不限	不限	6	不限	7	6
救援乘客人數	法定載客量	法定載客量	9	8	7	6

強調差異之處、而非相似之處。

品，但天氣很少那麼完美。*此外，某些在購買當下非常吸引人的功能，實際用起來不見得那麼好用。舉例來說，所有的睡袋在出售的時候都會緊緊塞在小到不行的袋子裡。最後才發現，雖然這些產品在全新、經過專業包裝的時候看起來很吸引人，但使用之後卻很難再塞回去。

---

* 至少在英國是這樣啦。

　　想要打破這些錯覺，可以多注意有哪些項目其實應該更重要。舉例來說，我們應該可以想像自己在某個強風驟雨的時候，試著想把帳篷收起來的情形。又或者是想買輛保時捷的時候，應該要想像的是在倫敦塞車的場景，而不是在夏日夜晚穿越科茲窩（Cotswolds）鄉間美景的情境；畢竟前者會常常發生，而後者應該只是偶一為之。

　　而有趣的是，康納曼談到聚焦的錯覺，竟然是用汽車皮椅來舉例。我一直很懷疑，選購汽車皮椅會不會只是想投放一種地位訊號：在汽車的整個使用年限裡，比較重要的應該是耐用、油耗和舒適度，而地位這種事應該只在購車那個時候顯得比較重要。而且事實上，究竟皮椅是否比布椅更好，也是受到聚焦的錯覺所影響。座椅材質其實有許多不同項目可以比較，除了地位、價格，還有是否滑溜、氣味如何、是否方便清潔、耐用程度、道德問題，甚至還包括在大熱天坐起來是否舒適。*而根據你所挑選的比較項目不同，皮椅有可能遠勝於布

---

* 有人跟我說過，某個人的孩子曾經在布椅上吐了一車，讓這個人立刻成為皮椅的愛好者。

椅，也有可能就是個毫無意義的奢侈品。†

　　康納曼指出聚焦的錯覺在行銷上十分重要，這點並沒說錯，但我會說這根本不是什麼錯覺，而是演化的必然。此外，我也認為並非行銷人員「利用」這種聚焦的錯覺，而是這種錯覺讓行銷成為必要。但不論如何，想讓自己更快樂的一種方式，就是了解這種錯覺確實存在，而且試著去控制自己所注意的目標。例如我就很贊成餐前禱告這種宗教儀式：像這樣去注意那些平常可能視為理所當然的美好事物，應該是個有益生活的做法。至於暫停一下、把注意力集中在眼前的這一餐，應該也能令這一餐變得更令人享受。‡

偏見、錯覺與生存

　　聚焦的錯覺確實是一種錯覺，但人類幾乎所有的感

---

† 但可以注意，康納曼教授是一位學者，而在學者這種奇怪的團體裡，開破車似乎是種榮譽的象徵（專有名詞稱為「反訊號」〔countersignalling〕）。如果你剛剛加入社會科學這個學術社群，就想毀掉自己的一輩子，不妨開一輛全新的福特野馬（Mustang）停到大學停車場上（如果一定想開，古董車或許還沒關係，但你得先拿到教授終身職才行）。

‡ 至於餐前禱告的現代版本，大概就是幫食物先拍美食照。

知也都是錯覺，因為對動物來說，真正的客觀並不利於生存。神經科學家麥可・格拉齊亞諾（Michael Graziano）就解釋道：「如果一陣風吹來，草叢沙沙作響，你誤以為那是一頭獅子，這不會有什麼危害。但如果真的是一頭獅子，而你沒發現，這下你就會從基因庫裡被淘汰了。」* 因此就演化的最大利益而言，稍微有點偏執會是件好事，但我們的注意力程度也必須隨著情緒狀態而有所不同。比起白天的繁忙街道，如果是晚上獨自一人走在沒有路燈的街上，我們就會更注意到腳步聲。

我們不該一心試圖糾正或避免這些錯覺，而該試著去了解這些錯覺、知道這些錯覺會怎樣影響我們的行為；有些人認為最好什麼錯覺都不要發生，但這種想法其實非常危險。舉例來說，如果家裡的煙霧偵測器有意識，你可能會說它肯定有偏執妄想：你只是在烤吐司，它就開始瘋狂的嗶嗶大叫。但這麼做其實理由很充分，畢竟警報器很難判斷這到底是麵包烤焦了、還是有一場大火正在燃起火苗，但判斷錯誤的結果可能大不相同。警報器在你早餐烤吐司的時候響起，只是誤以為有火，

---

* 可參閱 'A New Theory explains How Consciousness Evolved', *Atlantic* (6 June 2016).

圖 13

幻想性視錯覺的例子：有些人會看到一張臉，有些人甚至會說看到
了美國前總統華盛頓。

雖然煩人但也沒什麼大不了，但如果是起火了卻誤以為
沒火，則可能會致命。你最不想要的那種煙霧偵測器，
就是在大火已經燒到它才會開始響的那種。

　　我們必須要注意，不該把各種偏見與錯覺都認為是
種天生的心理缺陷、而不視為演化天擇下的產物。以幻
想性視錯覺（pareidolia）為例，這是很多人都「患有」
的一種視覺錯覺，指的是會在無生命物體裡看到臉孔、
人類或動物的形狀（見圖 13、14、15）。

圖14

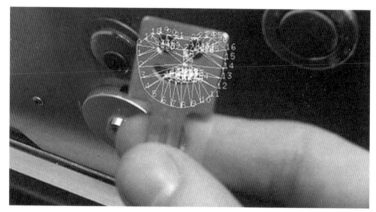

在這張鑰匙的照片裡，雖然只是兩個點、一條線，但這套演算法就以為這裡有張人臉。可見就連軟體也會有幻想性視錯覺的問題。

　　就算沒讀過太多演化生物學，應該也能理解為何人類經過演化之後，對於環境中的臉孔或動物十分敏感。在人類演化史上，可能有許多其他動物會造成威脅。能否發現這些動物、判讀牠們的情緒，有可能就是生死之別。這就像是煙霧偵測器，會有調整敏感度的問題。如果太過敏感，你確實會在沒這回事的時候也看到人臉和動物，但這實在是個很值得付出的代價。雖然你可能會覺得洗衣機也有情緒、岩石上好像有張人臉，但用這一點點代價，演化就讓人類增強臉部識別能力，提升適合生存的優勢。

圖15

「頭昏眼花的洗衣機」：這也是一個幻想性
視錯覺的例子。

　　只不過，如果人腦開始在所有的岩石或樹木上都看
到臉孔，就不是太有用了。所以我們可以預期，演化應
該會慢慢調整敏感度，減少不必要的誤報情形。時至今
日，無論是煙霧偵測器或汽車防盜器，都已經明顯不像
1980 年代那麼偏執，但仍然還是會偏向寧可錯殺而不可
放過的那一面。這裡總會需要有所妥協，而這些錯覺就
是我們付出的代價。

　　同樣的，臉部辨識軟體要發揮功效，也必須做出類
似的妥協。要是軟體永遠不會把其他東西誤判成人臉，

其實就是太不靈敏了：如果把標準拉到這麼高，只要臉的角度歪一點、或是一隻眼睛閉起來，軟體就不可能辨識出人臉，但這樣一來也就不可能實用。於是，臉部辨識演算法也會出現與人類相同的幻想性視錯覺，也總會需要經過一些調整，學習如何處理不完美或是模棱兩可的資訊。這一切都意味著，在這個現實世界裡，如果想要求完全的客觀、量化與比例，沒有任何生物能夠演化存活。一定程度的偏見與錯覺，實在無法避免。

怎麼只花 50 英鎊就得到一輛新車？

你有車嗎？如果有車，車況是不是還不錯？如果答案是肯定的，這裡有個好消息：讀完下一段，你就能把買這本書的錢都賺回來，而且是賺很多很多倍。

下次想換車的時候，先忍住別換，可以再等個一年、或是兩三年。而在這段時間，要常常把車送去做汽車美容，把內外都清得乾乾淨淨。雖然每次都會花上大概 50 英鎊，卻能讓你得到一輛好得多的汽車。請注意，可不只是更乾淨、而是一輛更好的汽車，除了看來更美，也會開來更穩、加速更快，連過彎也更順。此外，看起來乾淨到會發亮的汽車，開起來也會更令人愉悅。

為什麼？因為心理物理學。

用心理物理學拯救世界

　　要怎麼做才能讓人不再覺得環保清潔用品的清潔效果比較差？幸運的是，只要用一些小技巧，就能騙過人類的潛意識，讓人不再覺得為了環保就要犧牲效能。同樣的，這些技巧都可以算是「善意的哄騙」。

　　企業想減少環境足跡，方式之一是販售濃縮形式的產品，這樣能夠減少包裝與分銷成本，也能減少使用化學物質。但這有幾個問題：

1. 雖然產品的濃度變高，但有些人的用量並不會減少，導致使用超出劑量。把瓶蓋改小可以減少這種問題，但又會有人覺得用量少、效果就差，於是又多倒了一瓶蓋。
2. 雖然濃度變高，但和其他產品相比，同樣價錢買到的量比較少，似乎比較不划算，結果消費者根本不願意購買。
3. 消費者可能單純認為量少就是比較差，覺得沒有那個價值。

4. 產品體積變小,在貨架上占的空間也變少,結果能見度降低,還把空間拱手讓給競爭產品。

不過,有幾種方式都能解決這些問題:

1. **徹底誠實**:* 例如宣布這項產品的功能確實比以前低了 4％,但對環境友善卻提升 97％。又或者直接坦誠這項產品的缺點。†

2. **運用「金髮女孩效應」**(Goldilocks Effect): 人類自然會有一種偏見,如果有三個選項,會比較容易選擇中間那一個。像是洗衣精的製造商,在用量指示就會刻意讓人覺得中低用量才是正常,而讓超量使用彷彿背上一種惡名。舉例來說:「半瓶蓋:少量或一般洗滌」、「一瓶蓋:滿水位或強力洗滌」、「兩瓶蓋:極度髒汙」。這樣一來,會讓人覺得用了超過一瓶蓋簡直像是犯罪,

---

* 據我所知,目前還沒有企業曾經採用這種方式。我猜是因為這種提議連在公司內部都很難過關。
† 承認不利的一面,反而會讓你的主張看來更可信。很多出色的廣告標語都是利用這種效果,像是「貴,但貴得讓你放心」,以及「我們排名第二,所以更加努力」。

　　就算是那些平常會超量使用的人，應該也只會用
一瓶蓋。[‡]

3. **改變形式**：如果是粉末或液體，或許很難相信用
量變少能有同樣的作用，但如果把劑型改成凝膠
或錠劑，使用者就比較容易相信。此外，如果採
用錠劑形式，可以考慮採用薄、寬、高的包裝，
以免降低在貨架上的能見度。

4. **增加細節**：在原本純白的洗衣粉裡，只要加些彩
色斑點，就會讓人覺得更有效（就算根本不知道
這些斑點有何用途）。同樣的，就算是錠劑，如
果混合液體、凝膠和粉末，也會讓人相信少就是
多。還記得條紋牙膏的例子嗎？

5. **讓使用者投入心力**：如果某項濃縮產品要求你先
加水稀釋，又或者使用前要再加進另外兩種成分
混合，因為你得再投入一點心力，就會恢復對這

[‡] 如果洗衣機製造商出於環保理念，希望鼓勵使用者無須使用太高
的水溫來洗滌，也可以同樣運用「金髮女孩效應」。例如在水溫
控制的旋鈕上，把幾個比較低的溫度（像是 30、40 度）設在中
間，而把像是 60 和 90 度設在最右端，使用者直覺上就只會使用
比較低的溫度。

項產品效能的信心。[*]

從邏輯的角度來看，這一切解決方案似乎都是在瞎扯，而這裡也確實都用了一些哄騙的手法。要是我們真能客觀看世界，就只會認為這都是騙人，但可惜事情並非如此。而且就算不用這些哄騙手法，我們也不會忽然變得眼前一片清明、看到一切事物的真相，而只會看到其他的哄騙手法。

> **所以，你是想看到對環境有益的哄騙手法，還是對環境無益的哄騙手法？**

為什麼事情不能變得太簡單？

1950 年代，通用磨坊（General Mills）食品公司以知名的 Betty Crocker 品牌推出一系列蛋糕粉，就連牛奶和雞蛋都已經做成粉末，一包搞定。消費者唯一需要做的就是加水、攪拌、把烤盤送進烤箱。這不是太好了

---

[*] 我有客戶最成功的濃縮產品（一種木質保養亮光劑）就要求使用者必須付出心力。像那一項產品就是必須放到一個小容器裡稀釋。

嗎？然而，雖然這項奇蹟產品具備諸多優點，銷售卻並不理想，就連 Betty Crocker 這個品牌也無法引起購買慾。通用磨坊請來一組心理學家，想找出這項產品為何不受消費者喜愛。最後發現的一項解釋在於罪惡感：相較於傳統烘焙，這項產品做起來實在太簡單，讓人覺得自己似乎在作弊。雖然做出來的蛋糕美味無比、廣受好評，也無濟於事，反而只會讓這位「廚師」心裡尷尬、覺得自己不配得到這麼多的讚美。

於是，通用磨坊針對這些結果施展一套心理鍊金術，或說「善意的哄騙」。他們重寫包裝的說明，讓烘焙過程變得不那麼容易：除了要加水，現在還得再加入「一顆真正的雞蛋」。這一系列產品以「只要加一個雞蛋」的口號捲土重來，而這次就是一波狂銷熱賣。這批心理學家相信，只要讓她們多付出一點心力，就能讓女性減少罪惡感，[†] 雖然仍然省下大把時間，但還是能夠覺得自己對這個蛋糕的製作有所貢獻。

消費者只要曾付出努力、就會對產品更有好感，這種效應還有個專有名詞。雖然如果就起源而言，應該叫做 Betty Crocker 效應，但實際上現在是稱為宜家效應

---

† 別忘了，當時還是 1950 年代。

（IKEA effect）。這個家具連鎖店特立獨行的億萬富翁創始人英格瓦・坎普拉（Ingvar Kamprad）堅信，消費者投注在購買與組裝宜家家具的努力，會增加對這些產品感知的價值。而我與宜家合作的時候，他們曾提出一項告誡：「不管任何情況，絕對不准提出任何想讓宜家體驗變得更方便的建議。只要一提，我們就會立刻把你給開除。」

　　奧美在幾年後也曾運用這項效應，當時的任務是要推廣某項針對開發中國家所研發的洗衣精，這種洗衣精只需要刷洗一次而非三次，以節省水資源。而我們所提出的想法，是特地設計一個更複雜的水桶，取代原本需要的三桶水，這樣一來雖然只要洗一次，還是可以增加一定程度的複雜程度。這個例子裡，要求使用者投入額外心力並未讓洗衣精的銷量大漲，但真正目的是避免消費者覺得新的洗衣流程太容易、不相信有這種好事。最後提一點。我和各家製藥公司合作的時候，總發現所有研發人員都希望讓藥物盡量方便服用；雖然這件事表面看來再合理不過，但行為經濟學家丹・艾瑞利和我都不同意。我們都認為，如果藥物需要某種製備過程，不論是要稀釋、或是混合，都能讓安慰劑效應變得更強。此外，如果能創造出一套服藥前的固定程序，就能形成一

種儀式，讓人更不容易忘記服藥。我們或許很容易忘記
是不是已經吞了兩顆小藥丸，但如果得先把液體 A 混合
液體 B、再加點粉末 C，這就很難忘記了。

想讓人做對的事，有時需要錯的原因

　　我在前面提過，在某種程度上，人腦會覺得任何決
定都需要有所妥協讓步。如果汽車變得比較省油，就會
覺得應該變得比較慢；如果洗衣粉變得比較環保，就會
覺得洗淨效果變得比較差。正因如此，以「環保愛地球」
做為某項產品的廣告賣點會是件危險的事。那麼，是不
是多做少說，就比較容易拯救地球？在我看來，環保運
動所犯的錯誤，在於不但要求民眾做正確的事，還要求
必須出於正確的理由。我的想法比較憤世嫉俗、也比較
務實：只要民眾能表現出有益於環境的行為，又何必在
意他們的動機呢？

　　既要求民眾做正確的事，還要求必須是出於正確的
理由，實在是把標準訂得太高了。奧美曾經接到一項任
務，希望提升英國家庭垃圾分類的比例，而我們的建議
是完全放下那些關於垃圾掩埋場不斷擴大、救救北極熊
之類的論點，改從其他角度切入。我們認為如果想推動

垃圾分類，應該試著改變情境、而非改變人民的態度。說得直截了當一點，如果廚房裡有兩個垃圾桶，應該大家都會願意一個放垃圾、一個放回收物品，但如果只有一個垃圾桶，大概就懶得做了。以「只有一桶怎麼行」（One bin is rubbish）的口號，我們的宣傳重點完全放在鼓勵民眾在家裡準備兩個以上的垃圾桶，而不是試著讓民眾都變成環保尖兵。*

　　我們之所以這麼做，並不是出於失敗主義，也不是放棄讓民眾培養環保意識，只是希望用倒推法來解決問題。一般講到人類決策，都認為是態度推動行為，但證據強烈顯示過程其實多半剛好相反，是行為影響我們的態度。很有可能會分類垃圾與資源回收的人總有一天會因為這種採用這種行為而培養出環保意識。這就像是開特斯拉（Tesla）的人，不論一開始買特斯拉的原因為何，總會滔滔不絕的說著他們的車多麼愛護環境。†

---

* 我們也設計一款免費的塑膠夾，讓人可以直接在現有垃圾桶的外面再夾上一個垃圾袋。

† 請容我在此做出預測：只要是買過特斯拉的人，很少會回頭再買傳統汽車，因為光是購買特斯拉這個行為，就會給他們的偏好帶來無以磨滅的影響。然而，雖然行為上有了恆久的改變，卻不一定是出於對環境的關心。這就像是人類剛開始把洗手間和浴室移到室內的時候，也不是為了想減少霍亂的風險。

❝ 先改變行為，態度就會跟著改變。**❞**

　　而在另一項提案中，我們也是運用類似的務實方法，希望減少消費者在購買的超市食品過了建議食用期限就丟棄的行為。同樣的，我們並未強調不該浪費食物，而是設法讓人培養出不浪費的行為。我們所提的建議，有些乍聽之下可能似乎很簡單而幼稚，像是在包裝的「有效日期」標示加上星期幾。「有效日期：2017.12.11 星期五」會比單純只有日期更有提醒效果。‡

　　我們在本章看到，真正重要的只有行為本身，背後的原因為何並不要緊。給人提供一個理由，並不見得能夠引發行為；但只要讓人培養出一種行為，他們絕對能自己找出一套理由來。

---

‡ 以康納曼的術語來說，「星期五」會比「2012.12.11」更利於「系統一」，也就是傳達意義時需要耗費的認知氣力較少。

7

7 種訣竅，
讓微小變化發揮巨大作用

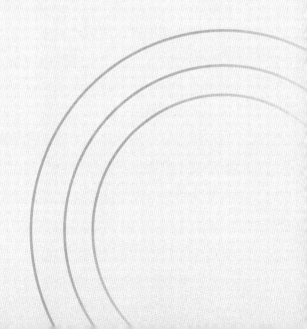

壞消息和好消息

　　飛機降落蓋威克機場，滑行大約五分鐘後停妥，但航站大樓還在遠方。我聽著引擎關閉的聲音，想到一件可怕的事：我們可能要被塞進接駁巴士了。我一直對坐接駁巴士這件事有些不滿，認為這是航空公司的陰謀，故意停得離航站遠一些，好省下空橋的費用。

　　但接著，機長講了一段蘊含著絕妙心理邏輯的廣播，我幾乎都想問他要不要到奧美工作了。他說：「我有一件壞消息和一件好消息。壞消息是有一架飛機擋住我們的登機門，所以大家必須搭乘接駁巴士；但好消息是巴士會直接將各位帶到護照查驗區，所以大家不用拿著行李走一大段路。」

　　雖然我已經搭飛機搭了幾十年，卻直到這一刻才突然意識到，不只有這次接駁巴士有這個優點，而是每次都這樣！巴士能夠將旅客直接帶到該到的地方，旅客也就不用拖著隨身行李走過漫長的走道；這簡直像發現了新大陸。眾人很快就到了護照查驗區，並對接駁巴士充滿感激。客觀而言，一切沒有任何改變，但搭接駁巴士非但不再是倒楣的事、反而像幸運的事。那位機師施展

的鍊金術，讓我的注意力轉向另一種判斷方式。*

鍊金術第一課：
只要有足夠的資訊，大家通常都能保持樂觀

　　人類有一種特色：只要有可能，總會盡量看事情好的那一面，而盡量不看壞的那一面。如果能同時提供好消息和壞消息，就會讓聽眾比只有一種詮釋方式的情況更開心：那位機師可能還沒發現自己原來如此聰明。

　　在理查・塞勒的回憶錄《不當行為》（*Misbehaving*，2015年出版）裡提到行為經濟學史上一項最有趣、也最發人深省的故事。當時芝加哥大學經濟系的教師被要求搬到新大樓，這些理論上該是全世界最理性的人，腦中具備各種集體決策的技巧，應該很能處理研究室該如何分配（研究室的大小與優缺點不一，像是邊間就會比只有一扇窗戶的研究室更搶手）。有些人建議用拍賣機制，但這項提議很快就遭到否決。如果光是因為有些年輕同事接下比較多顧問工作，因此能夠出高價搶下最好

---

* 各位下次搭機的時候也可以試試。如果需要搭接駁巴士，就大聲告訴旅伴自己很高興，能一路直達護照查驗區。這會讓每個聽到的人都變得比較開心。

的研究室，就讓那些頂著諾貝爾光環的前輩只能用小研
究室，實在教人無法接受。在當時，就算只是坪數略有
不同，就會引發許多爭吵與爭鬥。*

　　我向塞勒教授建議，或許可以玩一點心理鍊金術的
把戲，讓這個問題迎刃而解：把研究室和停車位分別由
好到壞排出 1 到 100 的順序，再用抽籤的方式來分配，
得到最佳研究室的人就分配到最差的停車位，以此類
推。這麼一來，每個人都會更注意自己抽籤運氣比較好
的那一項，至於那些剛好在中段的人，則會覺得這個結
果是一種開心的妥協。

加一點壞消息，更有說服力

　　我很熟悉這套系統，因為這正是我讀大學的時候分
配宿舍的方式。我也相信這種做法已經延續數百年之
久。新生入學第一年，都會分配到大致上普通的房間；
那些顯然比較好的房間並不會提供給新生。到了二年級
會舉行一場不記名投票，得票數最高者可以第一個挑選

---

* 在塞勒看來，由於所有研究室的坪數至少都完全堪用，這樣的爭
　執實在毫無意義。除此之外，雖然有些研究室位於大樓比較不受
　歡迎的一面，卻能看到法蘭克・洛伊・萊特的草原式住宅傑作
　「羅比之家」（Robie House）。

房間、次高者第二個挑，以此類推。到了三年級，則是把順序反過來挑選。我從沒看過有誰對結果不滿意。這種方式似乎正是善用心理邏輯，能用最好的方式，將不平等的資源分配給隨機的群體。不論結果是「好＋壞」、「壞＋好」、或是「一般＋一般」，似乎人人都能同樣滿意。

事實上，只要明確覺得這是妥協讓步的結果，我們似乎都很能接受。一個句子如果能同時包含好消息與壞消息，像是「沒錯，我們承認有 X 這項缺點，但同時別忘了有 Y 這項優點」，似乎就特別有說服力。羅伯特・席爾迪尼就表示，如果想讓某筆交易成交，承認有些缺點反而會讓你更具說服力。「沒錯，這賣得很貴，但您很快就會發現真的值得」似乎就是個莫名有說服力的句型：刻意明確指出產品的缺點，反而會讓對方對此不再那麼擔心在意，於是接受妥協。如果你打算推出某種新產品，或許值得記住這一點。

如果好好想一下，會發現廉價航空公司如此刻意強調機票價格不包含的內容（預先選位、機上餐點、免費飲料、免費托運），實在有些奇怪。但正是這些缺陷，能夠解釋為何票價如此低廉、不令人擔心。就算看到倫敦飛往布達佩斯的票只要 37 英鎊，你也會覺得：「原來

如此，就是因為不用花一大筆錢、買來一堆我可能也不想要的無用服務，才讓票價這麼便宜。」這是一種明確、定義清楚的妥協讓步，而我們也就樂於接受。

想像一下，如果廉航改變做法，表示：「我們和英國航空（British Airways）一樣優秀，但票價只要三分之一。」民眾就算不覺得他們在說謊，也會立刻懷疑：「這麼便宜，或許唯一的可能就是他們根本不保養引擎或培訓機師，又或者這些飛機幾乎已經不適合飛航。」

所以，行銷手法除了能讓人認為高價很合理，也能讓人對低價不那麼擔心。如果讓某件東西太便宜、而又不提出足夠的解釋，就會令人覺得難以置信；畢竟，如果有什麼事情好到不像真的，常常就是有問題。

酸葡萄、甜檸檬、把後悔最小化

我的機場接駁巴士體驗能說明一個關於人類心理學的簡單事實。這件事是在超過兩千年前，由伊索（Aesop）這位充滿智慧的說故事高手所發現。伊索有好幾則寓言都提到這個概念，最著名的就是狐狸和葡萄：高高的樹上，垂著一串美麗的葡萄，一隻狐狸饑渴地看著，嘴裡直流口水。他跳起來想勾葡萄，但差得實在太遠。他跳了又跳，只是徒勞。終於，狐狸坐下，看著那

串葡萄，眼中流露嫌惡。他說：「我真是蠢，把自己弄得這麼累，只為了勾著一串根本不值得浪費力氣的酸葡萄。」*

這則寓言的寓意在於很多人都會假裝鄙視、貶低那些自己得不到的事物。雖然這聽來合理，但我們似乎值得自問，如果不對自己展現這種心理上的欺騙，生活會變成什麼樣？我們可能會因為自己不是個億萬富翁、沒得過諾貝爾獎，就一直處於不滿的心情。

與酸葡萄相對的，是一種通常稱為「甜檸檬」的現象，指的是我們刻意「決定」對某項負面體驗投射好評。這兩種心理技巧都是要讓「後悔達到最小」。只要有機會，人腦就會盡最大努力放掉後悔的感覺，只不過這確實需要有一套合理可信的敘事來替代。讓我們回想我在機場的體驗，我過去討厭搭接駁巴士，並不是因為這件事在本質上有多糟糕，而是因為似乎沒有其他更正面的角度能夠切入。而等到我得知正面的切入點，就能選擇將接駁巴士視為交通工具，而不是令人煩心的事情。就像莎士比亞所寫：「世事本無好壞，全憑思想使然。」

---

*「酸葡萄」一詞正是出自於此。這肯定是至今仍在使用的最古老隱喻之一。

就在我坐下來撰寫本章的幾個小時前，我收到一張違停罰單。雖然金額只有 25 英鎊，而且完全是我的錯，我還是覺得相當不開心，到現在還沒放下。或許像是違停罰單這種東西，就是因為我們完全找不到正面的切入點，才會覺得更討厭。

開出罰單的地方單位能不能也像那位易捷航空（easyJet）的機師，讓我有機會對自己玩一手心理的把戲？不論多小，只要給我一個小小的理由，讓我能對這張罰單有些正面的看法？舉例來說，如果告訴我這筆罰款將用來改善地方道路、或是挹注遊民收容所，我的心情會有什麼不同？罰款仍然能產生有同樣的嚇阻效用，但我的憤怒與不滿就能大大降低。這又怎麼算是壞事呢？

鍊金術第二課：
小規模有用，大規模也會有用

我們既然從易捷航空與違停罰單得到重要見解，何不把這些概念應用到更大規模的事物上？公家單位的服務之所以有時候無法得到使用者青睞，不見得是因為服務比民間企業差，而是因為在代價與所得之間的連結太過模糊，很難為我們所繳的稅金找到什麼正面的切

入點。*

　　我曾經仔細檢視自己繳交的地方稅細目：看來每週收垃圾這件事是年繳 25 英鎊，但如果想成是每週 50 便士，就會覺得便宜到難以置信。花不到一張郵票錢，就有人會來我家搬走並處理幾袋垃圾。突然之間，就覺得地方政府真的是有在做事。

　　政府有個問題在於通常很討厭專款專用的制度（也就是規定特定稅收只能用在特定領域或活動），而喜歡把所有稅收集合成一筆錢，再視需求分配撥款。結果就是，相較於那些我們自己看得到、感覺得到、甚至想像得到的支出，就覺得繳稅真是浪費錢。

　　相較之下，民間組織只要給捐款者一點回報（甚至有時候只是建築物命名權這種無聊事），就會讓善款源源不絕。人民繳給政府的稅款並沒讓我們有機會講出什麼動聽的故事、讓我們覺得付得滿意開心。稅收就像是違停罰單，似乎完全有害無益，但只要施展一點鍊金術，就能輕鬆解決這個問題。古羅馬會徵收富人稅，以資助軍事戰役或公共工程，但這些富人的名字能刻上紀

---

* 丹麥和瑞典這類國家可能是例外：這兩國的稅率高到令人咋舌，
　但所有公共支出受到民主和地方政府嚴格把關。

念碑、而且總是專款專用，所以富人也樂於奉獻。就連
那些一開始被認定窮到無法繳稅的人也自願繳稅，想表
示：「我其實比你想像的更有錢。」

有些人雖然樂於花 300 英鎊買一副名牌墨鏡，*但說
到花同樣金額來資助醫療保健、警務、消防或國防費用就
會滿腹牢騷。然而，只要能明確指定稅款的用途，其實有
不少人願意多繳點稅。†如果在報稅單上能設計一個方框
供人勾選，問民眾是否願意多繳 1%的稅來改善醫療保
健，很多人都會十分樂意。接著，如果這樣還能讓他們領
張汽車貼紙，告訴大家自己付了更多稅（羅馬就是做了這
種事），願意加入的人還會更多。但不知為何，政府機構
和企業似乎就是不願意採用這樣的方式。或許他們以為這
不是什麼誠實的做法；或許確實如此，但事實仍然證明，
如果情緒反應對人類大腦有這麼大的影響力，我們其實別
無選擇，只能試著把事物塑造成最不會造成痛苦的樣貌。

讓人更願意提撥退休基金的方法

別忘了，如果有種魚的名字叫做巴塔哥尼亞齒魚，

---

* 但製造成本可能才大約 15 英鎊。
† 不是只有我這麼想。加州大學洛杉磯分校的索羅摩・班納齊
　（Shlomo Benartzi）最近也向英國政府提出類似建議。

不管多美味還是乏人問津。

　　同樣的，如果有種金融商品的名字就叫退休基金，不管內容有多少好處，一個 26 歲的年輕人就是不會有購買慾。目前針對退休基金自願提撥，英國政府每年提供的退稅獎勵金額超過 250 億英鎊，不論從任何標準來看，都是十分慷慨的激勵措施，但效果卻差到驚人。我最近加入一個小組，討論政府該用什麼措施才能讓民眾（特別是年輕人）更願意提撥退休基金，而又無須提供這麼高的財政補貼。在這個領域，理查・塞勒與索羅摩・班納齊已經提出絕佳的建議，讓大家都印象深刻：他們共同構思一套新的退休金儲蓄機制，運用了行為心理學上「損失趨避」（loss-aversion）的核心原則。這項心理機制認為，「損失 100 英鎊」的痛苦，會大過「賺到 100 英鎊」的愉悅。‡

　　英國典型的退休金制度是這樣：如果選擇參加月繳

‡ 參見 'Save More Tomorrow', *Journal of Political Economy* (February 2004)。這件事違背經濟學上的「效用」（utility）觀念，而常常被經濟學家認定是人類非理性（也就是「偏見」）的例子。然而，有可能人腦的演化是對的，經濟學家那套理性假設才是錯的。在路徑依賴（path-dependent）、牽一髮而動全身的生活中，相較於同等的收益，如果遇上損失（甚至是一連串的損失）造成的破壞性後果更為嚴重。只要迅速連續碰上兩到三個損失，就有可能是生或死的區別。

250 英鎊的退休金方案，從此每個月都得掏出 250 英鎊、讓自己變得更窮，等到退休才能領退休金。相較之下，塞勒和班納齊的「明天存更多」（Save More Tomorrow）退休基金方案採用另一套機制：你以特定比例（假設是 20%）參與退休基金方案，但不是現在就開始提撥，而是在未來薪水上升的時候，從上升的部分來提撥。所以，如果未來月薪增加 500 英鎊，就會將其中的 20%（也就是你先前指定的比例）提撥成退休基金。而在未來的加薪也同樣適用：如果到了 50 多歲，年薪已經比參加方案時高出 5 萬英鎊，這時你每年就會將 1 萬英鎊提撥成為退休基金。於是，那些參加「明天省更多」退休基金方案的人永遠不會覺得自己得主動掏出錢來而變得更窮，只是「變有錢的幅度小了一點」。在經濟學家看來，這兩種情況一模一樣，但對於演化形成的人腦來說，兩者大不相同。

這項概念成功了：相較於對照組，願意參與該方案的人足足是兩倍，而在參與者當中，七年後的平均提撥金額已經來到大約兩倍。這就是一套鍊金術，無須提供任何實質動機，就能造成行為改變；一切只是提出一種更符合人腦運作方式的行為而已。而重要性不下於此的一項成功做法，則是英國政府引進「自動加入」（auto-

enrolment）機制，將提撥退休金設為預設方案。結果，
過去沒有退休金方案的人，有超過700萬人加入新方案。

人類在很多層面就是個群居的物種：喜歡聚在一
起，喜歡一起買東西。這些並不是非理性行為，而是很
有用的經驗法則，有助於避免災難。一頭羚羊如果離開
群體、自己四處遊蕩，雖然可能找到一片稍微好一點的
草地，但大部分時間得用來留意掠食者、並無法安心吃
草。而在羚羊群裡，雖然能吃到的草可能稍差，但由於
警戒工作分散給許多對眼睛共同承擔，大部分時間都能
安心進食。消費者也有類似的直覺本能：我們寧可大家
一起做出還可以的決定，也不想獨自做出完美的決定。
雖然這件事並不符合傳統的「理性」，但其實很實際：
如果能和大家共同面對，問題似乎就沒那麼令人操心。*

講到想讓民眾更願意參與退休金方案，我們提出的
一個想法就是利用這種羊群心態：針對一群互相認識的
人群來推廣退休金方案（像是某種體育協會的成員），

---

* 讓我們再來假設一下，某天晚上，天已經黑了，你開心的坐在家
　裡，但突然所有燈光熄滅。如果你跟我一樣，第一反應就是看向
　窗外，想知道街上其他家是否也受到影響。如果大家同樣陷入一
　片黑暗，你就覺得鬆了一口氣：「謝天謝地，只是停電，會有誰
　去解決吧。」但另一種情況就糟得多了：「糟糕，怎麼只有我這
　樣？這下得自己解決問題了。」

可能引發的信任感就會高得多。

以下我們還提出一些建議：

1. **讓人民知道國家給他們多少錢**：在英國的退稅激勵措施，採用的形式十分奇怪，幾乎無法讓人民有感：退稅不會交到你手上，而是撥到你的退休金帳戶裡，但這樣一來也就立刻消失在你眼前。如果你每個月都會收到政府的簡訊，告知：「我們本月已在您的退休金帳戶額外撥入 400 英鎊」，你會有什麼感覺？ *

2. **限制每人提撥金額上限**：在英國，就算提撥進退休帳戶的金額高到離譜，還是可以享有減稅優惠。這一點乍看之下似乎合理（畢竟人民願意提撥更多錢應該是件好事），但並無法讓人覺得「不提撥到上限就虧了」。雖然這聽起來像是一句瘋話，但是「想讓民眾多存錢，存錢就得有上限」；心理鍊金術常常就是會運用這種違反直覺的解決方案。 †

---

* 要是我得每個月給人 400 英鎊，我一定會大聲嚷嚷，讓全世界都知道。

† 畢竟，如果某種方案真的可行又合理，別人早就做了。

3. **讓退休金提撥的機制更靈活**：目前零工經濟（gig economy）盛行，勞工的收入可能不穩定。或許可以考慮每月寄發簡訊，詢問是否：（a）維持正常提撥金額；（b）增加提撥金額；（c）暫停提撥。

4. **隨年紀成長，略微減少退稅金額**：明確鼓勵民眾盡早開始提撥。

5. **允許民眾在退休前提領退休基金**：如果退休帳戶明明就有 10 萬英鎊，自己現在卻在付卡債 25％的利息，就太荒謬了。而且，如果有人就是想休假一年去旅行，為什麼不能用自己的退休基金帳戶來支付？‡

　　就算你不同意其中某些建議，應該也會承認，從中挑選幾個使用就能比現行體制更有效提升提撥狀況。這裡真正的重點在於，如果你以為經濟學必須客觀「真實」，這些選項就連得到考慮的機會都沒有。§

---

‡ 現在似乎認為人一到 60 歲就可以完全不工作，但 40 幾歲想休假一年就像是做了什麼傷天害理的事，我實在想不出這是什麼道理。當初設計退休金制度的時候，平均壽命大約是 65 歲，而工作也多半是辛勞的體力活。時至今日，實在該想想是否還合理。

§ 或許除了第 4 項。

鍊金術第三課：
爲同樣的事情找到不同的表達方式

假設有張桌子，桌上放著四張卡片，每張卡片的正面是一個數字、反面則是一種顏色。你目前看到的這一面，分別是 5、8、黑色、白色。如果現在有人說「牌的正面若是偶數，反面必然是黑色」，要翻哪張卡片或哪些卡片才能確認？*

許多聰明的人都被難倒，甚至有次實驗連普林斯頓大學學生都多半答錯。整體而言，第一次就答對的人不到十分之一，但只要經過解釋，一切就再簡單不過。

答題者最常見的錯誤，是以為應該去翻那張黑色的卡片。但實際上，因為這條規則與奇數一點關係也沒有，不論黑色卡片背後是奇數或偶數，都不會影響假設是否成立，所以並不需要去翻那張黑色卡片。但相對的，你該去翻那張白色卡片。因為如果白色卡片的背後

---

* 這稱為「華森選擇任務」（Wason selection task），起源於1966年。參見：P. C. Wason, 'C. Wason, in B. M. Foss (ed.), *New Horizons in Psychology* (1966)。

是偶數，這項假設就會遭到推翻。

　　但正如演化心理學家蕾妲・柯思密達斯（Leda Cosmides）和約翰・杜比（John Tooby）所認為，描述這項問題的時候，如果表達框架採用社會關係的語言，而不是曲高和寡的邏輯語言，答對的比例就會高得多。舉例來說，想像一下規則是「必須滿 21 歲才能喝酒」，而現在卡片的正面的歲數、反面則是手上拿的飲料。

　　如果問的是這個問題，幾乎所有人都能答對：他們會去檢查 19 歲的人喝了什麼、喝啤酒的人又是幾歲。那罐可樂一點都不重要，而 21 歲以上的人愛喝什麼都行。這時候，忽然所有人都能理解這種邏輯，但這根本

圖 16

牌的正面若是偶數，反面必然是黑色。

華森牌以及情境的重要性。這項測驗連大多數的普林斯頓大學學生都答錯。

圖 17

  22 19

然而，只要把同個問題放到不同情境來表達，就算是孩子也能解得出來。

與前一個問題沒有兩樣，只是表達框架不同而已。*

　　鍊金術士的工作，就是要找出哪種表達框架效果最好。例如我之所以能說服高齡 82 歲的父親訂第四台，靠的就只是換了一套表達框架。他原本並不想付第四台每月 17 英鎊的方案費用，覺得這只是浪費錢。但等到我告訴他，每個月 17 英鎊等於每天 50 便士，而他每天光是買報紙就得花 2 英鎊，一切就改變了。把每月 17 英鎊改成每天 50 便士之後，雖然總額不變，但聽起來就似乎很划算。†

---

* 參見 Tooby and Cosmides 'ooby and Cosmides s for Social Exchange' in J.Barkow *et al., The Adapted Mind (1992)*。兩人在文中提出，大腦演化出不同的模組，分別負責應對不同的程序。由於人腦經過演化，擅長察覺破壞規則的行徑，所以只要把翻卡問題表達成「是否破壞規則」的問題，就能輕鬆解答。然而，如果同樣的問題改以不那麼實用的純邏輯語言來表達，因為人類沒有對應的抽象處理模組，就會覺得很難回答。雖然我不是完全相信這套說法，但覺得很有意思，而且做起這項實驗也挺有趣。

† 當然，這裡的數字計算並不是那麼精確。

鍊金術第四課：創造一些多餘的選項

　　只要不會給精神造成什麼痛苦，我們似乎只要有得選，就會很開心。在 1990 年代初期，我曾與最近民營化的英國電信合作，那是奧美最大的客戶之一。這家公司當時剛剛更新全英國的電話交換機，讓服務內容大幅提升。每個月只要花幾英鎊就能設定電話轉接，也可以訂購「插撥服務」，能讓你在通話時知道有別人打電話進來。

　　為了宣傳解釋這些新服務，我們寄了一封廣告信給電話用戶，邀請他們訂購。客戶的訂購方式有兩種：撥打免費服務電話，又或是在印好個人資料的表格上勾選一個方框、放到免費回郵信封裡。這一切都沒什麼大不了的。然而，英國電信其實並不想讓用戶採用回郵方式，認為既然自己是一家電信公司，就該多多鼓勵用戶打電話、而不是讓郵局從中撈上一筆。所以他們希望廣告信裡只要列電話號碼就好。

　　為了做測試，我們把用戶隨機分配為三組。第一組能夠選擇回電或回郵，第二組只能透過電話，第三組則只能透過回郵。我們向每組都寄出五萬封廣告信，而在接收回應的時候，就清楚發現事情顯然不單純。只能回電的組別，回覆率大約是 2.9%；只能回郵的組別，回

覆率大約是 5％。然而，能夠選擇透過回郵或是回電的
組別，回覆率來到 7.8％，是將近另外兩組的總和。就
經濟學來說，這實在太奇怪了。

> " 人似乎只要有得選，就會開心。 "

也是因為如此，那些公共服務與壟斷企業就算客觀
上表現不錯，卻會常常遭到低估：如果不是你選的，就
比較難真心喜愛。

所以我完全想不透，為什麼網路購物平台不讓用戶
選擇要用哪一家快遞？只要這樣就能大幅提升消費者的
滿意度，而且還會帶來額外的好處：就算送貨延遲或遺
失，消費者也不會全部怪到平台頭上。

鍊金術第五課：讓人無法預測

塔台：「或許我們現在該打開探照燈了？」克拉默：
「千萬不要……否則就做了他們希望我們做的事。」

公司多半都是照著傳統邏輯來運作，不論是財務、
營運或物流，都有既定的最佳實務。想打破常規，必須
有一套充分的理由。然而並非所有部門的運作都是如

此，例如行銷部門就是其中之一。事實上，行銷永遠不可能去遵行最佳實務，因為只要一開始跟隨某種標準正統，你的品牌就會和對手愈來愈像，進而喪失優勢。上一段的笑話是出自 1980 年的電影《空前絕後滿天飛》（*Airplane!*）。當時塔台正打算依照規定，為即將降落的飛機打開跑道探照燈，但退伍軍人克拉默（Kramer）緊張兮兮，害怕別人能夠預測自己的行動。* 從這裡其實可以看到一項重點。

做行銷的生活有時候既辛苦又孤單。一般來說，公司的管理階層都像是塔台的心態，喜歡做那些明顯該做的事；但做行銷比較像是克拉默，對於明顯該做的事得抱著一份恐懼。這兩種心態通常不容易有共識，而要偏離一般認定的邏輯又總是有風險。別忘了，比起「沒想像力」，我們更有可能因為「沒邏輯」而被開除。在許多社會或複雜環境裡，行為完全可預測絕不會有好下場，但我們還是對邏輯有著一種痴迷。

比爾・伯恩貝克就曾言，傳統邏輯在行銷界派不上用場，頂多只能讓你與對手不相上下。

---

* 軍事策略與行銷在某些方面十分類似：不能一切符合傳統邏輯，
　否則敵人就能預測你的行動。

圖 18

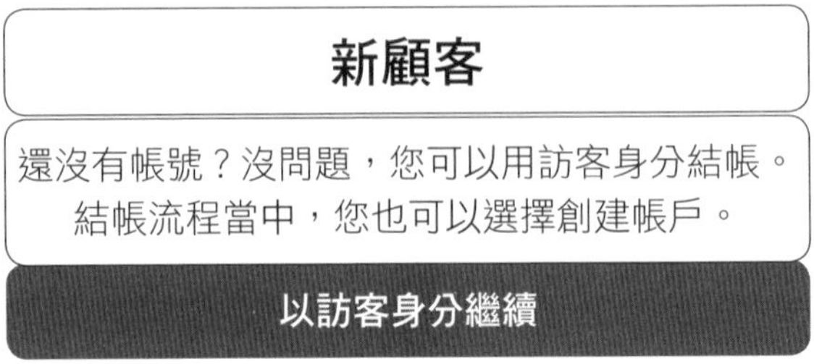

新顧客

還沒有帳號？沒問題，您可以用訪客身分結帳。
結帳流程當中，您也可以選擇創建帳戶。

以訪客身分繼續

「三億美元的按鈕」可能很難想像，網頁設計常有這種案例，小小的改變就帶來巨大成效。或許介面設計的重要規則之一就是「別做合邏輯的事」。

鍊金術第六課：勇敢做小事

在圖 18 當中，這幾行短短的文字加上一個按鈕的組合，稱為「三億美元的按鈕」（the $300m button），在關於網頁設計與使用者體驗的文章中經常得到引用。據說這個按鈕最早出現在某個不知名的零售業網站，而許多專家認定應該是出自百思買（Best Buy）。

這個按鈕是由賈瑞德・史普爾（Jared Spool）所創，而他提到網站顧客原本要購物時會碰上的表單：

原本的表單很簡單。要填的欄位有『電子郵件』和『密碼』，而按鈕則有『登入』和『註冊』，另外還有一個『忘記密碼』的連結。當時網站

的登入表單就是這樣，而這也是使用者總會碰到的標準表單格式，所以怎麼會有問題呢？然而，我們就是誤會那些初次購物者，他們就是很在意註冊這件事。來到頁面，發現必須註冊，就讓他們很不開心。一位購物者告訴我們：『我來這裡不是想建立什麼關係，就只是想買點東西而已。』有些初次購物者根本不記得自己是不是第一次來，試遍各種常用的電子郵件和密碼都無法登入，心中十分無奈。這些人竟然如此抗拒註冊讓我們始料未及。就算根本不知道註冊所需的內容，使用者按下那個按鈕的時候，其實都有種別無選擇的絕望心情。許多人公開譴責，認為零售商只是想得到用戶的資訊，再寄來一堆沒人想看的廣告。而這種明顯想侵犯隱私權的動作，也會讓人想到其他邪惡的目的。*

---

* 參見 Jared Spool, in L. Wroblewski, *Web Form Design* (2008)。事實上，這個網站的註冊過程只會要求那些完成訂單的必要資訊：客戶姓名、送貨地址、帳單地址、付款資訊。

於是，網站的設計師聽從史普爾的建議，輕鬆解決這個問題：把「註冊」按鈕改成「繼續」，再加上一句話：「您無須註冊，也能在本網站完成購物。只須點選『繼續』，便可前往結帳。如果希望未來購物更快速，也可以在結帳時創建帳戶。」

推出這項改變後，單純因為這項改變，完成購物程序的使用者人數就幾乎立刻增加 45％，首月業績增加 1,500 萬美元，首年業績增加 3 億美元。

所以說，因為民眾討厭註冊，只要讓他們能夠跳過註冊程序，就能大幅提升銷量嗎？倒也不是那麼簡單。這個案例還有一個比較不為人知的面向：那些選擇「以訪客身分繼續」的使用者，完成購物之後多半（90％左右）都註冊了帳戶。這些人在完成購物之前都還百般抗拒，但等到完成購物，卻十分樂意在最後步驟提供詳細資訊、創建帳戶。由此可見，重點不是要求他們做什麼動作，而是要求的順序。

一樣是輸入地址，如果是為了確認該把新洗衣機送到哪裡，這段時間似乎就花得很值得；但如果只是幫忙把你的個資輸進別人的顧客資料庫，就覺得完全是浪費時間。在不同情境下，同一件事有可能令人開心、也有可能讓人煩躁。機場接駁巴士的情形再次上演。

鍊金術第七課：為小事辯護

　　廣告文案大師德雷登・柏德（Drayton Bird）曾遭一位朋友調侃：「你們這些做廣告的，就是愛往事情裡面挖，是吧？」雖然本意是批評，但我認為也可以視為一種讚美。

　　任何福爾摩斯迷都會告訴你，注意瑣碎的事情不見得是浪費時間。許多最重要的線索乍看都是無關緊要，而且各種瑣碎的細節最能讓我們了解人生。至於達爾文往來於各個島嶼，比較不同雀鳥的鳥喙大小，也因為最後的成果推論如此有趣，從沒有人批評這只是不重要的瑣事。

　　在物理學家或經濟學家看來，必須要有大量的投入，才可能取得巨大的效果。但鍊金術士知道，只要在情境或意義上產生微小的變化，就可能讓行為產生巨大的不同。

結語
拋開理性邏輯框架，
用心理邏輯開啟新視野

　　沒有人會懷疑生活中有可能存在太多的隨機、低效率、非理性。但從來沒人反過來問：生活中的隨機、低效率、非理性，有沒有可能太少了？我們是不是高估了理性邏輯？在本書中，我並不是要說經濟思維是錯的；經濟模型能告訴我們的事，絕對仍然值得細細思量。但對我來說很明顯的一件事，在於這種模型可能會讓創意完全無從發揮。換言之，理性邏輯的問題就在於扼殺了魔法。或者就像是尼爾斯・波耳（Niels Bohr）*似乎曾經告訴愛因斯坦的：「你沒有在思考，你只是死抱著理性邏輯。」

　　用嚴格遵守邏輯的方式來解決問題，會讓人有種放心、好像真的在解決問題的印象，就算問題其實沒有解

---

* 丹麥物理學家、哲學家暨諾貝爾獎得主。

決。而到頭來，唯一會得到考慮的，就只有那些透過「合格」傳統推理而取得的解決方案，但常常就犧牲一些更好（也更便宜）的解決方案。這些更好的解決方案，常常靠的是更多的直覺、想像或運氣。

> 請記得，如果你從來不用其他方式來做事，就是減少享受意外幸運的機率。

這種「偽理性」的方式，死守著遵循合格的做事程序，排除各種可能違反直覺的解決方案，只在一小群同質性高的人當中尋找解方。而畢竟，就算是會計師或經濟學家，面對日常生活問題也不見得都是用理性邏輯來解決，那麼為什麼等他們一進到辦公室，就會直覺要拿出計算機和試算表呢？傳統的解釋認為，商業事關重大，所以我們的決策必須更為嚴謹、有條理。但還有另一種比較沒那麼樂觀的解釋，認為這種方式正是因為深受限制，才讓人趨之若鶩。畢竟在面對問題的時候，如果眼前有著諸多充滿創意的方案，卻又只能用主觀來判斷，絕不是我們所樂見的局面。如果能有個人為打造的模型，只會提出一項符合理性邏輯的方案，還會主張這一切都是出於「事實」而非意見，似乎會是個比較安全

的做法。請別忘了，對於企業或政府的決策者來說，最重要的可能並不是結果是否成功，而是不論結果如何、他們能否為自己找出一套理由來辯護。

只靠理性邏輯解決問題，
就像打高爾夫球只用一根球桿

　　只要你能放下虛假的確定性，學著看到人類心理的各種古怪之處，不要急著下定論，思維方式就能大大改進。但正如我在本書開頭的警語，這樣並不見得會讓生活變得更容易：比起「沒創意」，「沒邏輯」被開除的機會要高得多。* 從圖 19 就能說明，不同決策方式得到不同結果之後，下場會是如何。

　　大型組織的制度並不利於鼓勵創意思維。正如圖表所示，創意解決方案會帶來最大的風險，於是用理性邏輯行事似乎就比較安全。然而，鍊金術士的工作就是要偶爾去探索一下這張圖表的上半，而管理者也應該要給予允許、並提供堅定的支持。

---

* 或者套一句凱因斯的說法：「就世俗智慧給我們的教導，如果只是想追求好名聲，寧可依循常規而失敗，也不要特立獨行而成功。」

圖 19

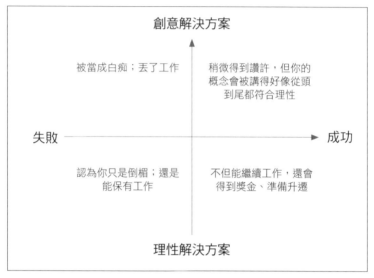

為何我們需要花費更多時間與心力，找出蝴蝶效應。

潛意識動機

　　大腦讓我們看到的景象並非最準確的觀點，而是經過演化的調整、要提升我們的適存度。就演化來說，不了解自己的各種動機可能會有好處：演化在意的絕非客觀性、而是適存性。如果自我感覺良好有益於生殖繁衍，就會得到優先重視。我認為人類應該無法克服這些傾向，甚至也不確定該不該以此為目標，以免讓人生變

得全然陌生、甚至令人難以忍受。

　　但如果我們希望了解錬金術的力量，就需要有更精確的語言來描述這些動機，也必須抗拒想為一切找出理性解釋的衝動。所以我最後要提醒，錬金術指的不只是你做的事，還包括你不去做的事。

　　我並不是要讀者讀了這本書之後，就開啟一場什麼智慧上的挑戰。唯一需要做的就只是放下我們習以為常的假設，別再把這些假設當成像是一條舒適的毯子、總是抱著不放。但難處在於，放下這些假設的同時，也會帶來一些社交尷尬的風險。舉例來說，由於現代常採用開放式辦公室，而我們又執著於盡速回覆電子郵件，如果你花個 20 分鐘兩眼無神看向天空，就可能會引來難堪、甚至造成傷害。但如果不像這樣花點時間來與現實脫離，心理的錬金術就難有施展空間。*

---

* 本書沒有任何一個字是在我的辦公室裡寫的，正如大衛・奧格威從來不在辦公室裡寫廣告（他說那裡實在有「太多干擾」）。而且，全書大概有 80%，是前一天幾乎什麼事都沒做，隔天才能寫下這些內容。就像約翰・藍儂（John Lennon）所言：「無所事事的時間，很少是真的浪費。」但現代世界卻是似乎無所不用其極，摧殘著這種錬金術可以發揮的時間。

抵抗貴族民主

　　我的朋友安東尼・塔斯加爾（Anthony Tasgal）是一位廣告專家，他創造了「算術民主」（arithmocracy，譯注：這個詞在 1850 年就出現了，但意思是「多數領導」）一詞來描述目前社會上的一種新階級：一群有影響力的人，相信因為自己的教育水準較高，應該有資格做出在經濟和政治上的種種決定。這個階級包括經濟學家、各種類型的政治人物、管理顧問、智庫、公務員，以及大概就像我這樣的人。我認為這些人的用意並非陰謀，多半還是希望追求共善。但這些人的危險之處在於過度崇尚理性，使他們在想像各種改善生活的方法時，能看到的範圍相當受限。卻斯特頓（G. K. Chesterton）在《事物》（*The Thing*，1929 年）中解釋道：

　　要改革事物時（不是要毀掉它）有個簡單明瞭的原則，或許有些人會稱為一種悖論。讓我們假設目前存在著某種制度或法律：為了簡單起見，就以路上橫跨著一道圍籬或大門為例好了。比較現代的改革者，會一派輕鬆的說：『我看不出來這有什麼用，咱們就把它拆了吧。』但聽到這種話，比較聰明的改革者就會回答：

『如果你看不出這有什麼用，我可絕對不會讓你
把它拆了。你先去旁邊想一想，等到真的能夠
回來告訴我已經看出這有什麼用途，我就有可
能讓你把它拆了。』

　　從管理顧問到經濟顧問，一大群高薪人才都是靠著
拆掉這種「切斯特頓的圍籬」而賺得盆滿缽滿。科技業
正以「效率」作為幌子，而使廣告與新聞業收入大受影
響、幾乎難以維繫。但科技業不懂的地方在於廣告的重
點並不在於效率；一位專家就說：「你覺得是浪費的那
個部分，才是真正有用的部分。」目前有幾十億美元的
預算投入數位廣告，正是因為以為這樣會更有效率：能
夠更精準鎖定目標客群，也能用更低的成本將資訊傳遞
給每對適合的眼睛，但很難說究竟是不是更有效。寶僑
（Procter & Gamble）最近表示，他們把數位廣告的支出
刪減了 1.5 億美元，但銷量卻毫無減少；有沒有可能，
數位廣告根本毫無效果？
　　廣告的說服力顯然不只來自於所傳遞的資訊本身。
然而這種力量究竟是來自何方？又是什麼讓電視廣告與
橫幅廣告有所不同？我可以想到三點：
　　1. 大家都知道，電視廣告製作成本高，電視時段也

十分昂貴。

2. 大家都知道，電視廣告的受眾是一大群人，有一群人與我們同時看著一樣的廣告。

3. 大家都知道，廣告主很難控制誰能看到廣告訊息；換言之，廠商無法選擇向誰做出承諾。

而如果廣告的說服力有任何部分是來自以上三種機制，數位廣告就有可能雖然看來很有效率、實際效果卻低到讓人意外。

前面提過我為何反對矽谷，也認為自動門無法取代門衛。近年來，廣告業似乎落入一樣的模式：

1. 把廣告定義為「針對特定目標的資訊傳輸」。

2. 針對這項狹隘的目標，採用最能達到這項目標的科技。

3. 使用一開始對這項目標的定義，訂出評估指標，再用這套標準宣稱大獲成功。

4. 自己大撈一票，拍拍屁股走人。

把廣告這件事過於簡化之後，以為消費者看到廣告會問的是「這則廣告在說什麼？」，而不是「這個廠商

花錢推廣他的商品，是什麼意思？」；但大眾解讀廣告的時候，顯然都會運用社交智慧加以詮釋。而講到人類詮釋的重要性，或許可以用過去的共產東歐為例，當時如果某項產品登上廣告，民眾對該產品的需求反而會下降！那是因為在共產制度下，人民真正想要的東西只會供不應求，所以大家心知肚明，如果政府得為某項產品打廣告，肯定是已經爛到絕望，根本不會有人想買。

　　又或者，假設你有兩樣產品想出售。產品 A 的功能比產品 B 更多，而且還比較便宜。在經濟學家看來，選擇再簡單不過：產品 A 功能高、價格低，誰都該選產品 A。但由於消費者購物的時候並無法完全了解這兩樣產品、也不知道產品是否可靠，就會覺得產品 A 功能強、卻又賣得便宜，肯定是有什麼問題。在我看來，最後最有可能的結果是消費者會兩樣都不買。不論經濟邏輯怎麼說，產品 A 的製造商都該把價格訂得比產品 B 再高一些。

> 這種做法不是「非理性」，而是在這個不確定的世界上，讓第二層考量的社交智慧派上用場。新自由主義運用簡單的經濟模型，把人類動機看得太狹隘，而對想像力造成危害。

在 2008 年全球金融危機爆發前，我曾造訪西班牙，看到沿海地區蓋起一堆真的只能說醜到不行的公寓大樓，綿延幾公里遠。*當時，建築業占全西班牙 GDP 的比例來到瘋狂的 20%。我看著那些大樓，問了個簡單的問題：「誰會買這種爛房子？」答案很明顯：就是沒人會買。就算全北歐的人民都同時決定搬到西班牙，也不可能有很多人想住這種大樓。

不久後，我即將登機踏上歸途；如果從馬德里或巴塞隆納起飛，肯定會發現雖然兩個機場都很美，卻似乎都比必要的規模大了三倍。如果在倫敦的希思洛機場、或是阿姆斯特丹的史基浦機場，會看到幾乎每個登機口都在等待登機；但在西班牙的兩個機場，大約要每五個登機口才有一架飛機正在等待。光是從機場的規模，稍微思考就可以判斷：能夠如此輕易的貸款，進行這種浮誇的工程，這裡的金融業肯定大有問題。

經過演化，人類大腦大部分天生就是要思考這些凌亂的現實，而不是思考什麼簡潔的概念理論；然而，我們現在卻常常不鼓勵大家去運用那一大部分。要是我帶

---

* 就算曾經有無敵海景，現在也已經被其他同樣醜到可怕的公寓大樓給擋住了。

著西班牙海岸劣質住宅大樓的照片跑去參加金融業的研討會，肯定會遭受經濟專家的嘲笑，認為這只能算是些「趣聞」，而非事實。但正如麥克・路易士（Michael Lewis）的《大賣空》（*Big Short*，2010 年）所示，有些人之所以預測到（並押寶）全球金融崩盤，靠的就是這一套方法：去和房地產經紀人談一談，探訪房地產的發展。究竟為什麼，我們比較相信理論數學模型，而不是眼前看到的東西？

有沒有可能只是因為數字或模型比簡單的觀察看起來更「客觀」，就得到了我們的青睞？

肥皂一定要有香味？！

在過去百年間，人類的衛生保健有了大幅進展，原因出於衛生條件改善，也愈來愈要求外觀上的清潔，而使人類行為出現巨大變化。

《唐頓莊園》2010 年首播時，某家英國報紙去採訪一位高齡 90 多歲的貴族，想知道這部劇集是否忠實再現她對戰前英國鄉間莊園的記憶。她解釋道：「說起來劇裡有件事沒講。在那個時候，僕人身上的味道真的很臭。」到了 20 世紀初，有人建議該在劍橋大學某個學

院為大學生興建浴室,也有位老先生嗤之以鼻:「大學生要浴室幹嘛?一學期不是才八週而已嗎?」

人類行為之所以出現如此驚人的改變,原因十分複雜,但除了在有意識的方面是希望提升預期壽命,無意識方面想提升身分地位也是重要因素。民眾之所以購買肥皂,與其說是為了清潔衛生,還不如說是為了增加自己的吸引力;雖然肥皂裡加進許多化學物質來加強清潔衛生的功效,但絕不該忘記裡面也加了香味,好讓肥皂更誘人。這點是為了像廣告那樣的無意識目的,而不是為了產品本身的理性價值。加了香味,並不會讓肥皂更有效,卻能讓肥皂對消費者更有吸引力。

不願意相信潛意識的動機,就會在製作肥皂的時候忘了加香味。而如果把人類的動機看得太狹隘,也會覺得「給肥皂加香味」這種建議十分愚蠢。但這就像是花朵的花瓣:那些乍看無用的事物,正是系統得以正常運作的關鍵。

重回加拉巴哥群島

在消費市場上,因為有諸多產品互相競爭、提供選擇,就能夠讓我們以理論看不到的方式來了解人類的潛

意識。也因此，我把消費資本主義稱為「了解人類動機的加拉巴哥群島」。而且就像達爾文研究的雀喙一樣，那些異常之處並不顯眼、但意義重大。

　　跟達爾文寫出白紙黑字之前一樣，育犬或育鴿的人就早已知道自然選擇的原理；同樣的，許多賣東西的人無須理論也有一種本能直覺，能夠抓到民眾「說什麼」和「做什麼」之間的差異。阿莫斯・特沃斯基在 1984 年榮獲麥克阿瑟獎（MacArthur Foundation fellowship），致詞談到認知心理學家的工作：「我們做的，就是把二手車銷售人員與廣告人員本能就知道的事情拿來，用科學的方式加以檢視。」

　　無論是在政治界或其他許多領域，我們都缺少類似的機制，難以分辨哪些是潛意識的感受、哪些又是事後用理性找出的藉口。而對我來說，這也是我能夠維持樂觀的最大原因：只要人類能夠坦然承認自己在「潛意識情感動機」與「事後用理性找的藉口」之間仍有鴻溝，許多政治歧見就可能變得比較容易解決。又一次，這裡只需要學學怎麼給肥皂加點香味就行。

　　目前，普遍基本收入（Universal Basic Income, UBI）這種福利措施討論得風風火火，現在已經在芬蘭與一些國家試行。這項制度計畫針對國家一定年齡以上

的所有國民提供固定的最低收入，並以此取代其他福利
制度。透過刪除其他形式的福利，以及對較高收入者加
徵稅收等措施，這筆最低收入將足以滿足大多數民眾食
物、暖氣設備與住房等等基本需求。無論 UBI 在經濟上
是否可行，*單純作為思想實驗就已經非常有趣，無論在
左派或右派都很受歡迎，令人意想不到。經濟學大師傅
利曼（Milton Friedman）支持這個想法，前美國總統尼
克森（Richard Nixon）也支持這個想法。就連我自己的
祖父雖然抱持強烈的右派觀點，也相信這是福利制度該
有的運作方式。

　　一般來說，政治立場右派的人應該會反對財富重分
配，所以這到底是怎麼回事？他們過去之所以反對財富
重分配，很有可能只是像大多數政治意見一樣，是想為
某種情感立場蓋上一層理性的外表。右派多半是直覺厭
惡多數的福利制度，但 UBI 對所有人一視同仁、毫無區
別，所以沒有人需要誇大自己的不幸而得利。此外，
UBI 仍然能讓人維持工作動機：如果一個人整天躺在床
上，而鄰居每天早上就出門工作，工作的人仍然會依據
工作量而比不工作的人更富有。最後，採用 UBI 制度，

---

* 我看來並不可行。

執政黨就無法以犧牲反對群眾利益為方式，賄賂自己的支持群眾。

　　UBI 就像是「給肥皂加香味」的政治思考實驗；換句話說，也就是對於一項理性的行為，並未改變其本質、而是靠著改變它所帶來的影響，讓這項行為更具情感吸引力。在各項政策上，如果我們能敞開心胸，不要只想著用狹隘的功能角度出發，而能嘗試實驗各種不同的表達呈現方式，還會有多少意想不到的領域其實能夠讓各方達成共識？只要把那些準備經濟模型的時間撥出 20％，適度尋找各種心理邏輯的解方，還能再找出多少重要的洞見？如果能有更好的心理學，是不是就能像羅伯特‧崔弗斯所言，更有可能揭露我們各種不快樂的深層原因並加以解決？

　　幾年前，我第一次見到丹尼爾‧康納曼。當時提到要用行為科學改變人類決策，他的態度相當悲觀，認為人類的偏見實在是太根深柢固。但他也希望，人類就算看不到自己的偏見，也能靠著行為科學更了解他人的行為。這本書的寫作也是本著同樣的精神。我絕不是希望讀者徹底改變所有決策、無視數據、或是拒絕事實。而是希望不管在酒吧或是會議室，都能撥出 20％ 的對話時間，拿來想想一些另類的解釋，認清事情背後真實的原

因可能不同於官方表面提出的原因，也知道人類演化出的理性可能非常不同於經濟學的那種理性。

> **"** 只要能有一點點時間，抗拒理性邏輯思維的衝動，用來追求施展鍊金術的魔法，我們可能有怎樣的發現？ **"**

　　我想，大概很多時候還是只能得到鉛。但與此同時，得到的黃金數量也會相當驚人。

注釋

1. Jonathan Haidt, *The Righteous Mind* (2012).

2. S.K. Johnson, 'If There's Only One Woman in Your Candidate Pool, There's Statistically No Chance She'll Be Hired', *Harvard Business Review* (April 2016).

3. https://www.farnamstreetblog.com/2009/12/mental-model-scientifc-method.

4. 'You May Not Know Where You're Going Until You've Got There', *WPP Annual Report* (2014).

5. Don Norman, *The Design of Everyday Things* (1988).

6. The Righteous Mind (2012).

7. Colin Barras, 'Evolution could explain the placebo effect', *New Scientist* (6 September 2012).

8. 'The Vodka-Red-Bull Placebo Effect', *Atlantic* (8 June 2017).

9. Richard H. Thaler and Cass R. Sunstein, *Nudge: Improving Decisions about Health, Wealth, and Happiness* (2008).

10 Lucas Derks and Jaap Hollander, *Essenties van NLP* (1996).

11. Daniel Kahneman, 'Focusing Illusion', *Edge* (2011).

財經企管 BCB823

奧美傳奇廣告鬼才破框思考術
跳脫「標準答案」思維，
不打安全牌的心理奇襲策略

Alchemy: The Dark Art and Curious Science
of Creating Magic in Brands, Business, and Life
（原書名：人性鍊金術）

作者——羅里・薩特蘭　Rory Sutherland
譯者——林俊宏

總編輯——吳佩穎
財經館總監 —— 陳雅如
責任編輯 —— 王映茹（第一版）、林映華（第二版）
封面設計 —— 職日設計 Day and Days Design

出版人 —— 遠見天下文化出版股份有限公司
創辦人 —— 高希均、王力行
遠見・天下文化 事業群榮譽董事長 —— 高希均
遠見・天下文化 事業群董事長 —— 王力行
天下文化社長 —— 王力行
天下文化總經理 —— 鄧瑋羚
國際事務開發部兼版權中心總監 —— 潘欣
法律顧問 —— 理律法律事務所陳長文律師
著作權顧問 —— 魏啟翔律師
社址 —— 臺北市 104 松江路 93 巷 1 號 2 樓
讀者服務專線 —— 02-2662-0012 | 傳真 —— 02-2662-0007；02-2662-0009
電子郵件信箱 —— cwpc@cwgv.com.tw
直接郵撥帳號 —— 1326703-6 號　遠見天下文化出版股份有限公司

電腦排版 —— 顏麟驊、bear 工作室
製版廠 —— 中原造像股份有限公司
印刷廠 —— 中原造像股份有限公司
裝訂廠 —— 中原造像股份有限公司
登記證 —— 局版台業字第 2517 號
總經銷 —— 大和書報圖書股份有限公司 | 電話 —— 02-8990-2588
出版日期 —— 2023 年 12 月 22 日第二版第一次印行
　　　　　　2024 年 3 月 12 日第二版第二次印行

國家圖書館出版品預行編目（CIP）資料

奧美傳奇廣告鬼才破框思考術：跳脫「標準答案」
思維，不打安全牌的心理奇襲策略／羅里・薩特
蘭（Rory Sutherland）著；林俊宏譯. -- 第二版. --
臺北市：遠見天下文化，2023.12
432 面；14.8×21 公分. --（財經企管；BCB823）

譯自：Alchemy: The Dark Art and Curious Science of
Creating Magic in Brands, Business, and Life

ISBN 978-626-355-522-8（平裝）

1. 行銷策略

496　　　　　　　　　　　　　112019476

定價 —— 500 元
ISBN —— 978-626-355-522-8
EISBN —— 978-626-355-5174（EPUB）、978-626-355-5273（PDF）
書號 —— BCB823
天下文化官網 —— bookzone.cwgv.com.tw